Presenta

# KARATE
# MANUALE DEL PRATICANTE
# MA NON SOLO

Shorinji-Ryu Renshinkan Karate-do

**Sensei   Sandro Naletto**

Lo stile di karate Shorinji ryu, può far risalire le sue origini ai primissimi giorni di storia di karate ad Okinawa e il famoso maestro, Sokon Matsumura che si dice di aver creato il kata, Chinto.
Tra i suoi allievi più impegnati è stato Chotuku Kyan (1870 - 1945) che ha studiato con un karateka di nome Joen Nakazato.
Al suo ritorno dal servizio attivo durante la seconda guerra mondiale, Nakazato era determinato a continuare la sua pratica di Shorinji ryu per mantenere alla lettera l'insegnamento del suo maestro.
E' stato Nakazato che ha chiamato lo stile Shorinji ryu, dopo il suo luogo di nascita, un tempio di Shaolin in Cina.

Uno degli studenti di Nakazato, Isamu Tamotsu di Kagoshima è stato responsabile per aver portato per primo lo stile in Giappone, nella  terraferma nel 1950.
La scuola che ha creato, è stata chiamata  Renshinkan.
Iwao Tamotsu, (figlio del fondatore Isamu Tamotsu) ha lavorato incessantemente per espandere lo stile Shorinji ryu Renshinkan in tutto il mondo, dopo aver stabilito la Federazione Internazionale, che si riunisce ogni cinque anni per celebrare e promuovere la pace nel mondo e la comprensione nei tornei internazionali di amicizia.
Shorinji ryu Renshinkan è uno dei pochi vecchi stili  rimasti, ancora praticato al giorno d'oggi.

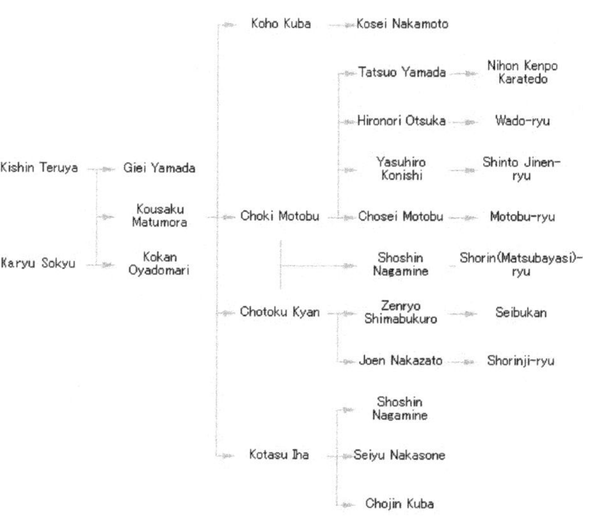


In basso da sinistra:
Shinsuke Kaneshima, Tatsuo Shimabukuro, Zenryo Shimabukuro, Chozo Nakama.
Dietro da sinistra:
Zenji Shimabukuro, Isamu Tamotsu, Joen Nakazato

Isamu Tamotsu, ebbe una enorme influenza nei confronti del Karate di Okinawa, anche se trascurata nel dopoguerra.

In primo luogo, per quanto riguarda Tamotsu Isamu (1919-2000), egli era ben conosciuto. Salutato da Amami Ōshima in Prefettura a Kagoshima, si è diplomato alla "Scuola di Formazione Polizia Penitenziaria di Taiwan, come ufficiale".

Nel dopoguerra, fu Isamu Tamotsu che ha influenzato Nakamura Shigeru, Nakazato Joen e Shimabukuro Zenryō a partecipare nel Karate Giapponese, nello specifico, kumite  con protezioni  full-contact. E, senza dubbio, è stato da Tamotsu che gli abitanti di Okinawa hanno ottenuto i loro attrezzi full-contact.

Nel 1955, Isamu Tamotsu  ha istituito il  Shorinji-ryu Renshinkan. A quanto pare è stata la prima persona che ha usato il nome Shorinji-ryu. Sembra che sia Nakazato Joen e Shimabukuro Zenryō lo seguirono nella sua impresa, (sembra che Zenryō abbia poi cambiato a Shorin-ryu per qualche motivo).

Isamu Tamotsu, ha  anche portato Shimabukuro Zenryō  nella JKF (Japan Karate Association,  solitamente indicata come FAJKO). E questo è stato il motivo che ha contribuito a formare il ramo di Okinawa dell'originale JKF sotto il nome di "Okinawa

District Headquarters special JKF-", di cui ha assunto la presidenza. Nakamura Shigeru (Okinawa Kenpo) è stato tra i membri del consiglio.

Isamu Tamotsu ha studiato sia con Nakazato Joen e Shimabukuro Zenryō.

Lo stile di karate SHORINJI-RYU RENSHINKAN, venne fondato da ISAMU TAMOTSU, 10 dan, nel 1955, a KAGOSHIMA, Giappone.
ISAMU TAMOTSU, aveva studiato e praticato, oltre al karate, lo jujutsu, il taijutsu e altre arti marziali.
Nel 2000, il figlio di ISAMU TAMOTSU, IWAO TAMOTSU, alla morte del padre, avvenuta appunto nel 2000, viene nominato soke del shorinji-ryu renshinkan, col grado di 10 dan.

ISAMU TAMOTSU (1919/2000)                    IWAO TAMOTSU (1948/2016)
IWAO TAMOTSU, dal 1969, girerà il mondo per far conoscere e propagandare lo stile shorinji-ryu renshinkan in vari paesi.
Sfortunatamente, il soke sensei IWAO TAMOTSU, morì il 29 novembre 2016.
Il suo posto, è stato assegnato a suo fratello soke YUZO TAMOTSU.
Attualmente, nel 2016, i paesi nei quali è presente il Shorinji-Ryu Renshinkan, sono:
Algeria, Azerbaijan, Brasile, Cile, Cina, Filippine, Finlandia, GIAPPONE, India, Inghilterra, Iran, Messico, Panama, Puerto Rico, Repubblica Dominicana, Spagna, Svezia, Taiwan, USA, Vietnam.
Si stimano in 400.000 gli aderenti al shorinji-ryu renshinkan, nel mondo.
I kata del shorinji-ryu renshinkan, sono, contrariamente agli altri stili di karate, solo 7.
Il numero esiguo dei kata, non deve comunque essere sottovalutato, in quanto, negli altri stili, esistono numerosi kata definiti di base, altri di consolidamento e poi ci sono quelli superiori.
In shorinji-ryu renshinkan, tutti e 7 i kata, sono classificati superiori.
Nel costume poi del shorinji-ryu, i grandi maestri hanno detto che per conoscere bene un kata, necessitano 7 anni di pratica per ciascuno, ossia 49 anni per conoscere bene 7 kata.
Ecco un ulteriore motivo  perché il karate si pratichi tutta la vita.

I kata, attualmente, sono:
SEISAN, ANANKU, WANSHU, CHINTO, GOJUSHIHO, BASSAI, KUSHANKU.
All'atto di dichiararne il nome in gara, va specificato, per non confonderli con altri stili,  il termine no kata.

(Esempio: SEISAN no kata, ANANKU no kata, BASSAI no kata, ecc.)

Un'altra particolarità del shorinji-ryu, è che nel kumite, l'allievo deve indossare una protezione chiamata BOGU, la quale consente una sicurezza quasi totale nei combattimenti, per contro, essendo appunto una protezione totale, non consente manovre troppo repentine o teatro-cinematografiche.
Il BOGU, fu inventato da ISAMU TAMOTSU. In realtà, nel 1959, durante un test effettuando un torneo di kumite, risultò che il BOGU fosse debole e pericoloso, per il fatto che era costruito in pelle e tessuto, quindi soggetto a pericolose rotture oltre che essere antigienico dovendo il tessuto assorbire sudore e muffe. ISAMU, provvide, rilevando appunto i difetti, a modificare il BOGU così come lo conosciamo oggi. Per la cronaca, un BOGU costa circa 500/600 dollari                                        USA.

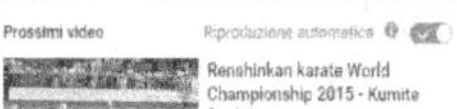

Renshinkan karate World Championship 2015 - Kumite final #7

In occasione del 6° TORNEO PANAMERICANO DELLE AMERICHE di karate RENSHINKAN, che si è tenuto a Santo Domingo il 5 ottobre 2013, qui abbiamo un ricordo del Soke IWAO TAMOTSU, del Kyoshi MIGUEL PENA, e del sottoscritto Sensei Sandro Naletto.
Sfortunatamente, anche il Kyoshi MIGUEL PENA, morì il 27 dicembre 2016, nemmeno un mese dopo il soke IWAO TAMOTSU.

# CAPITOLO 001. COMPORTAMENTO NEL DOJO.

Questo manuale, vuole essere un documento per apprendere il comportamento da tenersi in palestra, che d'ora in poi chiameremo Dojo.

Innanzitutto, occorre tenere presente che per entrare nel dojo, occorre prima di tutto rispettare se stessi.

Prima di entrare nel Dojo, l'allievo deve:
- Lavarsi effettuando una doccia, o almeno lavarsi i piedi.

- Nessuno è lieto di allenarsi con chi è sporco.

- Ricordatevi inoltre che non è bene allenarsi con lo stomaco pieno. Evitate di mangiare e bere almeno 1 ora prima dell'allenamento.

- Tagliare le unghie di mani e piedi.

- Se sei ammalato, non venire al Dojo. Riposati e guarisci bene.

- Se hai delle ferite in qualche parte del corpo, avvisa il Maestro, che valuterà se potrai partecipare alla classe oppure no.

- Devi disporre di un certificato medico di buona salute, da effettuarsi una volta all'anno.

- Se i genitori dopo aver accompagnato i figli, vogliono partecipare alla classe, sono pregati di accomodarsi, di stare in silenzio e di non interferire in alcun modo col Maestro sulla tenuta della classe, tantomeno attirare l'attenzione del proprio figlio.

- Essere dotati del karate-gi pulito ed in ordine coi regolamenti, il karate-gi è lo specchio di ciò che sei.

- Togliersi braccialetti, collanine, anelli, orologi, distintivi e tutti gli oggetti che potrebbero causare ferite a se stessi  ed ai compagni.

- I praticanti sono tutti chiamati a partecipare alla pulizia del Dojo, nessuno deve stare a guardare. Fate la pulizia  con dedizione, pensando che anche questo aspetto serve alla pratica, in quanto state perfezionando e pulendo  l'area stessa nella quale le vostre stesse menti devono applicarsi seriamente ma piacevolmente, e tutti devono sentirsi a proprio agio.

- Il pensiero che la pratica inizi nel momento stesso in cui entriamo nel Dojo è molto importante. Una persona con tale attitudine non solo lascerà le sue scarpe in ordine, ma metterà in ordine le scarpe degli altri.

- Utilizza le norme della buona educazione, osserva le regole e segui gli insegnamenti dei Maestri.

- Fai sempre il saluto in posizione eretta quando entri e quando esci dal tatami rivolto verso il Kamiza oppure verso il Maestro, se presente.
  (Kamiza, è la parete dove viene esposta normalmente una foto del fondatore dello stile o quella di un grande maestro).

- Sali sul tatami con il piede sinistro per primo.

- Esci dal tatami con il piede destro per primo.

- Quando il maestro spiega una tecnica, osservalo attentamente e non distrarti o farti distrarre dal compagno vicino.

- Prima di iniziare a praticare con un compagno, scambiatevi il saluto, altrettanto al termine della pratica.

- Se il Maestro chiede di fare qualcosa, fatela velocemente senza parlare.
- Nel caso arrivi in ritardo e l'allenamento è già iniziato, esegui tre volte il saluto rei, aspetta che il Maestro sia libero da impegni  nello spiegare, chiedigli il permesso di entrare nella classe, attendi il suo invito a partecipare alla classe.

- Se devi lasciare l'allenamento prima del termine, chiedi il permesso al Maestro poi, passando dietro a tutti e mai davanti,  portati verso l'uscita, esegui il saluto tradizionale ed esci.

- All'interno del Dojo osserva l'armonia reciproca ed impegnati nella pratica con gioia, serenità e disponibilità.

- Il modo corretto di sedersi sul tatami è nella posizione di seiza: scendi in ginocchio sempre col piede sinistro e risali col destro.

- Sotto il karate-gi, solo le donne devono indossare una maglietta bianca.

- Se devi rivolgere una domanda al Maestro, vai verso di lui, salutalo con rispetto e attendi che sia disponibile ad ascoltarti.

- Non criticare mai l'esecuzione di una tecnica di una cintura superiore, per questo c'è il Maestro.

- Impegnati con tutto te stesso, sino a dove te lo consente il tuo fisico, ed ogni volta che pensi di non farcela, prova a superarti,  migliorerai notevolmente la tua autostima.

- Durante l'allenamento, quando il tuo compagno ti porta un attacco, non irrigidirti o fare ostruzionismo, effettua la parata in  scioltezza, così facendo, eviterai di farti male o farlo al tuo compagno.

- Evitare di consumare cibo o bevande sul tatami.

- Evitare di sedersi sul tatami dando le spalle al kamiza.

- Ricordarsi che si è sul tatami per apprendere. La tua umiltà e disponibilità per i compagni, serviranno per farli crescere,  e renderli umili e disponibili a loro volta.

- Regolarizzare puntualmente gli aspetti economici. In caso di problematiche, parlarne col personale amministrativo.

- Se dovete rivolgervi al maestro, non chiamatelo mai per nome, ma, a seconda dei casi MAESTRO, SENSEI.

- La puntualità è categorica. E' bene abituarsi a presentarsi al Dojo, almeno 15 minuti prima della lezione. Perdere tempo  per vestirsi, non è rispettoso nei confronti del maestro e dei compagni.

**<u>- Un allievo serio, è colui che ripone assoluta fiducia nel proprio Maestro. Quando l'allievo pensa o crede di aver perso tale fiducia,  per qualunque motivo, deve cambiare Dojo.</u>**

# CAPITOLO 010. CERIMONIA SALUTO INIZIALE.

Il maestro, darà le spalle al Kamiza,
in posizione MUSUBI DACHI.

Gli allievi, saranno di fronte al Maestro allineati, in ordine di cintura, e a parità
di questa, in ordine di anzianità.

Il Maestro, sempre in posizione MUSUBI DACHI, una volta controllato l'allineamento, si
volterà verso il Kamiza, dando quindi le spalle agli allievi.
Dopo che il Maestro avrà fatto segno al Sempai di comandare l'inizio della cerimonia,
il sempai più in grado, comanderà: SEIZA.

Il Maestro, per primo, si inginocchierà, abbassando il ginocchio destro per primo. La
larghezza delle ginocchia, sarà di circa due pugni, 20 cm. circa, mentre le mani
saranno appoggiate alle cosce. Le dita dei piedi, si toccheranno.

Dopo che il maestro avrà eseguito SEIZA, anche gli allievi, effettueranno il SEIZA in
ordine di grado, non tutti contemporaneamente, ma progressivamente per grado.
L'allievo dovrà controllare con la coda dell'occhio che il suo compagno di fianco si
stia inginocchiando, in modo da fare altrettanto dopo che il compagno ha iniziato il
movimento. Deve esistere cioè un sincronismo a scalare.

Una volta che tutti sono inginocchiati in SEIZA, il Sempai, comanderà: MOKUSO.
Subito dopo l'annuncio del MOKUSO, tutti, chiuderanno gli occhi, e si concentreranno
sulla respirazione, che dovrà essere calma e rilassata, predisponendosi alla
preparazione fisica che seguirà.
Dopo qualche decina di secondi, diciamo 10/15, quando il respiro tornerà normale e
rilassato, il Sempai comanderà: MOKUSO YAME.
Tutti apriranno gli occhi e si metteranno in assetto di attenzione, abbandonando cioè
il rilassamento.

Il Sempai annuncerà: HOMBUSHO IWAO TAMOTSU SOKE NI REI, tutti si inchineranno verso il
KAMIZA, ovvero verso l'immagine del SOKE IWAO TAMOTSU.
Dopo qualche secondo, tutti si rimetteranno in posizione SEIZA.
Il Maestro si girerà, dando le spalle al KAMIZA.
Il Sempai annuncerà: SENSEI (SHIHAN) NI REI. Tutti si inchineranno verso il Maestro
salutandolo (OSS).
Dopo qualche secondo, tutti si rimetteranno in posizione SEIZA.
Il Sempai annuncerà: KIRITZU. Tutti si alzeranno, prima il Maestro, poi il Sempai e

**Nota importante da sapere.**
Dopo il MOKUSO, in occidente, normalmente in tutti gli stili di Karate, si chiudono gli occhi e ci si concentra.

La mentalità e la preparazione dei Samurai, NON consentiva loro di chiudere gli occhi, perché in quell'istante, da un avversario, poteva partire e colpirti una lama della sua spada, e ancora, durante il sonno, tenevano sempre gli occhi semichiusi per controllare comunque l'ambiente dove riposavano/dormivano, così facendo, rimanevano sempre all'erta, consentendo però, tenendo appunto gli occhi semichiusi, di far riposare il cervello, consentendo al proprio corpo di riposare anche se in maniera limitata, ma sufficiente.

<u>**CAPITOLO 100. INIZIO LEZIONE O CLASSE. RISCALDAMENTO.**</u>

Gli allievi si disporranno in ordine di grado davanti al Maestro.
I gradi, corrispondenti a diversi colori della cintura, sono:
- cintura bianca, arancione, gialla, blu, verde, viola, marrone, nera.
Questo perchè gli ultimi allievi, (ultimi arrivati), potranno vedere il comportamento
delle cinture superiori, e prenderne esempio per la loro formazione.

La lezione o classe, normalmente inizia con esercizi di riscaldamento della durata di
circa 15 minuti.
E' importantissima questa fase, in quanto consente di scaldare i muscoli e tendini del
nostro corpo.

L'allievo è pregato di eseguire tutti gli esercizi, con una progressiva velocità,
progressione che lo stesso allievo valuterà, man mano che riterrà il proprio corpo
pronto, per esercitare la necessaria pressione sugli arti, in concerto col Maestro che
eseguirà anche come esempio gli esercizi preparatori di riscaldamento.
Al termine di questa fase, il Maestro annuncerà di sistemare il karate-gi,
pronunciando la frase: OBI WAGI MUSUBE.
Dopo il riscaldamento, il Maestro inizierà la lezione vera e propria.
Verranno insegnati i vari KIHON, WAZA, SANBON, YAKUSOKU, KENSHUO, KATA, KUMITE,oltre a
varie tecniche, movimenti, filosofie, che il maestro riterrà opportuno.

Il Maestro dirà quando gli allievi potranno bere acqua per dissetarsi e reidratarsi.
Al termine della lezione, il Maestro annuncerà SHUGO, pronti per il saluto finale.

**ESERCIZI ISOTONICI PER GLI ARTI INFERIORI.**

- Posizione a gambe chiuse e braccia distese lungo i fianchi. Saltellare sul posto divaricando le gambe e alzando le braccia. Le braccia si allargano e si sollevano in sincrono col movimento delle gambe. Inspirate in fase di apertura, ed espirate quando si riuniscono le gambe, portando le braccia distese ai lati del corpo.

- Saltelli sul posto muovendo le gambe in senso opposto,ossia davanti. Quando avanza la gamba sinistra, si solleva il braccio destro, quando si avanza la gamba destra, si solleva il braccio sinistro.

- In posizione accosciata, appoggiate le mani frontalmente con le palme al suolo, e distendete posteriormente la gamba destra. La gamba sinistra piegata, ha il ginocchio all'altezza della spalla corrispondente. Invertite rapidamente e con forza la posizione delle gambe, con un movimento a stantuffo in direzione antero posteriore, senza sollevare il busto.

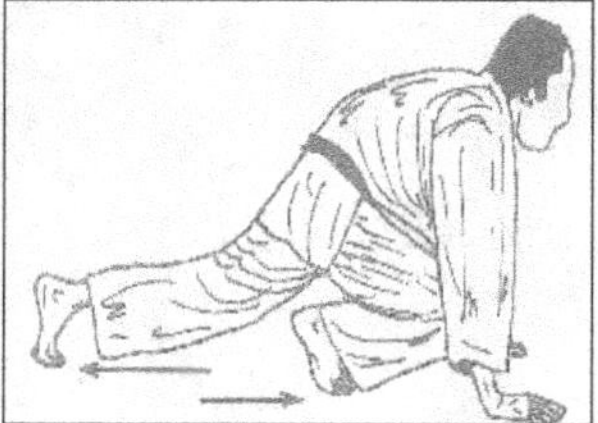

- Da posizione accosciata, raddrizzatevi ed eseguite una tecnica di calcio frontale con la gamba destra. Tornate in posizione di partenza ed eseguite un calcio frontale con l'altra gamba. Alternate rapide serie di calci con entrambe le gambe.

- Accosciati, con le mani dietro la schiena ed il busto verticale, eseguite una serie di saltelli avendo cura di spingere con forza il bacino in avanti e in alto.

- Il passo dell'anatra, si esegue in posizione accosciata, con le mani dietro la schiena ed il busto verticale. Avanzate ed arretrate in questa posizione senza sollevare eccessivamente il baricentro.

- L'esecutore (E), in decubito dorsale, raccoglie entrambe le gambe flesse contro il busto. Il partner (P), si irrigidisce e si appoggia con il torace sulle piante dei piedi di (E), il quale estenderà e fletterà contemporaneamente le gambe su cui grava il corpo di (P).

- L'esecutore (E), in Kiba Dachi, sopporta il peso di (P) sulla parte superiore esterna delle cosce. (E), senza perdere l'equilibrio, esegue una serie di piegamenti mantenendo il busto verticale.

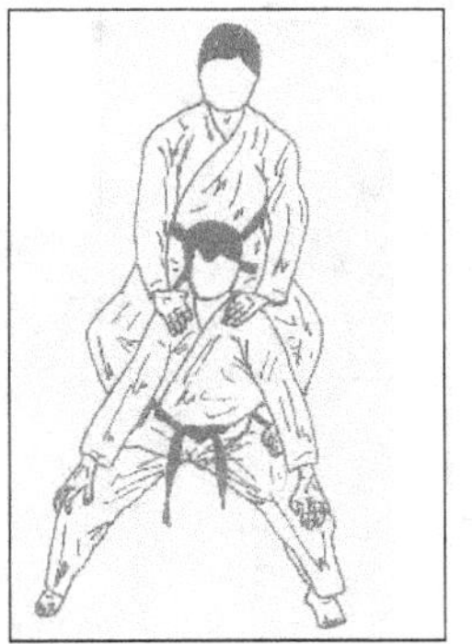

- L'esecutore (E), carica sulle spalle (P), e lo afferra in una posizione analoga a quella utilizzata in judo per proiettare l'avversario facendolo roteare sulle spalle. (E), assume quindi la posizione Kiba Dachi e, senza flettere eccessivamente il busto in avanti, esegue una rapida serie di piegamenti sulle gambe.

- (E), carica a cavalluccio (P) sulla propria schiena e, cercando di mantenere una posizione stabile ed equilibrata, si sposta secondo un asse sagittale o frontale in Zenkutsu dachi, in Kokutsu dachi e in Kiba dachi. Inoltre (E), mantenendo la stessa attitudine posturale, può eseguire una serie di calci frontali Mae geri, alternando le gambe.

## ESERCIZI ISOTONICI PER GLI ADDOMINALI.

- In posizione seduta, con le gambe incrociate, disponete le mani sui fianchi. Stendete il busto elasticamente all'indietro, senza toccare con le spalle il suolo, e tornate in posizione di partenza. Particolare cura verrà posta affinché le gambe non si sollevino da terra durante l'esercizio.

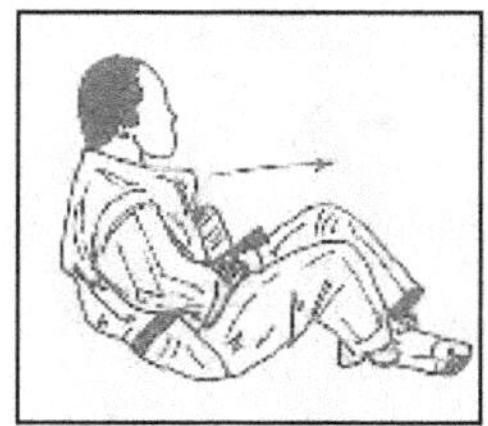

- Sedete sui glutei, tenendo le gambe e il busto sollevati dal suolo e le mani intrecciate alla nuca. Eseguite un'energica torsione del busto verso destra ed una contemporanea flessione della gamba sinistra in modo da toccare, con il gomito destro, il ginocchio sinistro; la gamba destra non modifica la propria posizione. Alternare il movimento degli arti per un congruo numero di ripetizioni.

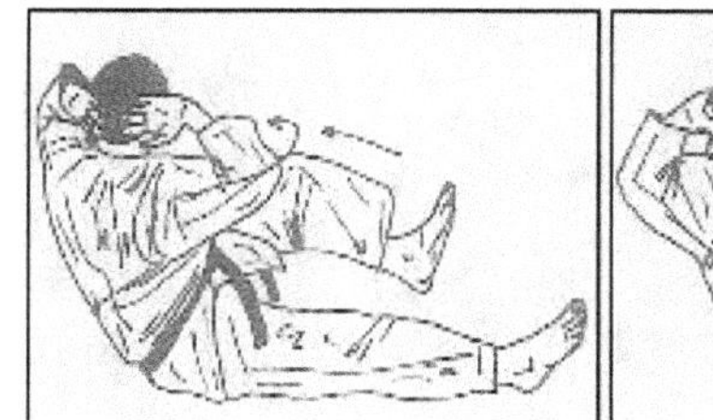

- Stesi sul dorso, con le braccia e le gambe allungate in asse con il tronco, sollevate contemporaneamente le gambe tese ed il busto, battendo entrambe le mani sotto le gambe tese.

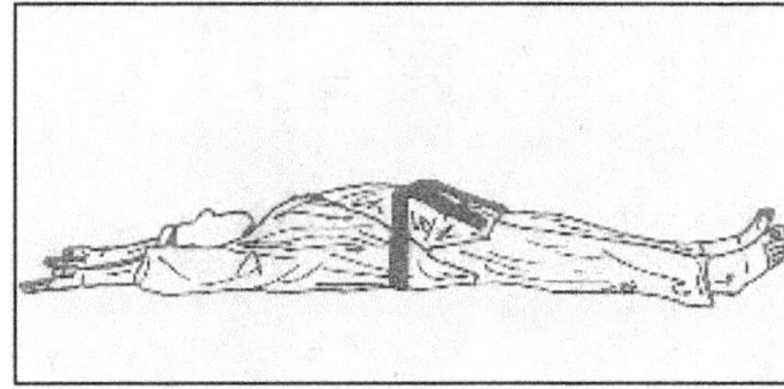

- (E), sdraiato sul dorso con le gambe tese, afferra le caviglie di (P), che si trova alle sue spalle in posizione eretta. (E) solleva entrambe le gambe tese con l'intenzione di colpire lo stomaco di (P). Quest'ultimo, intercettandole con entrambe le mani all'altezza delle caviglie, le respinge verso il basso, permettendo ad (E) di risalire nuovamente ed effettuare un doppio calcio.     (E) solleva ed abbassa le gambe secondo un piano verticale sagittale o diagonale in maniera elastica, senza colpire il suolo con i talloni.

- (P), in posizione ortostatica, afferra le gambe di (E) all'altezza delle caviglie. (E), in decubito dorsale con le mani alla nuca, ha le gambe tese inclinate di 45° sull'orizzontale.  (E), sollevando il busto, esegue un congruo numero di flessioni in avanti.

**ESERCIZI ISOTONICI PER GLI ARTI SUPERIORI E IL TORACE.**
- Eseguite una serie di piegamenti di braccia in rapida successione, in appoggio sulle palme delle mani, su tre o cinque dita tese, sui pugni, sui polsi flessi, e sulle palme delle mani unite e con le dita intrecciate tra loro.

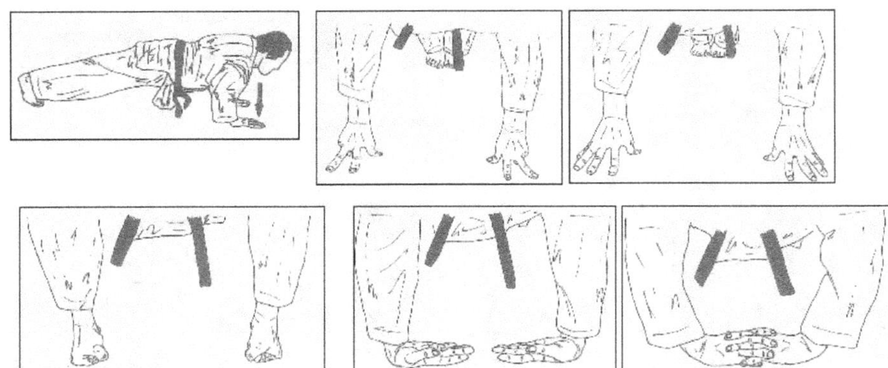

- Un esercizio più difficile del precedente, consiste nell'effettuare dei piegamenti sulle braccia in cui, nella fase di sollevamento ed estensione delle medesime, si battono tra loro le palme delle mani, prima di ricadere al suolo piegando le braccia per ammortizzare la caduta.

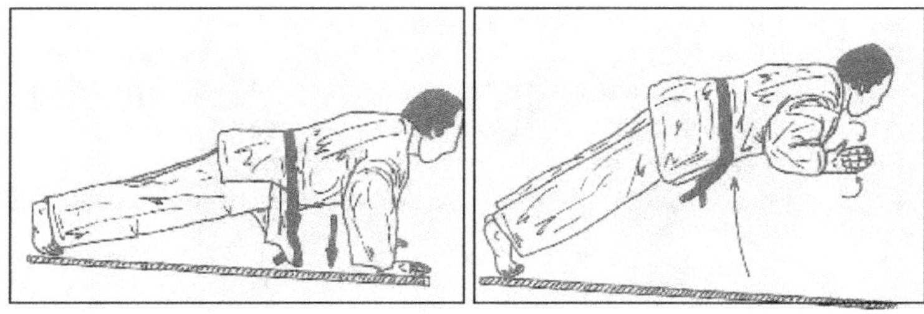

- Eseguite una serie di piegamenti alternati su un unico braccio, con l'altro braccio piegato sulla schiena, mantenendo il torace parallelo al suolo.

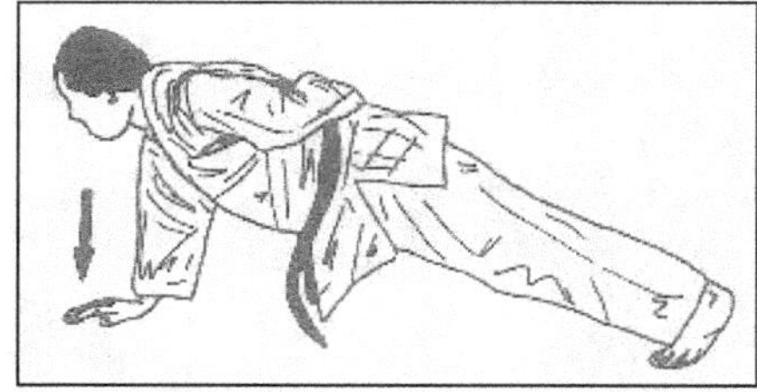

- Piegamenti sulle braccia con ampio movimento rotazionale a bascula di tutto il corpo, in un piano sagittale (antero-posteriore) in avanti e all'indietro, attorno al fulcro costituito dall'articolazione delle spalle.

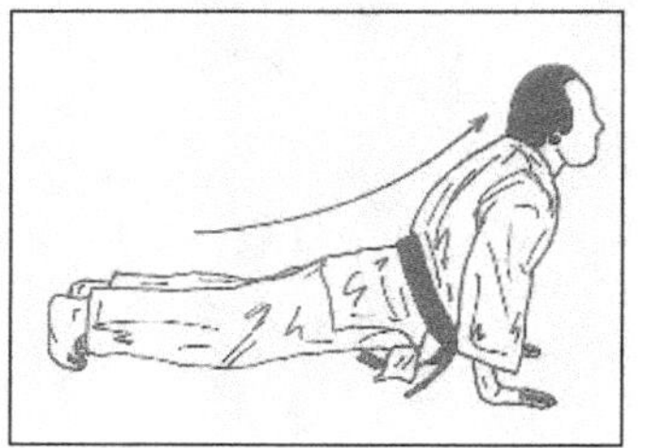

- Piegamenti sulle braccia eseguiti utilizzando come supporto un partner, su cui appoggiare le gambe tese sul dorso. Ripetere i piegamenti sulle braccia, appoggiando ora le gambe tese sulle spalle.

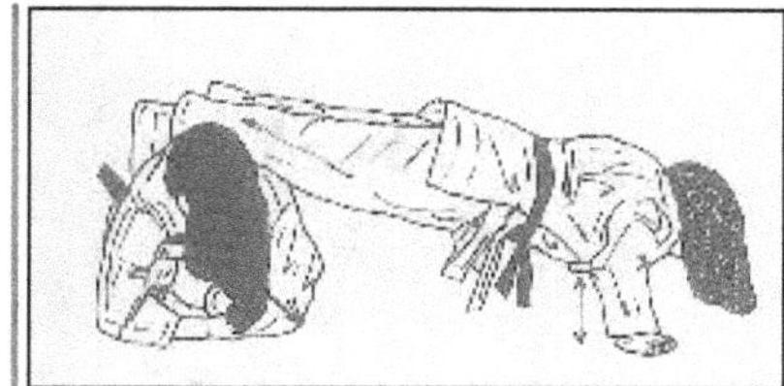

- In questo esercizio a carriola, (P) afferra entrambe le gambe di (E) all'altezza delle caviglie. (E), prono in avanti, appoggia al suolo entrambe le braccia tese con le mani chiuse a pugno. (P) potrà avanzare o retrocedere in direzione antero-posteriore, costringendo (E) a saltellare con le braccia che si piegano e si estendono per ristabilire l'equilibrio e seguire (P) nel suo spostamento.

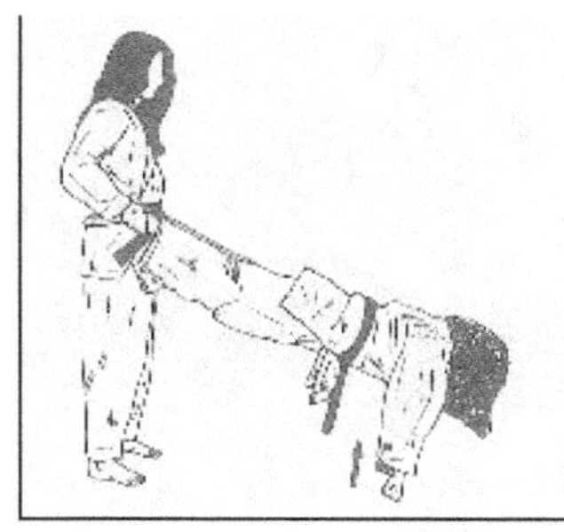

## ESERCIZI ISOTONICI PER I MUSCOLI DORSO LOMBARI.

- Distesi, ventre a terra, allungate le braccia in avanti con le palme delle mani rivolte in basso. Eseguite una trazione con entrambi gli arti superiori, fino a portare i gomito all'altezza delle spalle. Questo movimento produrrà uno spostamento del corpo in avanti per trascinamento. Ripetere l'esercizio velocemente, fino a percorrere un tragitto di 10-12 metri.

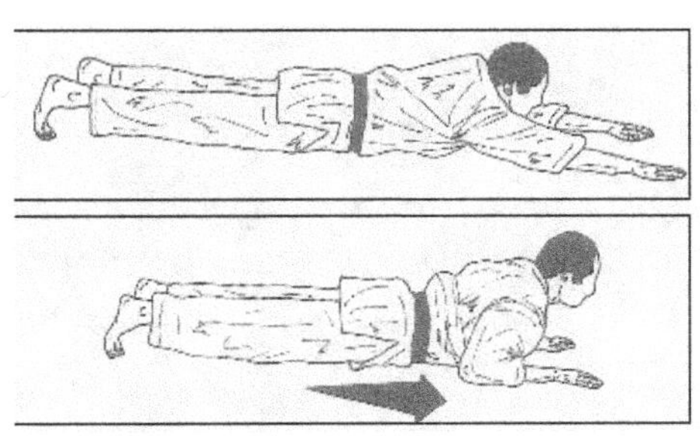
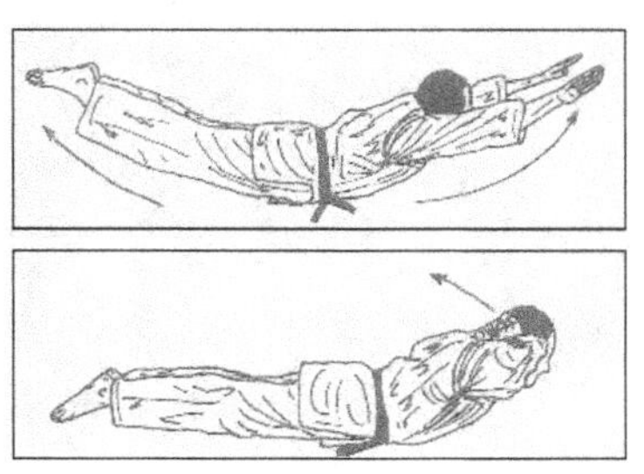

- Sdraiatevi sul ventre, con le braccia e le gambe tese e allineate in direzione antero-posteriore. Inarcate il busto sollevando contemporaneamente gli arti superiori e inferiori. Lo stesso esercizio può essere effettuato senza staccare le gambe dal suolo, con le mani appoggiate alla nuca. Eseguite un congruo numero di ripetizioni sino ad avvertire stanchezza e indolenzimento al livello dorso-lombare.

- In posizione prona, flettete le gambe avvicinando i piedi ai glutei. Afferrate le caviglie con entrambe le mani e, inarcando il busto, contraete i muscoli dorso-lombari ed i glutei.

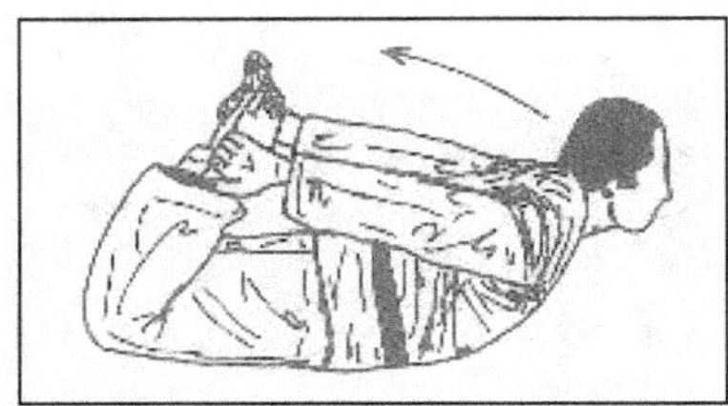

- (E) si stende in decubito ventrale con le mani appoggiate alla nuca, mentre (P) in ginocchio, ne immobilizza le gambe tese col peso del proprio corpo. (E) raddrizza il busto ed esegue una serie di rapidi movimenti alternati, sollevando le spalle il più in alto possibile.

- (E) è sdraiato ventre al suolo e (P) ne immobilizza le braccia all'altezza dei polsi. (E) solleva entrambe le gambe tese contraendo i muscoli dorsali, lombari ed i glutei.

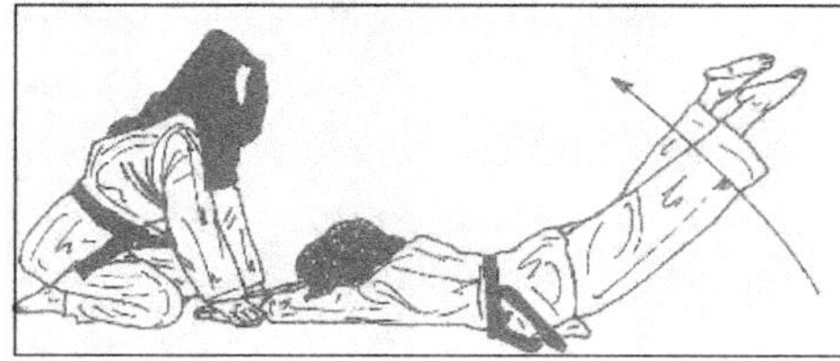

- In posizione ortostatica e a contatto di schiena, (E) e (P) allacciano le braccia all'altezza dei gomiti. (E), senza piegare le gambe, inclina il busto in avanti caricandosi sulla schiena (P) che non deve opporre resistenza e rilassare la muscolatura. Successivamente (E) si raddrizza per consentire ad (P) l'esecuzione dello stesso esercizio.

**ESERCIZI ISOMETRICI A CORPO LIBERO. ARTI INFERIORI.**
- Sedetevi con le gambe tese e le mani in appoggio laterale al suolo. Sovrapponete la caviglia sinistra alla destra ed esercitate, con la gamba sinistra, una pressione verso il basso, a cui si oppone la gamba destra. Invertite la posizione delle gambe.

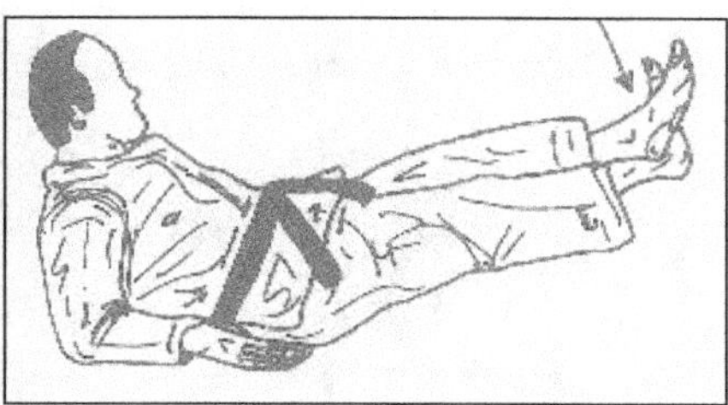

- Sedetevi con le gambe tese e le mani in appoggio laterale al suolo. In questo caso la gamba sinistra spinge e applica alla caviglia destra, una forza di trazione su un asse trasversale con traiettoria orizzontale verso sinistra.

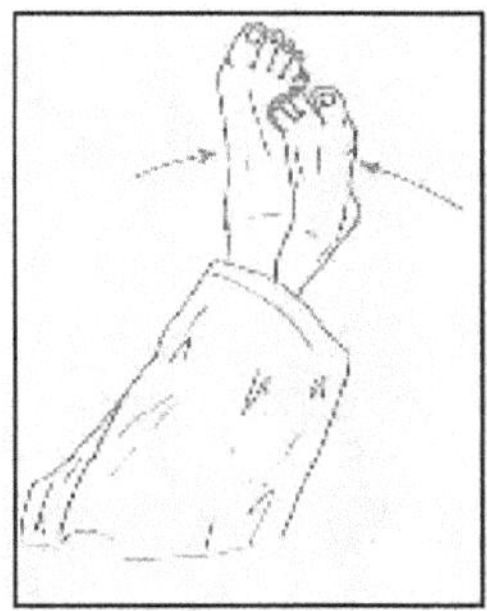

- Seduti su uno sgabello, con le gambe divaricate, appoggiate il palmo della mano destra all'interno del ginocchio sinistro ed il palmo della mano sinistra all'interno del ginocchio destro. Le mani si oppongono alla chiusura contemporanea di entrambe le gambe.

- In piedi appoggiate le mani al muro, con il piede destro più avanti del sinistro. Spingete con forza contro il muro senza piegare nè braccia né gambe. Invertite la posizione dei piedi e rieseguite l'esercizio.

**ESERCIZI ISOMETRICI A CORPO LIBERO. ADDOMINALI.**
- Sdraiatevi al suolo in decubito dorsale con le gambe flesse e le mani alla nuca.
Sollevate entrambe le spalle e contraete gli addominali, senza modificare
eccessivamente la posizione di partenza.

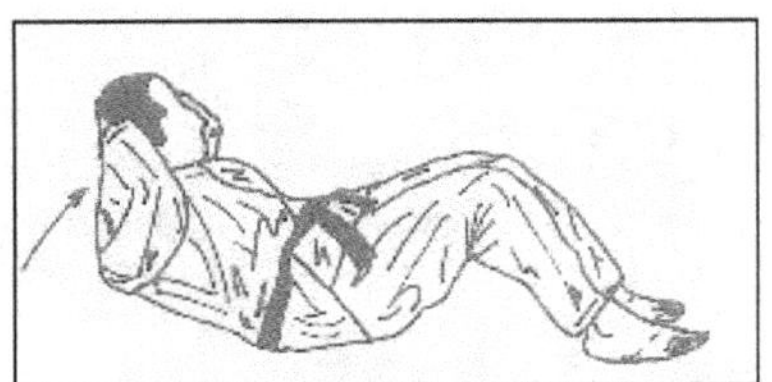

- Flettete le dita e unite le mani all'altezza dello sterno. La mano destra ha il
dorso rivolto in alto, mentre la mano sinistra verso il basso. Esercitate una trazione
contemporanea ed opposta con entrambe le braccia.

- Appoggiate le palme delle mani in posizione di preghiera davanti al
torace, ponendo in allineamento orizzontale e frontale gli avambracci all'altezza
dello sterno. Eseguite uno sforzo di compressione simultaneo ed opposto con entrambe
le braccia, senza modificare la posizione delle mani.

- Flettete il braccio destro in supinazione ed afferratene il polso con la mano
sinistra in pronazione. Spingete verso il basso col braccio sinistro. Ripetere
l'esercizio invertendo la posizione delle braccia.

- Flettete leggermente il braccio destro in pronazione, facendogli assumere una posizione simile a quella utilizzata per una parata bassa in Gedan barai. Afferrate con la mano sinistra in pronazione il polso destro, effettuando una trazione secondo una traiettoria obliqua verso l'alto. Invertite la posizione di partenza.

- Sollevate il braccio destro in pronazione, e flettetelo leggermente in posizione di parata alta Jodan Age Uke. Afferrate con la mano sinistra il polso destro e tirate obliquamente verso il basso. Ripetere l'esercizio col braccio sinistro.

- Flettete il braccio destro in supinazione, formando un angolo di circa 90° tra braccio e avambraccio; il pugno destro è posto all'altezza della spalla corrispondente, in posizione di parata a livello medio Chudan ude uchi uke. Afferrate il polso destro con la mano sinistra in pronazione, ed applicate una forza di trazione verso sinistra con traiettoria orizzontale. Ripetere l'esercizio con l'altro braccio.

- Flettete il braccio destro in supinazione, formando un angolo di circa 90° tra braccio e avambraccio; il pugno destro è posto all'altezza della spalla corrispondente, in posizione di parata a livello medio Chudan ude soto uke. La mano sinistra aperta con le dita in alto, è in appoggio verticale contro il bordo ulnare dell'avambraccio destro e lo spinge orizzontalmente verso destra. Invertire la posizione delle braccia e rieseguire l'esercizio.

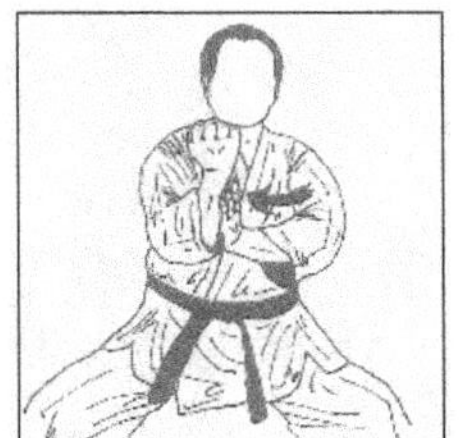

**ESERCIZI ISOMETRICI A CORPO LIBERO. DORSO E SPALLE.**
- Portate le braccia flesse in alto sopra la testa. Afferrate con la mano sinistra il
polso della mano destra e tirate verso sinistra mantenendo inalterata la posizione
delle braccia. Ripetere invertendo la posizione delle braccia.

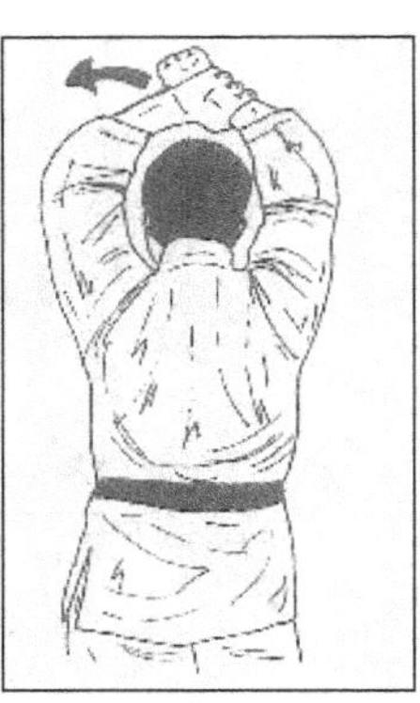

- Entrambe le braccia sono dirette posteriormente in basso. Afferrate con la mano
sinistra il polso della mano destra, all'altezza dei glutei. Stendete il braccio
destro ed esercitate contemporaneamente una trazione verso sinistra con la mano
sinistra. Ripetere l'esercizio invertendo la posizione delle braccia.

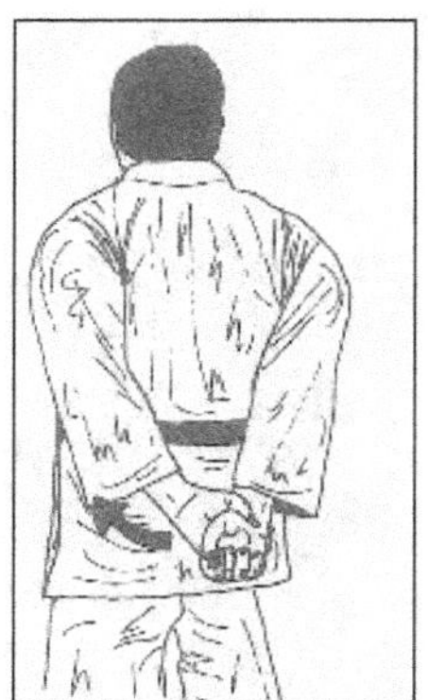

- Portate le braccia flesse in alto sopra la testa. Afferrate con la mano sinistra il
polso della mano destra e tirate verso sinistra mantenendo inalterata la posizione
delle braccia. Ripetere invertendo la posizione delle braccia.

<u>**CAPITOLO 103. POSIZIONI FONDAMENTALI.**</u>

**HEISOKU DACHI**
Posizione formale.
Piedi giunti e rivolti in avanti.

HEISOKU DACHI

**MUSUBI DACHI**
Posizione di attenzione, corpo eretto e pronto alla
azione, in ogni caso, i piedi sono rivolti leggermente all'esterno.

MUSUBI DACHI

**HEIKO DACHI**
Posizione naturale. Piedi alla larghezza delle spalle.
La punta dei piedi rivolta in avanti.
Alcuni  Kata cominciano da questa posizione.

HEIKO DACHI

**HACHIJI DACHI**
Posizione naturale, i piedi si collocano alla larghezza
delle spalle, con la punta rivolta verso l'esterno.

HACHIJI DACHI

## KIBA DACHI

Posizione del cavaliere, stabile, tanto frontalmente che lateralmente:
i piedi sono paralleli, con le gambe aperte, come per formare un rettangolo con il
suolo, le cosce rivolte all'interno.
Questa posizione si conosce anche come Naifanchi o Naihanchi dachi.

## SHIKO DACHI

Posizione stabile quadrata. Posizione fondamentale nel SUMO e usata frequentemente
nello stile Goju-Ryu e Shito-Ryu. La punta dei piedi è rivolta all'esterno.

## ZENKUTSU DACHI

Una posizione di primaria importanza, posizione frontale dove il 70/75% del peso è
caricato sulla gamba anteriore.
Il ginocchio è in posizione avanzata perpendicolare al suolo, appena sopra la punta
del piede, non avanzata nè arretrata per evitare sovraccarichi dei legamenti del
ginocchio. La gamba posteriore diritta, mentre il piede posteriore deve essere rivolto
in avanti il più possibile.

## KOKUTSU DACHI

In questa posizione, il centro di gravità del corpo, si sposta sulla gamba posteriore:
talloni sulla stessa linea, il piede avanzato, rivolto verso il davanti, la gamba
posteriore a 90° rispetto a quella anteriore. Ruotando l'anca, aprire nuovamente il
ginocchio verso l'esterno più che sia possibile. Il peso è al 70/75% sulla gamba
posteriore.

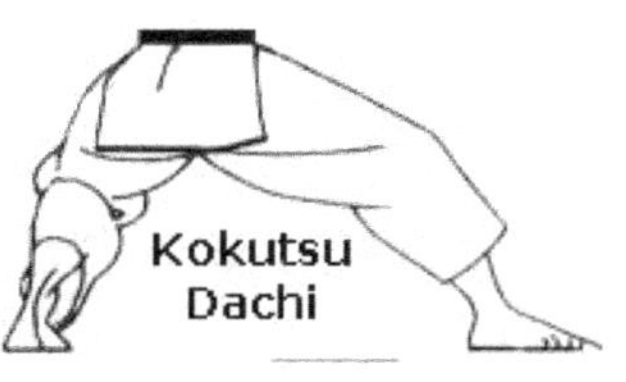

## KOSA DACHI
Posizione incrociata delle gambe.

KOSA DACHI

## NEKO ASHI DACHI
Posizione del gatto, è una posizione ricorrente in alcuni
KATA (per esempio: UNSU / SEISAN / BASSAI).

NEKO ASHI DACHI

HEISOKU DACHI

MUSUBI DACHI

HEIKO DACHI

HACHIJI DACHI

KIBA DACHI

SHIKO DACHI

ZENKUTSU DACHI

KOSA DACHI

NEKO ASHI DACHI

Esecuzione da posizione naturale a gambe divaricate, avanzando.
(GEDAN BARAI, EMPI, UCHI UKE, SOTO UKE, SHUTO UKE in Shiko dachi e successivo
YAKOZUKI in ZENKUTSU DACHI)
(AGE UKE in ZENKUTSU DACHI)

GEDAN BARAI + YAKOZUKI 3 volte, KIAI sul 3. ECOTAI.
GEDAN BARAI + YAKOZUKI 3 volte, KIAI sul 3. MATTE.

GEDAN BARAI / GEDAN UKE

GIAKO TSUKI CHUDAN

GEDAN BARAI / GEDAN UKE

GIAKO TSUKI CHUDAN

EMPI 3 volte, KIAI sul 3. ECOTAI.
EMPI 3 volte, KIAI sul 3. MATTE.

EMPI CHUDAN HIJI ATE UCHI

EMPI CHUDAN HIJI ATE UCHI

EMPI CHUDAN HIJI ATE UCHI

UCHI UKE 3 volte, KIAI sul 3. ECOTAI.
UCHI UKE 3 volte, KIAI sul 3. MATTE.

UCHI UKE CHUDAN SEIKEN

UCHI UKE CHUDAN SEIKEN

UCHI UKE CHUDAN SEIKEN

SOTO UKE 3 volte, KIAI sul 3. ECOTAI.
SOTO UKE 3 volte, KIAI sul 3. MATTE.

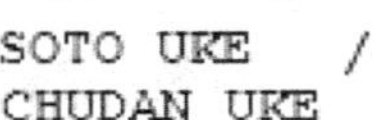

SOTO UKE /
CHUDAN UKE

SOTO UKE /
CHUDAN UKE

SOTO UKE /
CHUDAN UKE

SHUTO UKE 3 volte, KIAI sul 3. ECOTAI.
SHUTO UKE 3 volte, KIAI sul 3. MATTE.

SHUTO UKE     SHUTO UKE     SHUTO UKE

AGE UKE JODAN 3 volte, KIAI sul 3. ECOTAI.
AGE UKE JODAN 3 volte, KIAI sul 3. MATTE.

  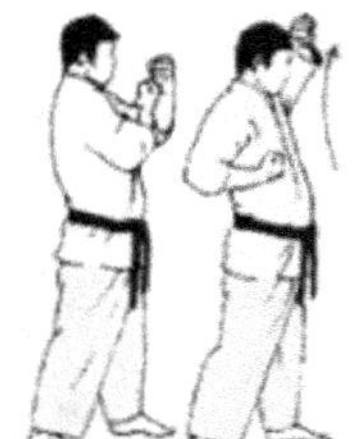

AGE UKE - JODAN UKE    AGE UKE - JODAN UKE    AGE UKE - JODAN UKE

MAEGERI 3 volte, KIAI sul 3. MAWATTE.
MAEGERI 3 volte, KIAI sul 3. MATTE.

MAE GERI KEKOMI     MAE GERI KEKOMI     MAE GERI KEKOMI

YOKOGERI KEKOMI 3 volte, KIAI sul 3. MAWATTE.
YOKOGERI KEKOMI 3 volte, KIAI sul 3. (Il primo sulla gamba davanti). MATTE.

YOKO GERI CHUDAN    YOKO GERI CHUDAN    YOKO GERI CHUDAN
KEKOMI            KEKOMI            KEKOMI

MAWASHI GERI 3 volte, KIAI sul 3. MAWATTE.
MAWASHI GERI 3 volte, KIAI sul 3. MATTE.

MAWASHI GERI     MAWASHI GERI     MAWASHI GERI

Posizione in TEIJI DACHI. Effettuare KUKAN TSUKI GIAKO TSUKI DESTRO,  10 volte, sempre con KIAI. MATTE.

TEIJI DACHI

GIAKO TSUKI CHUDAN

Posizione in TEIJI DACHI. Effettuare KUKAN TSUKI GIAKO TSUKI SINISTRO, 10 volte, sempre con KIAI. MATTE.

TEIJI DACHI

GIAKO TSUKI CHUDAN

Il video puoi trovarlo su: **https://youtu.be/xu5mnaqBsTM**

Pre-KATA basico Tecnica delle tre parate.

Hidari(90°):   GEDAN BARAI + OI TSUKI
Migi(180°):    GEDAN BARAI + OI TSUKI

GEDAN BARAI

OI TSUKI CHUDAN

Hidari(90°):   UCHI UKE + OI TSUKI + OI TSUKI + OI TSUKI + KIAI
Hidari(270°):  UCHI UKE + OI TSUKI
Migi(180°):    UCHI UKE + OI TSUKI

UCHI UKE CHUDAN SEIKEN

OI TSUKI CHUDAN

Hidari(90°):   AGE UKE + OI TSUKI + OI TSUKI + OI TSUKI + KIAI
Hidari(270°):  AGE UKE + OI TSUKI
Migi(180°):    AGE UKE + OI TSUKI + KIAI

PRE-KATA TAIKYOKU vedi video a questo
indirizzo: https://youtu.be/cyVa4F24HYk

JODAN UKE - AGE UKE

OI TSUKI CHUDAN

Pre-KATA basico Tecnica di pugno e mano aperta.

Hidari(90°):  OI TSUKI

SHIKO DACHI + OI TSUKI

Migi(180°): RIKEN UCHI URAKEN

Hidari(90°):  HAISHU UCHI

Migi(180°): HAISHU UCHI

**Hidari(180°): SHUTO MAWASHI UKE**

SHUTO MAWASHI UKE

**Migi(180°): EMPI AGE HIJI ATE UCHI**

EMPI AGE HIJI ATE UCHI

**Hidari(90°): EMPI UCHI**

EMPI UCHI

**Hidari(90°): JUJI UKE**

JUJI UKE GEDAN SEIKEN

PRE-KATA KENSHUO vedi video a questo indirizzo: https://youtu.be/xJ0LUYkX2_0

# CAPITOLO 115. YAKUSOKU KUMITE da 01 a 37 RENSHINKAN.

Il Maestro vi farà eseguire man mano, tutto lo YAKUSOKU, corrispondente a 37 tecniche pre-arrangiate, che dovranno essere eseguite a scaglioni, in base alla cintura posseduta.

Scaglioni YAKUSOKU.
Cintura bianca   da 01 a 05. 9 kyu
Cintura arancio da 01 a 05. 8 kyu
Cintura gialla  da 01 a 05. 7 kyu
Cintura blu      da 01 a 05. 6 kyu
Cintura verde   da 01 a 10. 5 kyu
Cintura viola    da 01 a 20. 4/3 kyu
Cintura marrone da 01 a 30. 2 kyu
Cintura marrone da 01 a 37. 1 kyu
Cintura nera     da 01 a 37.

Vedi video YAKUSOKU KUMITE a questo indirizzo: **https://youtu.be/eO7BcnLibQM**

YAKUSOKU KUMITE. Applicazione di ciascun numero dello YAKUSOKU.
Scegliere il compagno.
Il AKA (ROSSO) attacca, SHIRO (BIANCO) si difende.
Sia AKA che SHIRO si mettono entrambi in YOI.
Al comando del Maestro, che annuncerà il numero del YAKUSOKU, AKA eseguirà i movimenti relativi ad un attacco, mentre SHIRO eseguirà la controffensiva, eseguendo il numero del YAKUSOKU dichiarato dal maestro.
Quando si sarà ottenuta una buona preparazione, il Maestro può dichiarare di esegui-re lo YAKUSOKU dal numero 1 al numero x.
Vedi video YAKUSOKU KUMITE DIMOSTRAZIONE/APPLICAZIONE.

YAKUSOKU KUMITE. Sequenza numerica.

25.
26.
27.
27.
28.
29.
29.
30.
30.
31.
32.
33.
34.
35.
35.
36.
37.
37.

# CAPITOLO 130. WAZA TECNICA GERI.

GERI WAZA (attacco di gamba)

PUNTI IMPORTANTI NELLA REALIZZAZIONE DELLA TECNICA DI GAMBA:
• Elevazione del ginocchio
• Estensione della gamba
• Base di appoggio
• Azione dei fianchi
• Richiamo della gamba (HIKASHI)

Si possono eseguire le seguenti forme:
• KEBANASHI (Percuotente)
• KEKOMI (Penetrante)
• KEAGE (Ascendente)
• FUMIKOMI (Aplastante)
• FUMIKIRI (Cortante)

Nome delle diverse parti del piede e della gamba:

| | |
|---|---|
| ASHI | Piede |
| KOSHI O JOSOKUTEI | Base delle dita |
| HAISOKU | Parte alta del piede |
| TEISOKU o SOKUTEI | Pianta del piede |
| SOKUTO | Lato esterno del piede |
| TSUMASAKI | Punta delle dita |
| KAKATO | Tallone |
| HIZA | Ginocchio |
| SUNE | Tibia |

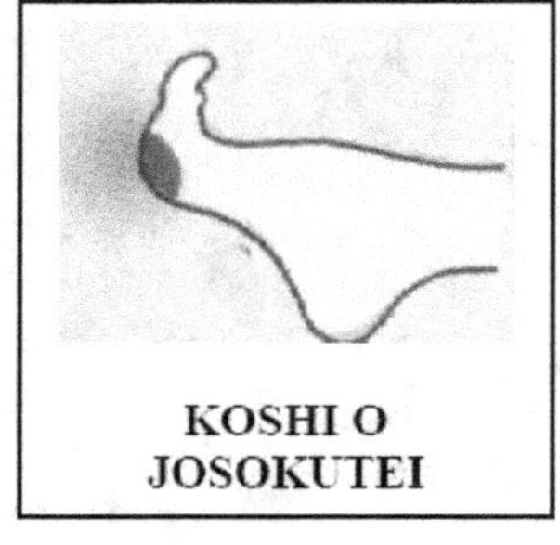

KOSHI O JOSOKUTEI

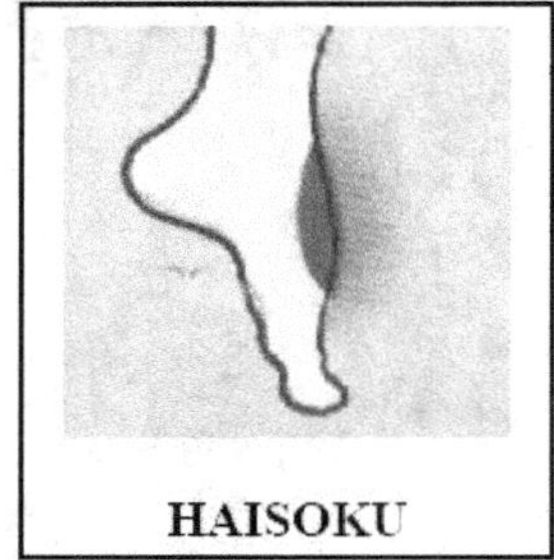

HAISOKU

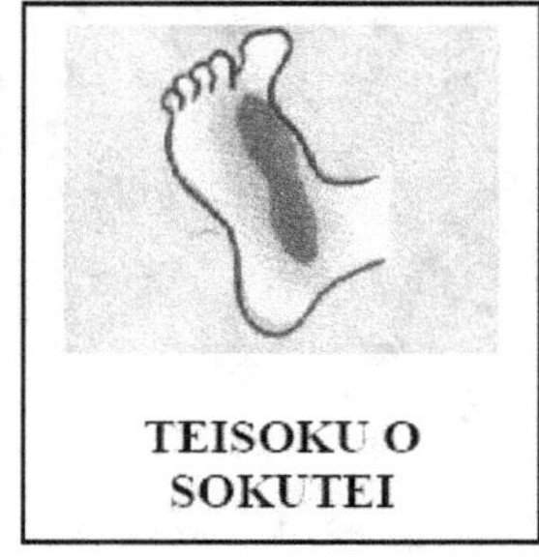

TEISOKU O SOKUTEI

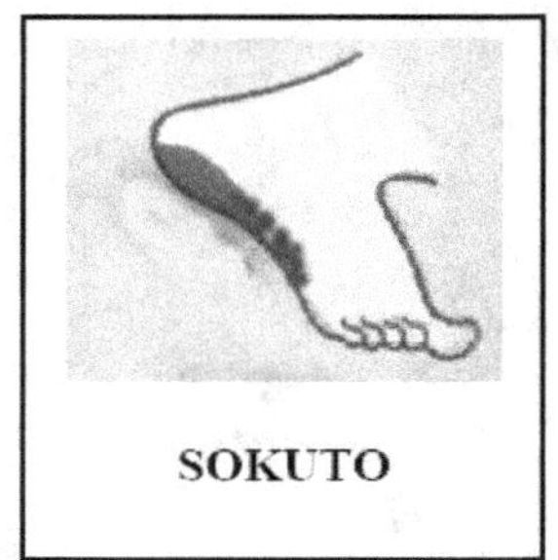

SOKUTO

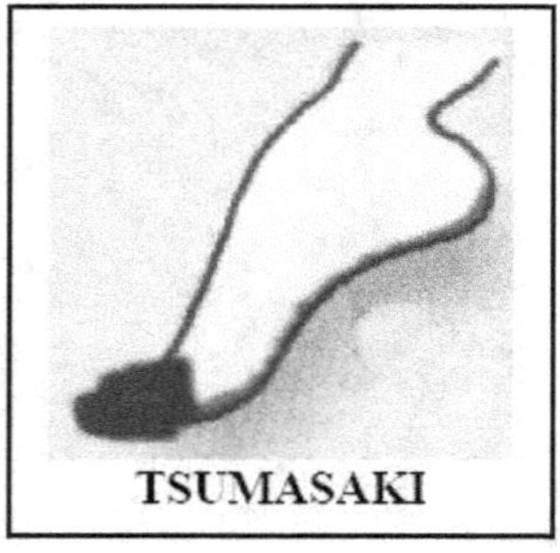

TSUMASAKI

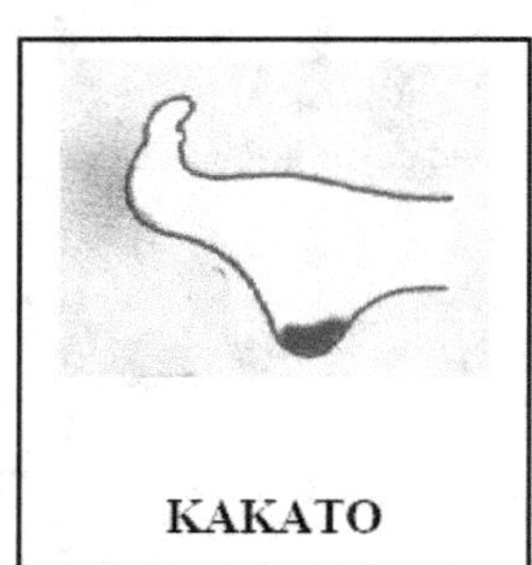

KAKATO

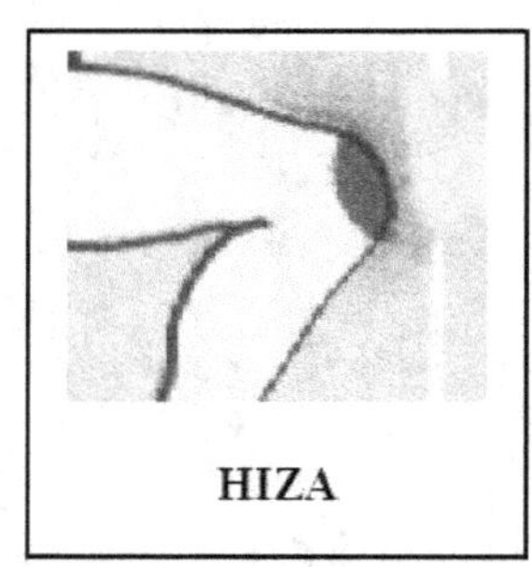

HIZA

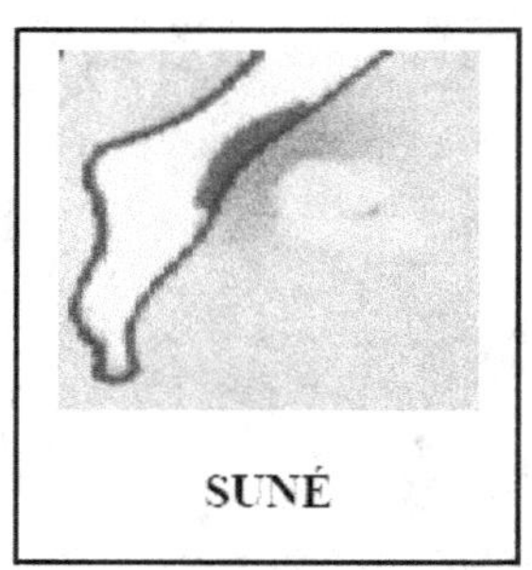

SUNÉ

TECNICHE DI PIEDI PIU' COMUNI (GERI WAZA):

**MAE GERI**
Calcio frontale

**YOKO GERI**
Calcio laterale

**USHIRO GERI**
Calcio verso l'indietro

MAE GERI KEKOMI

YOKO GERI CHUDAN KEKOMI

USHIRO GERI KEKOMI

## MAWASHI GERI
Calcio circolare

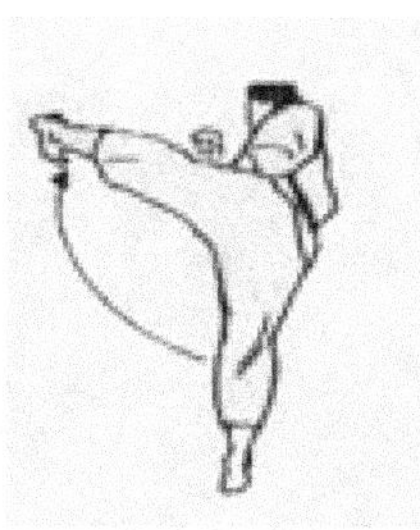

MAWASHI GERI

## SOKUTO GERI
Calcio col bordo
esterno del piede

SOKUTO GERI

## MIKAZUKI GERI
Calcio semicircolare
con la pianta del piede

MIKAZUKI GERI

## KIN GERI
Calcio ai
genitali

KIN GERI

## URA MAWASHI GERI
Calcio circolare
inversa col tallone

URA MAWASHI GERI

## TOBI GERI
Calcio saltando

MAE TOBI GERI /
TOBI MAE GERI

## KAKATO GERI
Calcio discendente
tallone

KAKATO GERI CHUDAN MAE

## FUMIKOMI GERI
Calcio aplastante

FUMIKOMI GERI

## HIZA GERI
Calcio con il ginocchio

HIZA GERI

# CAPITOLO 130. WAZA TECNICA TSUKI.

TSUKI WAZA (attacchi diretti di braccia o mano)

PUNTI IMPORTANTI NELLA REALIZZAZIONE DELLA TECNICA DI BRACCIA:
- TSUKITE: Colui che effettua la tecnica
- HIKITE:  Colui che retrocede
- MUCHIMI: Movimento eseguito con molta forza, potente ma fluido.
- AZIONE DEI FIANCHI.

NOMI DELLE DIVERSE PARTI DEL BRACCIO E DELLA MANO:

| | |
|---|---|
| TE | Mano |
| KENTOS | Nodi delle dita |
| UDE o KOTE | Avambraccio |
| EMPI o HIJI | Gomito |
| SEIKEN | Pugno fondamentale |
| URAKEN | Pugno al rovescio |
| HAISHU | Dorso della mano |
| NUKITE | Punta delle dita |
| SEIRYUTO | Parte inferiore del polso |
| KENTSUI o TETSUI | Pugno a martello |
| TEISHO o SHOTEI | Base del palmo della mano |
| NAKADAKA KEN | Pugno col nodo del dito medio |
| IPPON KEN | Pugno col nodo del dito indice |
| KEITO | Estremo interno del polso |
| SHUTO | Bordo esterno della mano |
| HAITO o URA SHUTO | Bordo interno della mano |
| HIRAKEN | Pugno con nodi della prima falange |
| KOKEN | Polso piegato |
| KUMADE | Mano di orso |
| BOSHIKEN | Pugno con nodo del dito pollice |
| KEIKO | Pugno con le dita unite |
| YUBI HASAMI | La parte tra indice e pollice |

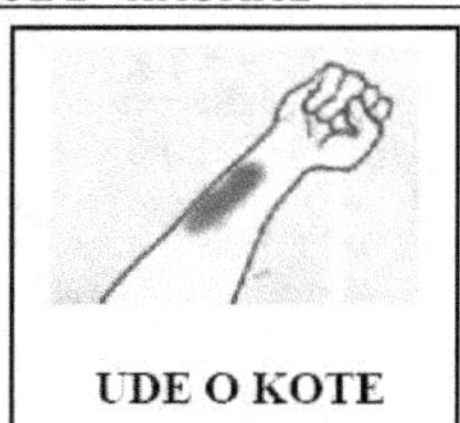

UDE O KOTE

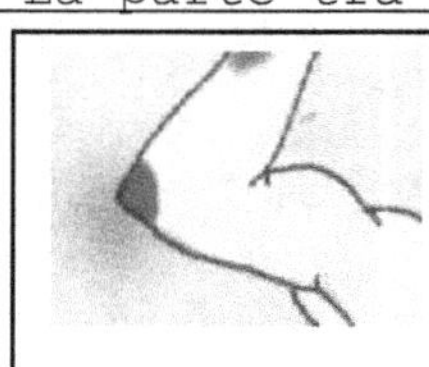

EMPI O HIJI

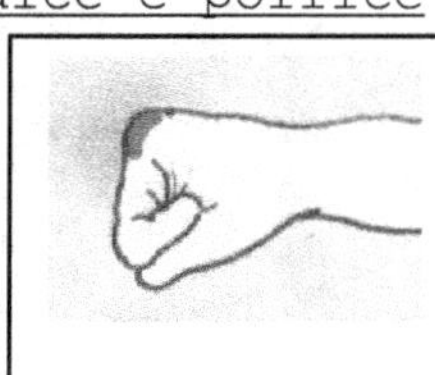

SEIKEN

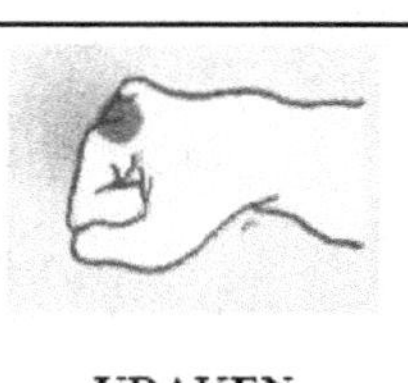

URAKEN

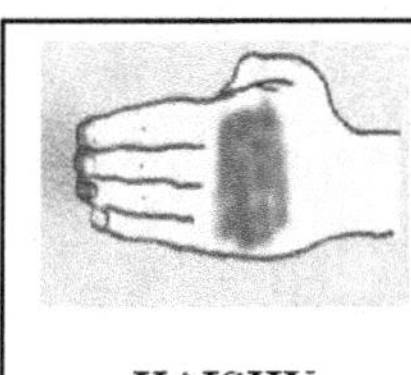

HAISHU

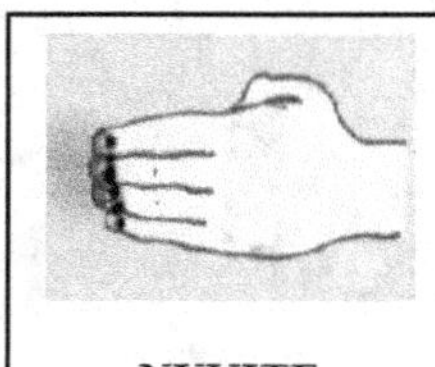

NUKITE

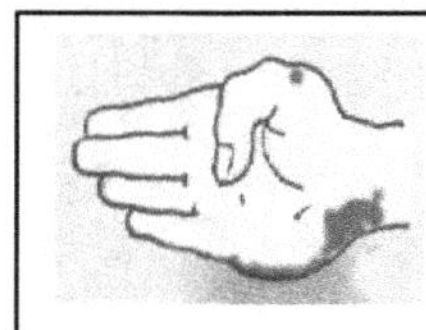

SEIRYUTO

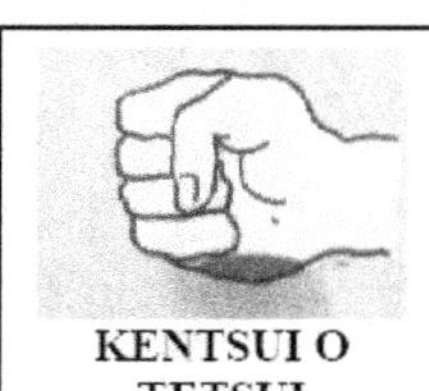

KENTSUI O TETSUI

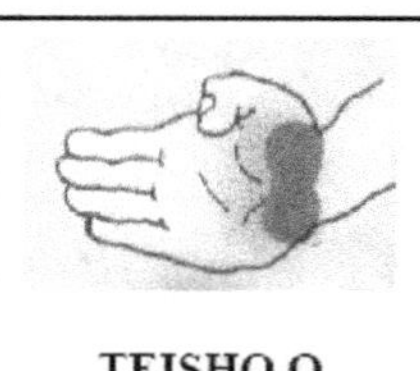

TEISHO O SHOTEI

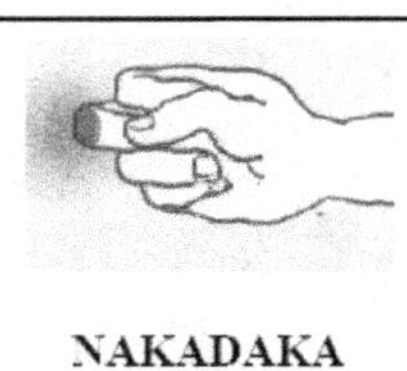

NAKADAKA KEN

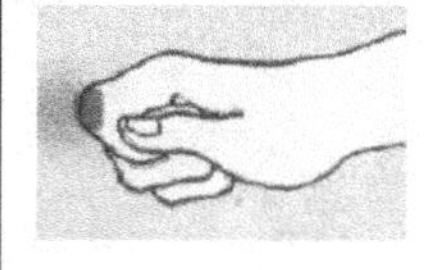

IPPON KEN

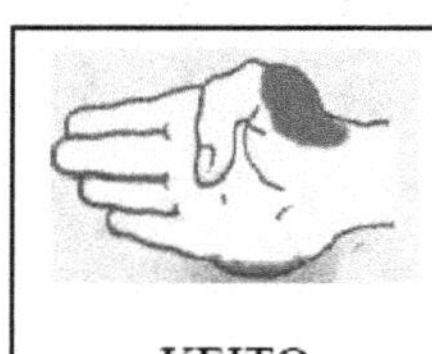

KEITO

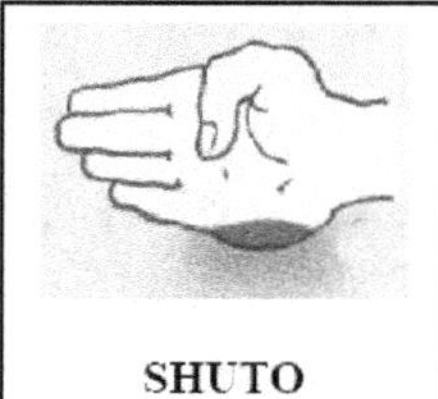

SHUTO

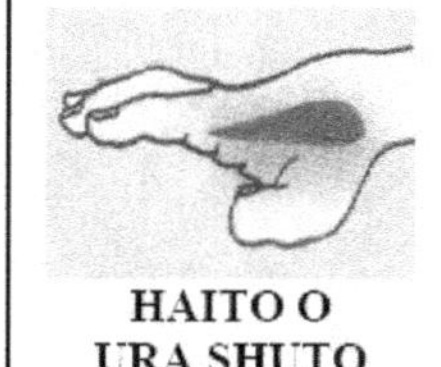

HAITO O URA SHUTO

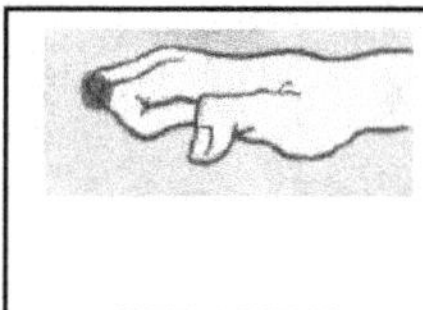

HIRAKEN

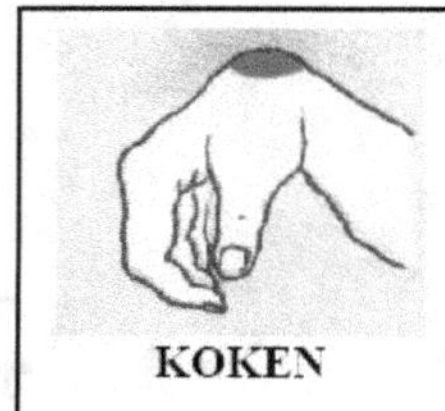

KOKEN

KUMADE

BOSHIKEN

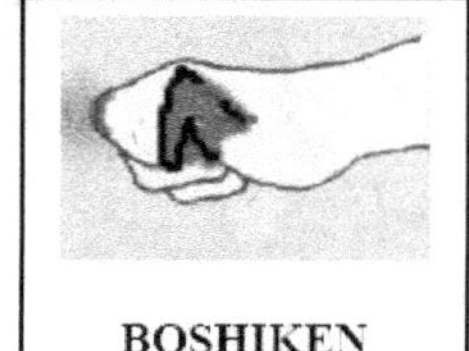

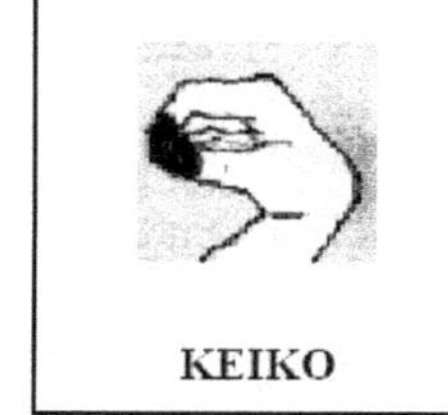

KEIKO

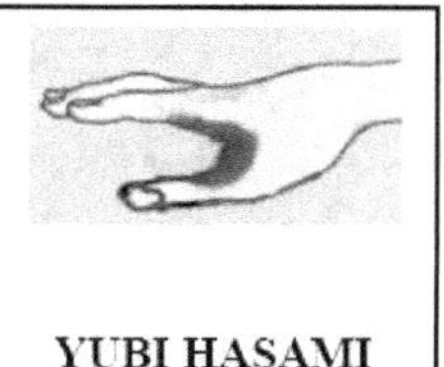

YUBI HASAMI

ATTACCHI DIRETTI (TSUKI WAZA) PIU COMUNI:

### OI TSUKI
Diretto avanzando

### GYAKU TSUKI
Diretto inverso

### KIZAMI TSUKI
Diretto di percussione

OI TSUKI CHUDAN

GYAKO TSUKI JODAN

KIZAMI TSUKI

### SHOTEI TSUKI
Diretto con la base
della mano

### TATE (KEN) TSUKI
Diretto in posizione
verticale

### URA TSUKI
Diretto corto

SHOTEI TSUKI

TATE TSUKI

URA TSUKI

### NUKITE
(Ippon, Nihon....)
Punta della mano

### YAMA TSUKI o AWASE TSUKI

Diretto a U

### KAGI TSUKI
Diretto in gancio

NUKITE NIHON TSUKI

YAMA TSUKI

KAGE TSUKI

### HEIKO TSUKI o MOROTE TSUKI
Diretto parallelo
con entrambe le braccia

MOROTE TSUKI

UCHI WAZA (attacchi indiretti)
COLPI DI ATTACCHI INDIRETTI (UCHI WAZA) PIU COMUNI:

### URAKEN UCHI
Attacco col pugno
rovesciato

### TETTSUI UCHI
Attacco con pugno
a martello

### SHUTO UCHI
Attacco col bordo esterno
della mano

URAKEN UCHI

TETTSUI UCHI

SHUTO UCHI

### HAITO UCHI
Attacco col bordo
interno della mano

### KOKEN UCHI
Attacco col polso

### FURI TSUKI
Attacco circolare di pugno
all'indietro

HAITO UCHI

KOKEN UCHI

### MAWASHI TSUKI
Attacco circolare di
pugno al costato

### KAGI TSUKI
Attacco uncino

### AGE TSUKI
Attacco in gancio
ascendente

MAWASHI TSUKI

KAGE TSUKI

AGE TSUKI

### EMPI UCHI
Attacco di gomito

EMPI UCHI

# CAPITOLO 130. WAZA TECNICA UKE.

TECNICHE DI DIFESA (UKE WAZA) PIU COMUNI:

**JODAN AGE UKE** o
**JODAN UKE**
Parata ascendente

**SOTO UKE** o
**CHUDAN UKE**
Parata media esterno
verso l'interno

**UCHI UKE** o
**SOTO UDE UKE**
Parata media interno
verso l'esterno

JODAN UKE - AGE UKE

UCHI UKE CHUDAN SEIKEN

**YOKO SOTO UKE**
Parata media con
avambraccio

**GEDAN BARAI** o **GEDAN UKE**
Parata deslizante

**NAGASHI UKE**
Parata bassa col palmo

YOKO SOTO UKE

GEDAN BARAI / GEDAN UKE

NAGASHI UKE

**SHOTEI OTOSHI UKE**
Parata discendente

**SHUTO UKE**
Parata con il bordo
esterno

**KAKUTO UKE** o **KOKEN UKE**
Parata col polso piegato

OTOSHI UKE

SHUTO UKE

KAKUTO UKE - KOKEN UKE

**MOROTE UKE**
Parata rinforzata

**KOSA UKE** o **JUJI UKE**
Parata a croce

**SUKUI UKE**
Parata ascendente

MOROTE UKE

JUJI UKE -
KOSA UKE

SUKUI UKE

**URA UKE**
Parata col dorso
della mano

**KAKE UKE**
Parata circolare con il
canto della mano

**MAWASHI UKE o TORA GUCHI**
Parata semicircolare della
mano involvente

URA UKE

KAKE UKE

MAWASHI UKE - TORA GUCHI

**HIZA SOTO UKE**
Parata col ginocchio
da dentro verso fuori

**HIZA UCHI UKE**
Parata col ginocchio
dall'esterno verso
l'interno

**SOKUTEI**
Parata con la pianta
del piede

HIZA SOTO UKE

HIZA UCHI UKE

SOKUTEI OSAE UKE

**SOKUTO UKE**
Parata col lato
del piede

SOKUTO OSAE UKE

<u>**CAPITOLO 201. KATA SEISAN. MEZZANOTTE MEZZA LUNA.**</u>

Anche questo kata deve essere eseguito ad ogni lezione, alla stregua di tutti gli altri kata ufficiali.

L'unica eccezione è che, anche se è il primo kata dello stile Shorinji-ryu, normalmente viene insegnato per secondo, perchè è un kata relativamente difficile per un principiante, quindi viene eseguito ANANKU, al suo posto, che è più idoneo da eseguirsi da un allievo con pochi mesi di esperienza.

SEISAN vedi video a questo indirizzo: **<u>https://youtu.be/tMjJx62avmE</u>**

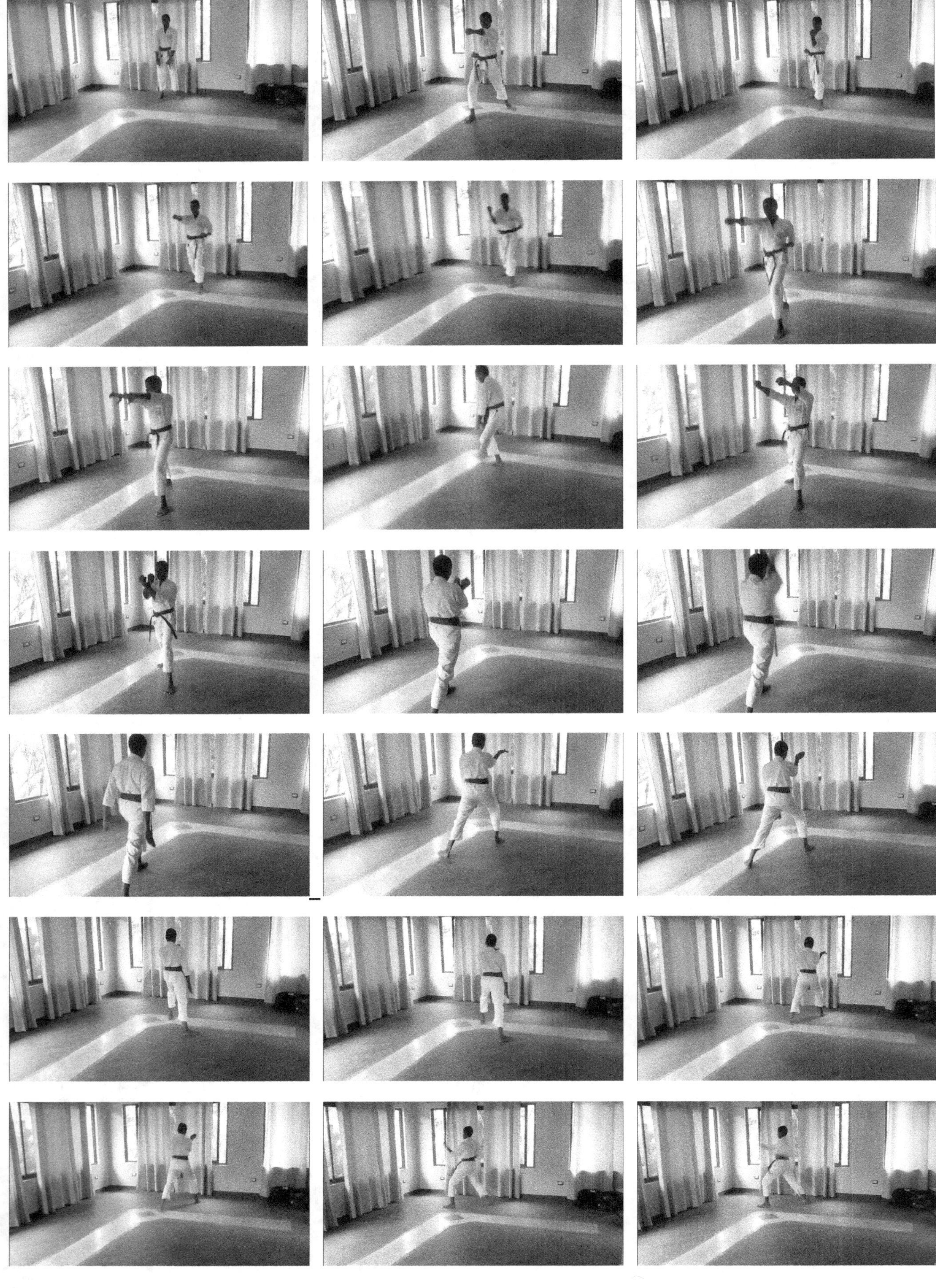

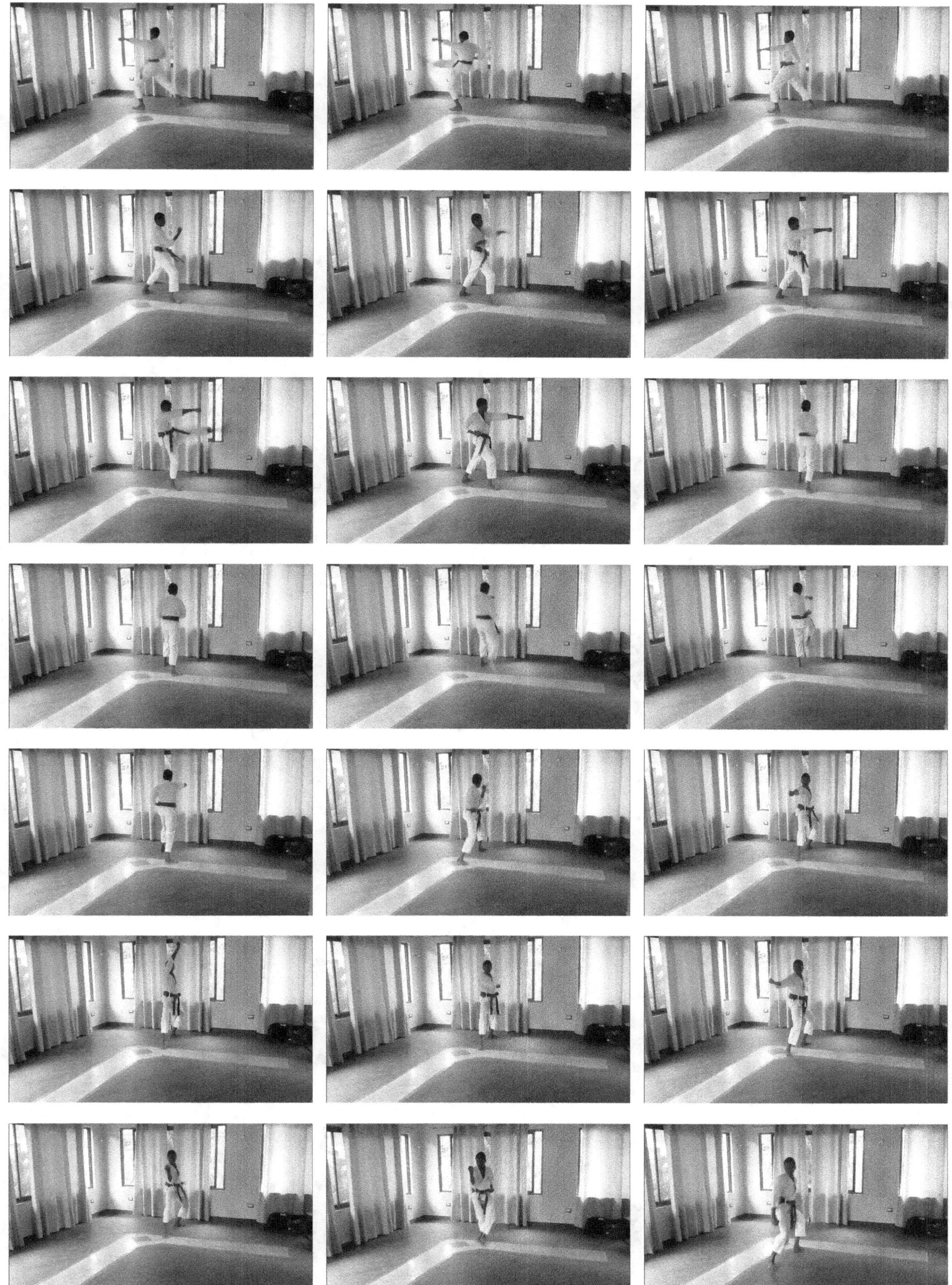

Anche questo kata deve essere eseguito ad ogni lezione, alla stregua di tutti gli altri kata ufficiali.

L'unica eccezione è che, anche se è il secondo kata dello stile Shorinji-ryu, normalmente viene insegnato per primo, perchè è un kata relativamente facile per un principiante, quindi viene eseguito SEISAN, al suo posto, che è più adatto da eseguirsi da un allievo con parecchi mesi di esperienza.

ANANKU vedi video a questo indirizzo: **https://youtu.be/3_oQxGjtKQQ**

<u>**CAPITOLO 203. KATA WANSHU. NOME CINESE.**</u>

Anche questo kata deve essere eseguito ad ogni lezione, alla stregua di tutti gli altri kata ufficiali.

E' un kata abbastanza veloce e facile da imparare, ma occorre fare molta attenzione alle primissime fasi del kata stesso, perchè sono ricche di dettagli quasi invisibili.

WANSHU vedi video a questo indirizzo: <u>https://www.youtu.be/aotZxdU4TSE</u>

<u>**CAPITOLO 204. KATA CHINTO. LA GRU SOPRA LA ROCCIA.**</u>

Anche questo kata deve essere eseguito ad ogni lezione, alla stregua di tutti gli altri kata ufficiali.

E' il kata principale nello shorinji-ryu, ed anche il più lungo. E' un kata altamente tecnico, con movimenti lenti ed articolati, seguiti da movimenti rapidi e forti.

CHINTO vedi video a questo indirizzo: **<u>https://youtu.be/CFfYjs3K13M</u>**

<u>**CAPITOLO 205. KATA GOJUSHIHO. CINQUANTAQUATTRO PASSI.**</u>

Anche questo kata deve essere eseguito ad ogni lezione, alla stregua di tutti gli altri kata ufficiali.

E' un kata particolare, che esige una forte motivazione nell'eseguirlo.
La sua esecuzione, richiede un equilibrio del corpo e delle gambe fuori dal comune.

Per quanto riguarda la praticità, se si è giovani, non ci sono problemi.

Se si ha qualche anno in più, (come il sottoscritto), occorre bilanciare al minimo l'alzata delle gambe, in tutte e quattro le fasi dove è richiesta, per non correre il rischio di perdere l'equilibrio o quantomeno far notare ai giudici qualche disequilibrio o tentennamento. Siete avvisati.

GOJUSHIHO vedi video a questo indirizzo: **<u>https://youtu.be/CN8dkioXjJk</u>**

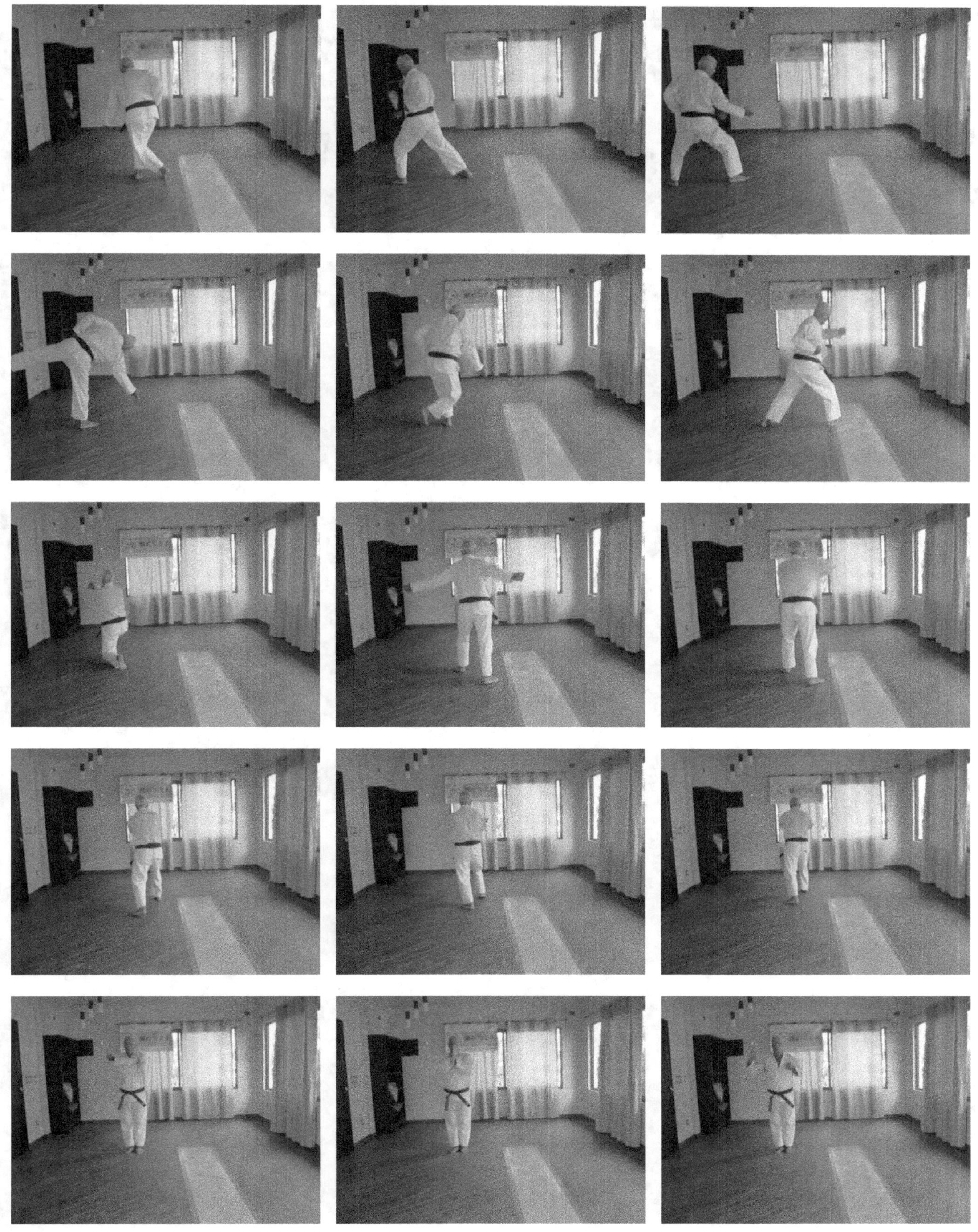

<u>**CAPITOLO 206. KATA BASSAI. ATTACCO ALLA FORTEZZA.**</u>

Anche questo kata deve essere eseguito ad ogni lezione, alla stregua di tutti gli altri kata ufficiali.

Anche questo è un kata particolare, per il fatto che ha molti punti non comuni, che richiedono la sua esecuzione innumerevoli volte, e quando pensiamo di conoscere tutto di questo kata, vi assicuro che è la volta che dobbiamo ricominciare di nuovo dall'inizio, con ancora più attenzione.

E' un kata completo e molto gratificante. Scoprirete segreti ad ogni sua esecuzione.

BASSAI vedi video a questo indirizzo: **https://youtu.be/ulnVHZVHYLM**

Anche questo kata deve essere eseguito ad ogni lezione, alla stregua di tutti gli altri kata ufficiali.

Anche questo è un kata particolare, per il fatto che ha molti punti non comuni, che richiedono la sua esecuzione innumerevoli volte, e quando pensiamo di conoscere tutto di questo kata, vi assicuro che è la volta che dobbiamo ricominciare di nuovo dall'inizio, con ancora più attenzione.

E' un kata completo e molto gratificante. Scoprirete segreti ad ogni sua esecuzione.

KUSHANKU vedi video a questo indirizzo: **https://youtu.be/BjDN0I_LPOk**

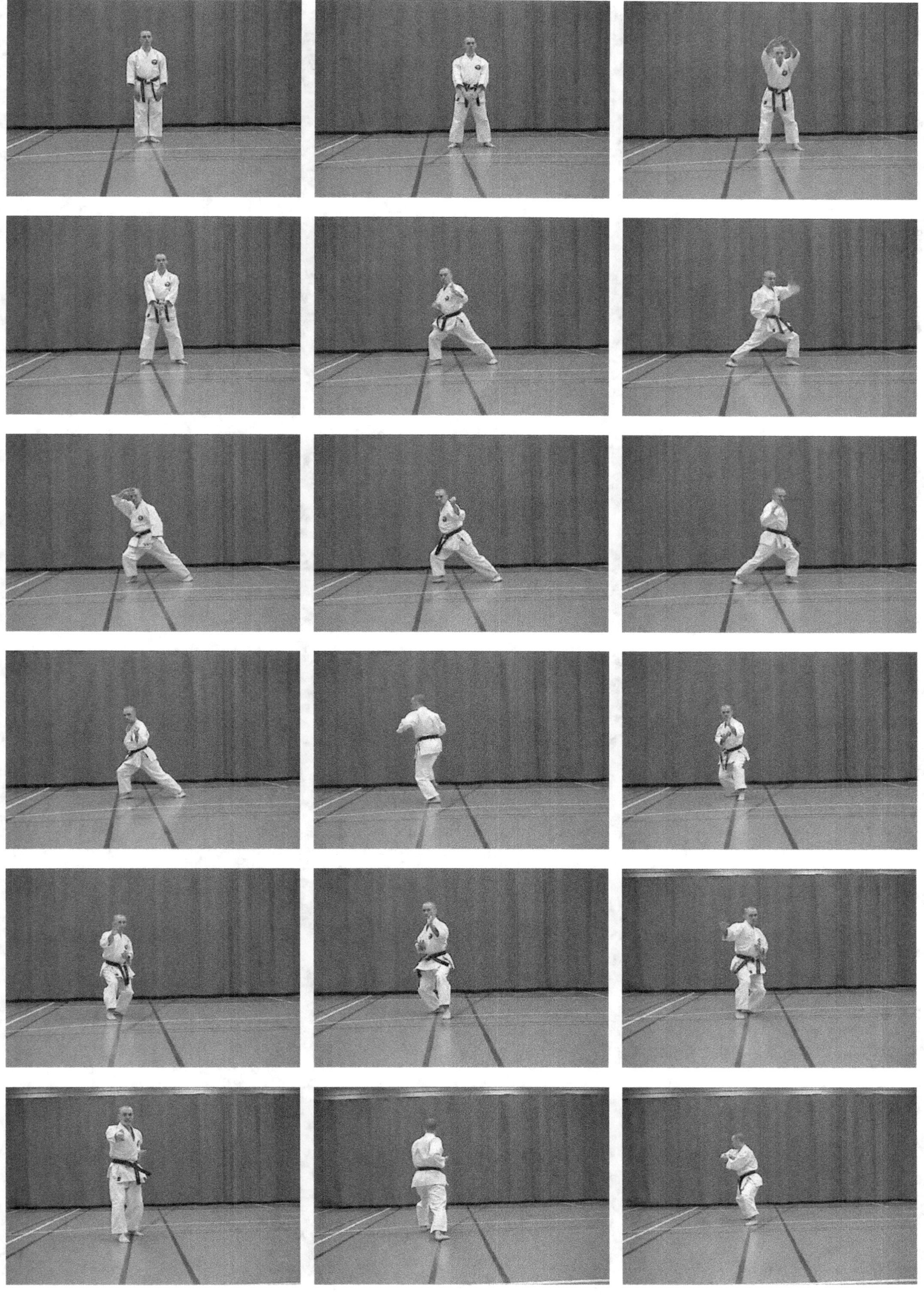

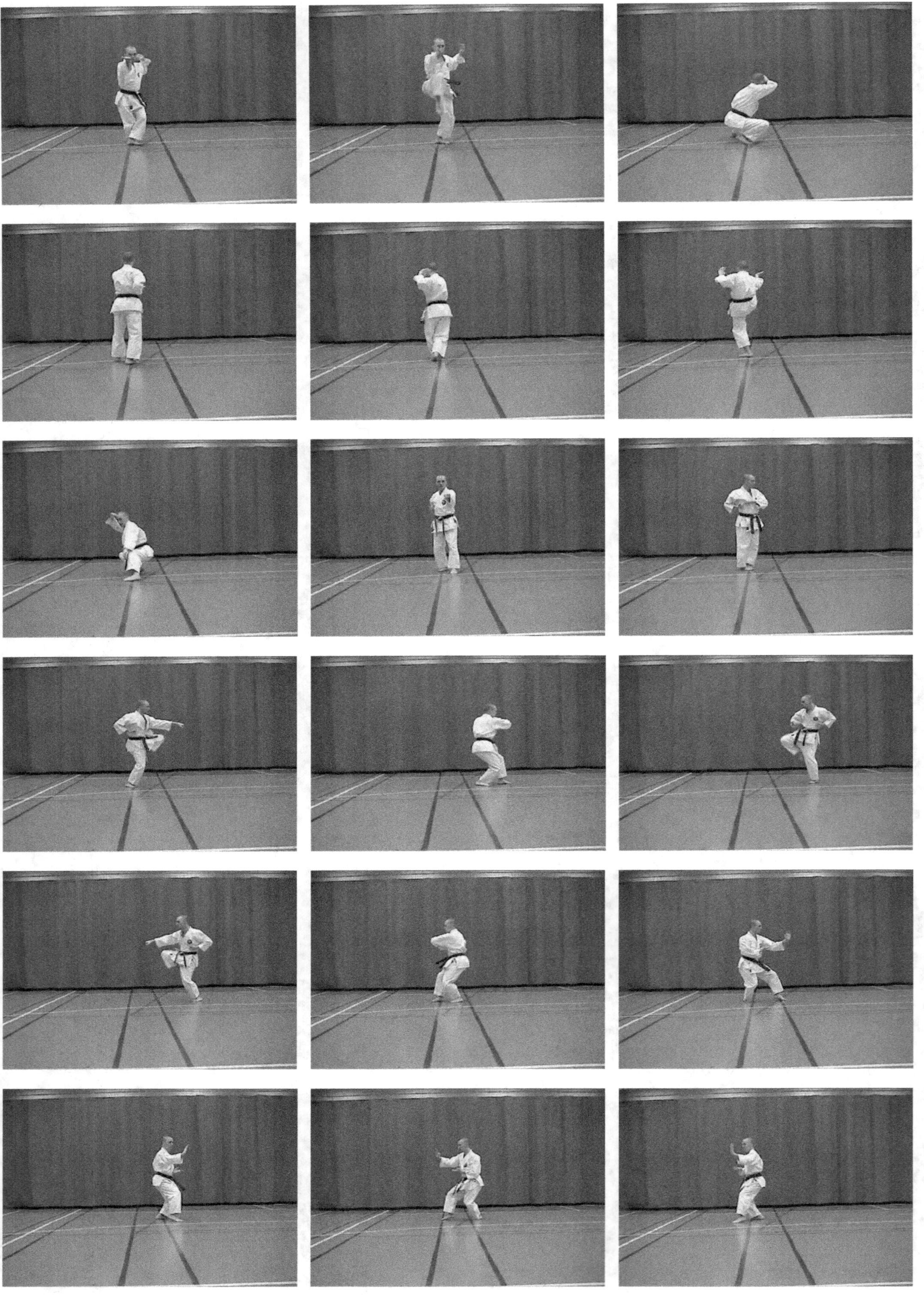

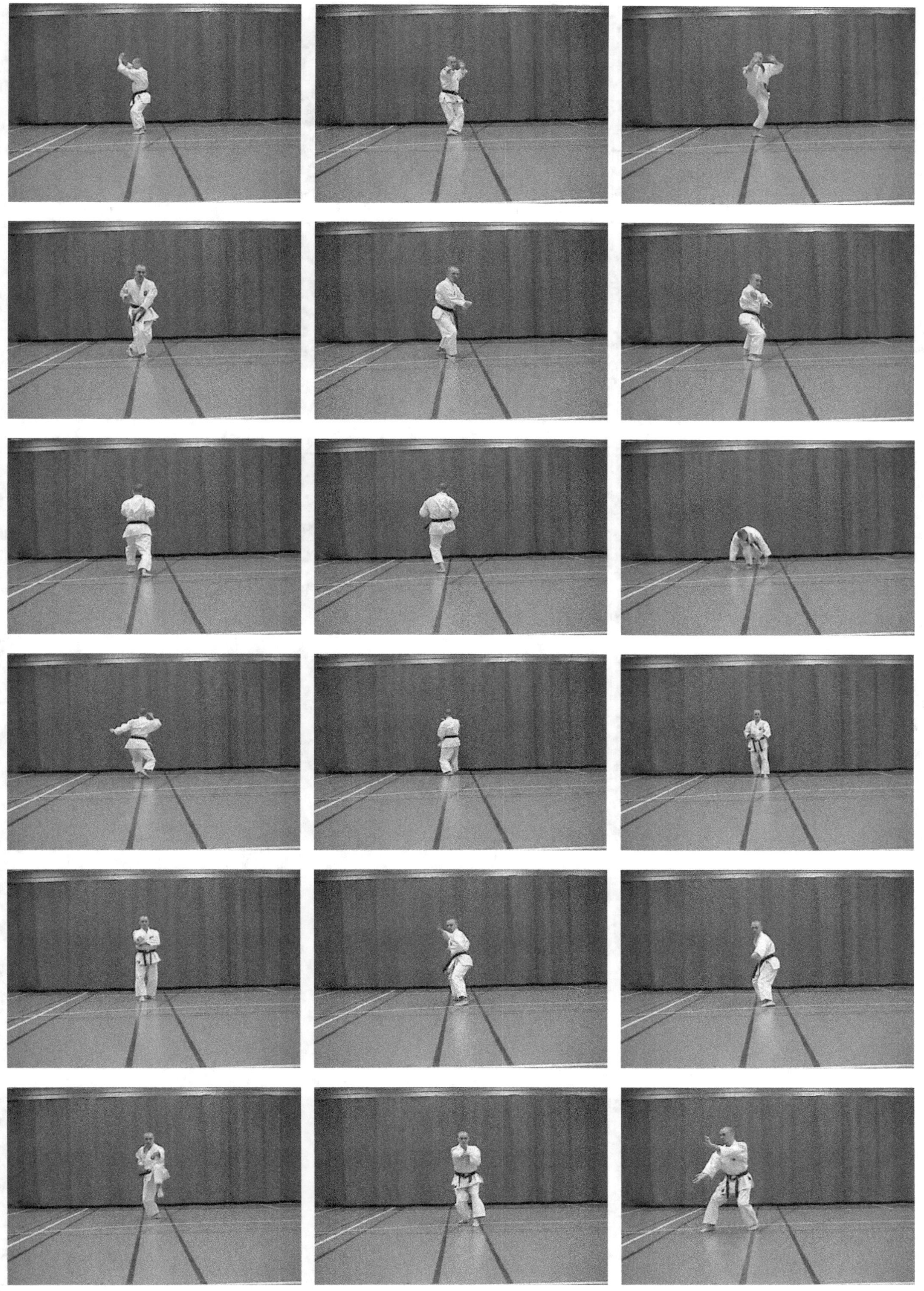

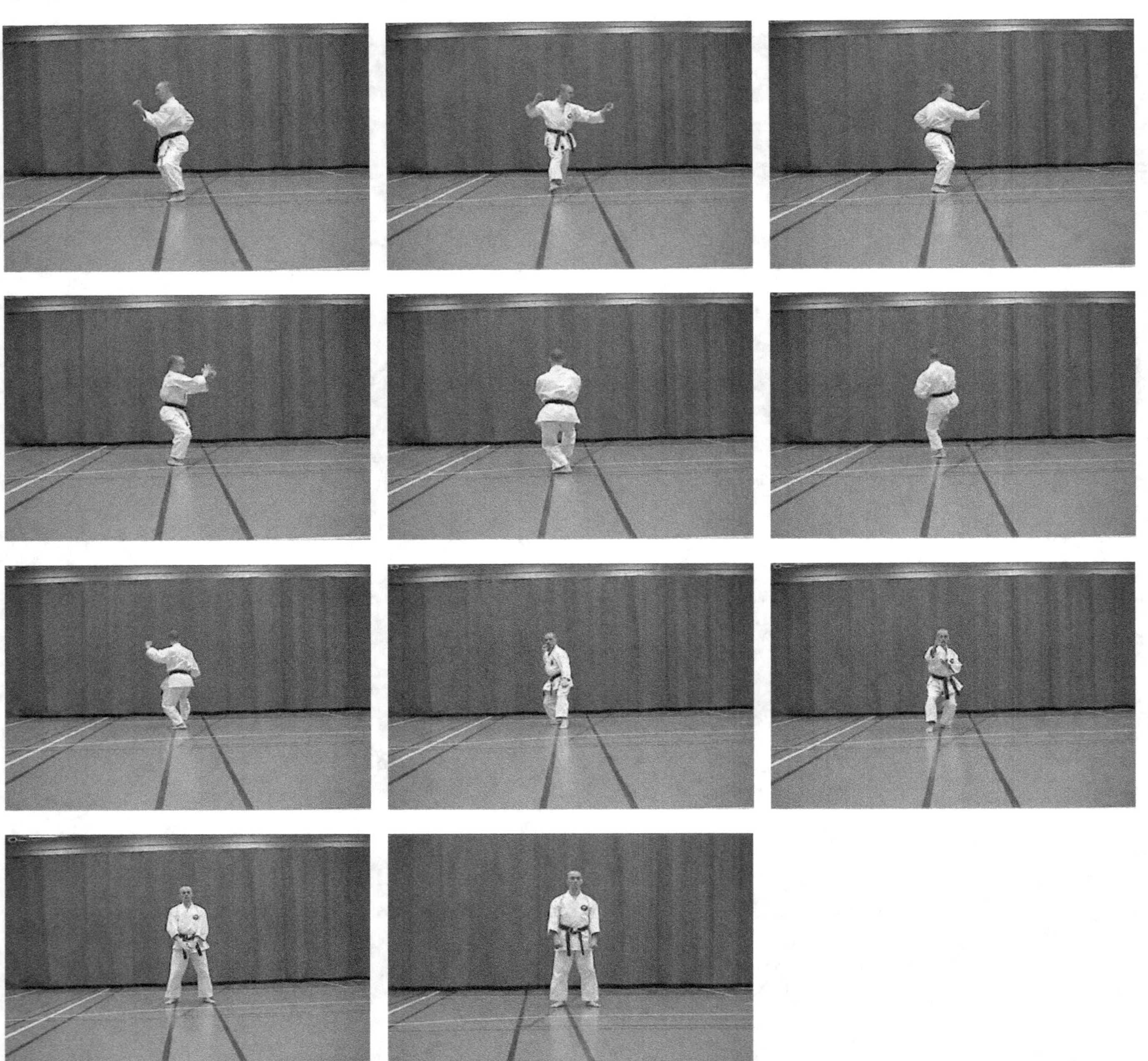

Il maestro, darà le spalle al Kamiza, in posizione MUSUBI DACHI.

MUSUBI DACHI

Gli allievi, saranno di fronte al Maestro allineati, in ordine di cintura, e a parità di questa, in ordine di anzianità.
Il Maestro, sempre in posizione MUSUBI DACHI, una volta controllato l'allineamento, si volterà verso il Kamiza, dando quindi le spalle agli allievi.
Dopo che il Maestro avrà fatto segno al Sempai di comandare l'inizio della cerimonia, il sempai più in grado, comanderà: SEIZA.
Il Maestro, per primo, si inginocchierà, abbassando il ginocchio destro per primo. La larghezza delle ginocchia, sarà di circa due pugni, 20 cm. circa, mentre le mani saranno appoggiate alle cosce. Le dita dei piedi, si toccheranno.
Dopo che il maestro avrà eseguito SEIZA, anche gli allievi, effettueranno il SEIZA in ordine di grado, non tutti contemporaneamente,ma progressivamente per grado. L'allievo dovrà controllare con la coda dell'occhio che il suo compagno di fianco si stia inginocchiando, in modo da fare altrettanto dopo che il compagno ha iniziato il movimento. Deve esistere cioè un sincronismo a scalare.
Una volta che tutti sono inginocchiati in SEIZA, il Sempai, comanderà: MOKUSO.
Subito dopo l'annuncio del MOKUSO, tutti, chiuderanno gli occhi, e si concentreranno sulla respirazione, che dovrà essere calma e rilassata, predisponendosi alla preparazione psico-fisica che sta terminando.
Dopo qualche decina di secondi, diciamo 20/25, quando il respiro tornerà normale e rilassato, il Sempai comanderà: SOKE KUM.
Tutti, indistintamente, reciteranno il SOKE KUM.

**- Devo ricordare, che ho appreso lo studio del karate,
   per avere una chiara visione di tutto.**

**- Sono disposto a difendere il mio prossimo e la giustizia,   mai sarò crudele e
   orgoglioso.**

**-  Non utilizzerò la conoscenza del karate  a meno che non possa evitarlo in modo
   alcuno,  e sempre come mezzo di difesa.**

**- Shorinji-ryu, karate-do, non è uno sport,   è una arte MARZIAL.**

Dopo il SOKE KUM, il Sempai comanderà: MOKUSO YAME.
Tutti apriranno gli occhi e si metteranno in assetto di attenzione, abbandonando cioè il rilassamento.
Il Sempai annuncerà: HOMBUSHO IWAO TAMOTSU SOKE NI REI, tutti si inchineranno verso il KAMIZA, ovvero verso l'immagine del SOKE IWAO TAMOTSU.
Dopo qualche secondo, tutti si rimetteranno in posizione SEIZA.
Il Maestro si girerà, dando le spalle al KAMIZA.
Il Sempai annuncerà: SENSEI (SHIHAN) NI REI. Tutti si inchineranno verso il Maestro salutandolo (OSS).
Dopo qualche secondo, tutti si rimetteranno in posizione SEIZA.
Il Sempai annuncerà: KIRITZU. Tutti si alzeranno, prima il Maestro, poi il Sempai e poi successivamente, via via in ordine di grado.
Il Maestro inviterà gli allievi ad effettuare il saluto Renshinkan. Questo saluto consisterà nel battere le mani tre volte, e alla fine gridare sempre per tre volte RENSHINKAN, RENSHINKAN, RENSHINKAN.
A questo punto, il Maestro terminerà la lezione, e inviterà gli allievi, in ordine di grado, ad uscire dal tatami e abbandonare il Dojo.

CAPITOLO 301. ESAMI DA CINTURA BIANCA A MARRONE. (da 9° kyu a 1° kyu).

Cinture:
```
BIANCA      9 kyu. (dopo  3 mesi di BIANCA     esame BIANCA     -> ARANCIONE)
ARANCIONE   8 kyu. (dopo  6 mesi di ARANCIONE  esame ARANCIONE -> GIALLA)
GIALLA      7 kyu. (dopo  3 mesi di GIALLA     esame GIALLA     -> BLU)
BLU         6 kyu. (dopo  9 mesi di BLU        esame BLU        -> VERDE)
VERDE       5 kyu. (dopo  6 mesi di VERDE      esame VERDE      -> VIOLA(4))
VIOLA   4   4 kyu. (dopo  6 mesi di VIOLA(4)   esame VIOLA(4)   -> VIOLA(3))
VIOLA   3   3 kyu. (dopo  3 mesi di VIOLA(3)   esame VIOLA(3)   -> MARRONE(2))
MARRONE 2   2 kyu. (dopo  9 mesi di MARRONE(2) esame MARRONE(2) -> MARRONE(1))
MARRONE 1   1 kyu. (dopo 12 mesi di MARRONE(1) esame MARRONE(1) -> NERA 1° DAN)
                   (mesi 57 = 4 anni + 9 mesi)
```

ESAMI per 8 kyu. BIANCA IN ARANCIONE.
- Forma di saluto
- Credo (SOKE KUM)
- Nome delle  posizioni basiche fondamentali.
- Camminare in ZENKUTSU DACHI eseguendo OI TSUKI y GIAKO TSUKI
- Calcio MAE GERI KEAGE y KEKOMI
- Eseguire  3 bloccaggi basici, da SHIKO DACHI e camminando in
  ZENKUTSU DACHI

ESAMI per 7 kyu. ARANCIONE IN GIALLA.
- TAYKYOKU SANDAN pre-kata
- Camminare in SHIKO DACHI
- Camminare in SHIKO DACHI eseguendo CHOKO TSUKI
- Eseguire 3 bloccaggi basici, camminando in SHIKO DACHI
- Prima parte KIHON RENSHINKAN (KUKAN TSUKI GIAKO TSUKI,
  GEDAN BARAI + GIAKO TSUKI, GIAKO TSUKI CHUDAN, JODAN UKE)
- Calcio MAE GERI KEAGE, MAE GERI KEKOMI, MAWASHI GERI CHUDAN,
  MAWASHI GERI JODAN
- JUYI KUMITE controllato

ESAMI per 6 kyu. GIALLA IN BLU.
- KIHON RENSHINKAN completo
- KENSHUO pre-kata
- YAKUSOKU KUMITE  1 / 3
- Calcio MAE GERI, MAWASHI GERI e YOKO GERI
- Combinazioni di TSUKI y GERI
- JIYU Kumite

ESAMI per 5 kyu. BLU IN VERDE.
- KIHON RENSHINKAN completo
- SEISAN no kata
- YAKUSOKU KUMITE  1 / 5
- Calcio MAE GERI, MAWASHI GERI, YOKO GERI, USHIRO GERI,
  USHIRO MAWASHI
- Combinazioni di TSUKI e GERI
- JIYU Kumite

ESAMI per 4 kyu. VERDE IN VIOLA.
- KIHON RENSHINKAN completo
- ANANKU no kata
- YAKUSOKU KUMITE 1 / 10
- Calcio MAE GERI, MAWASHI GERI, YOKO GERI, USHIRO GERI,
  USHIRO MAWASHI
- Combinazioni di TSUKI e GERI
- JIYU Kumite

<u>**ESAMI per 3 kyu. VERDE IN VIOLA.**</u>
- **KIHON RENSHINKAN** completo
- **ANANKU** no kata
- **YAKUSOKU KUMITE** 1 / 10
- Calcio **MAE GERI**, **MAWASHI GERI**, **YOKO GERI**, **USHIRO GERI**, **USHIRO MAWASHI**
- Combinazioni di **TSUKI** e **GERI**
- **JIYU** Kumite


<u>**ESAMI per 2 kyu. VIOLA IN MARRONE 2 kyu.**</u>
- **KIHON RENSHINKAN** completo
- **WANSHU** no kata
- **YAKUSOKU KUMITE** 1 / 15
- Combinazioni di **TSUKI** e **GERI**
- **JIYU** Kumite


<u>**ESAMI per 1 kyu. MARRONE 2 kyu IN MARRONE 1 kyu.**</u>
- **KIHON RENSHINKAN** completo
- **CHINTO** no kata
- **YAKUSOKU KUMITE** 1 / 20
- Combinazioni di **TSUKI** e **GERI**
- **JIYU** Kumite

Fac-simile foglio esame.

Data: AMG: ______/______/______  ALLIEVO: ________________________________  Età:________

Esecuzione del kata:__________________  GRADO:____________  PROMOSSO A GRADO:______

**C Conformità.**
Giudizio: OTTIMO:______  BUONO:______  DISCRETO:______  SUFFICIENTE:______  INSUFF.TE:______

**T La tecnica**
Giudizio: OTTIMO:______  BUONO:______  DISCRETO:______  SUFFICIENTE:______  INSUFF.TE:______

**P La potenza**
Giudizio: OTTIMO:______  BUONO:______  DISCRETO:______  SUFFICIENTE:______  INSUFF.TE:______

**K Il kime**
Giudizio: OTTIMO:______  BUONO:______  DISCRETO:______  SUFFICIENTE:______  INSUFF.TE:______

**R Il ritmo**
Giudizio: OTTIMO:______  BUONO:______  DISCRETO:______  SUFFICIENTE:______  INSUFF.TE:______

**E L'espressività**
Giudizio: OTTIMO:______  BUONO:______  DISCRETO:______  SUFFICIENTE:______  INSUFF.TE:______

**S La sincronizzazione**
Giudizio: OTTIMO:______  BUONO:______  DISCRETO:______  SUFFICIENTE:______  INSUFF.TE:______

<u>ANNOTAZIONI VARIE DEL MAESTRO:</u>

________________________________________________________________

________________________________________________________________

________________________________________________________________

fac-simile LEGENDA:

<u>C Conformità.</u>
Commento: La Conformità si riferisce alle tecniche e agli standard dello stile
praticato.

<u>T La tecnica.</u>
Commento: La tecnica deve essere considerata nel suo insieme (codificazione posturale,
che riguarda tutto il corpo, e azione finalizzata di parata o attacco, che riguarda
gli arti superiori). Le imperfezioni sono generalmente posturali, determinate da
esasperazioni o dai movimenti del tronco e degli  arti superiori.

<u>P La potenza.</u>
Commento: La potenza ( P = F x v ) deve essere espressa per mezzo di movimenti rapidi
e la capacità di contrazione e decontrazione dei distretti muscolari è determinante.
Un'azione prodotta con contrazioni che non rispettano questi meccanismi fisiologici
produce scarsa potenza e il movimento appare "pesante",
come fosse frenato.

<u>K Il kime.</u>
Commento: Il Kime dal punto di vista biomeccanico è una contrazione muscolare
isometrica breve all'impatto e, nelle azioni a "vuoto", viene mantenuto per il tempo
necessario, che è in funzione del significato e del ritmo. Le imperfezioni sono
generalmente dovute a fusioni, vale a dire mancate chiusure della tecnica che,
perciò, si fonde con l'inizio di quella successiva. Questo fatto influenza in modo
negativo anche il ritmo.

<u>R Il ritmo.</u>
Commento: Il ritmo è determinato da un insieme di fattori (ampiezza delle azioni e
rapidità dell'esecuzione, significato, codificazioni, ecc.) ed il risultato che ne
scaturisce è perfettamente percepibile in termini di comunicazione gestuale. Le
imperfezioni sono generalmente dovute a disarmonie (eccessiva lentezza in alcuni
passaggi, azioni troppo affrettate, affaticamento dell'Atleta, ecc.) o a parti del
Kata non scandite correttamente all'interno dell'insieme.

<u>E L'espressività.</u>
Commento: L'espressività dell'Atleta è determinata dalla sua capacità di comunicare
con il corpo e, quindi, per mezzo di tecniche, stati mentali e significati collegati
alla situazione di combattimento. Negli Atleti che hanno forte personalità ed
esperienza ciò è chiaramente percepibile. Le imperfezioni sono generalmente dovute ad
insufficienti tempi di maturazione dell'Atleta nella specialità.

<u>S La sincronizzazione.</u>
Commento: La sincronizzazione è il risultato di una perfetta integrazione tra gli
Atleti componenti la Squadra. Le imperfezioni sono generalmente dovute ad
"anticipazioni o ritardi" in alcuni movimenti o a differenze strutturali della
tecnica.

<u>**CAPITOLO 302. ESAMI CINTURE NERE (da 1° dan a 3° dan).**</u>


NERA        1 dan. (dopo 12 mesi di MARRONE(1)   esame MARRONE(1)   -> NERA 1° DAN)
NERA        2 dan. (dopo 24 mesi di NERA 1° DAN esame NERA 1° DAN -> NERA 2° DAN)
NERA        3 dan. (dopo 36 mesi di NERA 2° DAN esame NERA 2° DAN -> NERA 3° DAN)


<u>**ESAMI per 1 Dan. NERA 1 dan.**</u>
- KIHON RENSHINKAN completo
- CHINTO no kata
- YAKUSOKU KUMITE 1 / 20
- Difesa personale basica
- Combinazioni di TSUKI e GERI
- JIYU kumite

<u>**ESAMI per 2 Dan. NERA 2 dan .**</u>
- KIHON RENSHINKAN  completo
- GOJUSHIHOU no kata
- YAKUSOKU KUMITE 1 / 30
- Difesa personale avanzata
- Combinazioni di TSUKI e GERI
- JIYU kumite

<u>**ESAMI per 3 Dan. NERA 3 dan.**</u>
- KIHON RENSHINKAN  completo
- BASSAI no kata
- SAI no kata
- Fare 4 ippon kumite con sai sacados per èl
- YAKUSOKU KUMITE 1 / 37
- Hidori 1,2,3,4,5
- JIYU kumite

Un'antica storia giapponese dell'epoca feudale, racconta che un vecchio samurai, stava consumando la sua cena in una locanda, quando fecero ingresso nel locale, tre soldati di ventura.

I tre, si accorsero subito che il vecchio samurai, disponeva al fianco due spade di ottima fattura, e pensarono subito al modo di appropriarsene pregustando un lauto guadagno dalla vendita delle armi.
Iniziarono quindi ad avvicinarsi al vecchio, cominciando a deriderlo ad alta voce. Il vecchio non li degnò nemmeno di uno sguardo.
A questo punto, i tre cominciarono ad infastidirlo con insulti molto offensivi, pensando di scalfire l'assoluta indifferenza del vecchio. L'intento era di provocarlo, affinchè questi mettesse la mano sulla spada, a questo punto i tre lo avrebbero battuto ed ucciso, essendo tre giovani contro un vecchio.

Come se non bastassero le offese dei tre provocatori, quattro mosche ronzavano tra le ciotole del vecchio, il quale, improvvisamente, prese i bastoncini che servivano a mangiare il cibo e con quattro colpi precisissimi, uccise gli insetti molesti.

A quella vista, i tre soldati sussultarono: se il samurai sapeva usare con tanta maestria due bastoncini, figurarsi cosa poteva fare con le due spade affilatissime che portava ai fianchi.
Quell'uomo non era pane per i loro denti e decisero unanimemente che era meglio lasciar perdere e cambiare aria.
Solo in seguito appresero che il vecchio samurai, che con tanta indifferenza aveva dato prova della sua eccezionale rapidità di intervento, risparmiando loro la vita, era nientemeno che MIYAMOTO MUSASHI.

Miyamoto Musashi, è nato nel 1584. Egli è noto come un maestro capace di duellare con due spade contemporaneamente.
Scrisse IL LIBRO DEI CINQUE ANELLI, praticamente un trattato di alta strategia nell'utilizzo della spada e nel comportamento da tenersi in combattimento, trattato che può ben servire anche nel Karate.

Morì il 9 ottobre 1645, pochi mesi dopo aver completato il Libro Dei Cinque Anelli.

Vediamo alcuni dei più importanti consigli che ci ha lasciato Musashi.
- Spesso è inevitabile ripetere due volte la stessa tattica di combattimento, ma è assolutamente deprecabile farlo per la terza volta.

- Purtroppo la conoscenza superficiale di una materia è spesso più nociva dell'ignoranza assoluta.

- Conoscendo la cadenza ed il ritmo di ogni situazione sarete capaci di colpire il vostro avversario nel momento più opportuno.

- Siate edotti delle giustizie e delle ingiustizie di questo mondo, sappiate riconoscere i lati positivi e negativi di ogni cosa. Percorrete la via delle varie arti e dei mestieri. Così nessuno vi potrà ingannare.

- In combattimento non sollevate, nè abbassate il capo e non inclinatelo. Il vostro
sguardo non deve vagare, ma fissare con intensità senza per questo corrugare la
fronte, cercando di avvicinare le pupille.

Con un'espressione distesa sul volto, tenete il naso eretto e il mento leggermente
sporto in avanti. Il capo sia dritto, il collo teso e una sensazione di vigore si
propaghi dalle spalle in giù, per tutto il corpo.
Le spalle sciolte, la schiena eretta, non fate sporgere le natiche. Le gambe scattanti
dalle ginocchia alle punte degli alluci. L'addome retratto, che non pesi sulle anche.
Nelle arti marziali è regola che il portamento da tenersi in un incontro deve essere
usato anche nella vita normale, di conseguenza il portamento che si tiene durante uno
scontro è quello abituale di tutti i giorni. Non contravvenite mai a questa norma.

- In combattimento tenete sempre gli occhi bene aperti. Ma non basta soltanto saper
guardare, bisogna saper percepire e intuire. Percepire è più importante di vedere.

- Bisogna saper vedere da entrambi i lati senza muovere le pupille. Non è facile
imparare questa tecnica in poco tempo. Tenete presente quanto ho scritto ed
esercitatevi continuamente, senza lasciarvi mai distrarre qualsiasi cosa accada.

- Sollevate appena le dita dei piedi e poggiate bene sui calcagni. I  movimenti delle
gambe sono costituiti, secondo le necessità, da passi lunghi o brevi, rapidi o lenti,
però dovere sempre conservare il vostro atteggiamento abituale.

- Colpire l'avversario nella giusta frazione di tempo significa saper cogliere
l'attimo in cui egli appare indeciso e sferrare il colpo senza muovere il vostro
corpo, nè alterare il vostro spirito. Il momento esatto di colpire il nemico, prima
che abbia deciso di indietreggiare, parare o assalire, è la giusta frazione di tempo.
Solo con molto esercizio sarete in grado di cogliere il momento giusto.

- Ni no koshi no utsu. Il tempo delle doppie anche. Questa tecnica si applica
attaccando l'avversario e ritirandovi rapidamente, eseguendo una finta. Il vostro
antagonista starà all'erta e poi si rilasserà per un attimo: in quel preciso istante
sferrate il colpo.

- Quando sia voi che il vostro avversario vi disponete contemporaneamente all'attacco,
concentratevi al massimo e usate fulmineamente la mano con la massima naturalezza.
Munen muso significa essere liberi dai pensieri che vi possano distrarre; dovete
vibrare all'unisono con il colpo che state per portare. E' una situazione che vi
capiterà di frequente. Dovete studiare molto e fare pratica.

- Colpire scientemente (utsu) e automaticamente (ataru) sono due azioni diverse.
Colpire scientemente, con spirito risoluto, è decisivo. Colpire automaticamente
significa solamente toccare l'avversario.

- Il colpo della scimmia con le braccia corte. Quando parlo della scimmia cinese con
le braccia corte intendo affermare che non dovete allungare le braccia. Secondo questa
tecnica, dovete avvicinarvi all'avversario con rapidità, senza distendere i gomiti,
così non gli sarà facile respingervi.
Approfondite questa tecnica.

- Con lacca e colla intendo la tecnica di restare attaccati all'avversario,senza
separarvi da lui. Quando siete vicini al vostro nemico mantenete la testa, il corpo e
le gambe in stretto contatto con lui, in modo che non vi siano spazi tra i due corpi.
Studiate questo punto.

- L'altezza del bambù. Questo termine viene riferito alla regola secondo la quale se
vi trovate con il corpo vicino a quello dell'avversario non dovete permettere che la
sua statura vi sovrasti. Allungate, quindi, le gambe, il torso e il collo per
risultare sempre a faccia a faccia con lui.
Non dimenticate questa regola.

- Durante il combattimento tirate i vostri colpi con determinazione e tenacia. I
vostri colpi non devono essere schivati con facilità, non perchè sono tirati con

forza, ma perchè li tirate con granitica risolutezza. Una cosa è la fermezza, l'altra
cosa è l'impeto. La fermezza significa forza, l'impeto può essere debolezza.
Ricordatevi di questo.


- Il colpo con il corpo è la penetrazione nello spazio lasciato indifeso
dall'avversario. Colpitelo con il vostro corpo: girando il capo di lato percuotetelo
al petto con la spalla sinistra; controllate il vostro respiro e usate tutta la forza
possibile. Il vostro urto deve far sbilanciare il nemico.
Se vi esercitate con costanza riuscirete a sospingere l'avversario per tre e anche
quattro metri.

- Se cercate di colpire l'avversario tirandogli un colpo direttamente sul volto, egli
cercherà di scansare il capo e il petto e questo vi renderà più facile il compito di
batterlo. Tenete sempre a mente questo. Quando il nemico è costretto a schivare e
sfuggire ai vostri colpi, siete già sulla strada della vittoria.

- Il luogo del combattimento. E' indispensabile verificare con cura le condizioni
ambientali. Avere il sole dietro a sè è sempre un vantaggio, cerca quindi di piazzarti
in maniera di averlo alle spalle e, se ciò non fosse possibile, fai che esso sia
almeno alla tua destra.

- Ken no sen. Il primo assalto. Si ha quando si decide di attaccare per primi. Assumi
la tua posizione con assoluta calma e attacca con la massima rapidità, vibra il colpo
con violenza e decisione, pur rimanendo olimpicamente sereno dentro di te. Non
sprecare tutte le energie nel primo assalto, che deve essere sferrato, comunque, con
movimenti fulminei delle gambe per sopraffare il nemico. Quando procedi all'assalto,
svuota la tua mente da ogni pensiero inutile. Se soffochi l'antagonista con la tua
energia sin dall'inizio, ti sei assicurato la vittoria.

- Tai no sen. L'assalto di attesa. Nel momento in cui il vostro avversario si avventa
su di voi, fingetevi indifferenti e mostratevi deboli. Quando sembra troppo vicino,
aumentate la distanza ritraendovi con un balzo e fategli credere di voler sfuggire; a
questo punto egli si scoprirà e voi potrete assestargli il colpo fatale.
Questo è uno dei metodi del Tai no sen. Un'altra possibilità si ha quando il nemico vi
attacca con furia e voi lo contrattaccate con maggiore impeto, scombinando, così, il
suo ritmo. Profittate di questo attimo di incertezza per conseguire la vittoria.

- Taitai no sen. L'assalto corpo a corpo.
Questo metodo si usa quando l'avversario avanza rapidamente: si vibra il colpo con
calma e freddezza quando l'antagonista è alla giusta distanza; se questi invece
procede piuttosto lentamente, bisogna replicare velocemente. Controllate ogni sua
mossa e, come se vi libraste nell'aria, assestate il vostro colpo.
Questo è il Taitai no sen. Questi tre sen si riferiscono all'assalto iniziale, ma non
è detto che in ogni combattimento sia opportuno prendere l'iniziativa per primi, ciò
dipende molto dalle singole situazioni e dalle varie circostanze.
In linea di massima si può affermare che se si attacca per primi, si costringe
l'avversario a mantenersi sulla difensiva e lo si pone in una situazione di
svantaggio.

- Schiacciare sul cuscino. Significa non permettere all'avversario di alzare la testa.
Quando si combatte è importante impedire all'antagonista di prendere l'iniziativa;
non conviene mai essere costretti a subire l'intraprendenza del nemico. La tattica
migliore è di mantenere a tutti i costi una posizione vantaggiosa obbligando
l'avversario a stare sempre sulla difensiva. E' intuibile che il nostro contendente
la penserà allo stesso modo e cercherà di fare altrettanto. Il punto sta
nell'impedirgli di agire liberamente.
La tattica consiste nel bloccare l'avversario quando cerca di inferire un colpo,
ricacciarlo indietro quando vuole avanzare, scuoterselo di dosso quando cerca di
abbrancarci. Il vero segreto sta nell'intuire le mosse dell'avversario, prestando
attenzione ai minimi particolari, prima che questi possa completare qualche azione
pericolosa. Grazie al continuo esercizio riuscirai a fermare il suo attacco, sventare
il suo colpo e intercettare l'azione nell'attimo stesso in cui egli prende
l'iniziativa.

- Valutare la situazione. Significa prendere le decisioni più opportune in battaglia, sia per quanto riguarda il movimento delle truppe che la tattica da adottare. Prima di agire bisogna conoscere esattamente quale è il morale dei soldati nemici e i vantaggi e gli svantaggi delle loro posizioni. Anche nei combattimenti individuali è necessario studiare la tecnica dell'avversario, determinare i suoi punti di forza e quelli di debolezza e agire in modo da scombinare totalmente la sua tattica, facendo il contrario di quello che egli si aspetta voi. Prevedendo le mosse del vostro contendente, si è sempre in vantaggio.

- Fondersi con l'avversario. Quando la contesa non progredisce bisogna fondersi con l'avversario per debellarlo. Quando due parti sono in lotta, e non si riesce a giungere a conclusione, si può vincere combattendo corpo a corpo. Questo metodo è detto fondersi con l'avversario e può portare alla vittoria in casi difficili. Esaminalo con cura.

- Disorientare l'avversario. Negli scontri individuali, si può disorientare l'avversario alternando le più varie tecniche di combattimento. Si accenna una certa mossa o una determinata azione e invece si fa fulmineamente una cosa completamente diversa. Quando l'avversario sarà completamente scombussolato, la vittoria sarà
v
ostra.

- Schiacciare il nemico. Significa considerarlo in partenza debole e ritenersi più forte di lui, schiacciandolo quindi, al primo colpo.
Se ti trovi dinanzi ad un avversario meno esperto di te, o se è disorientato o vuole fuggire, non dargli tregua e abbattilo con un colpo. Al nemico in difficoltà non si deve mai dare la possibilità di riaversi.

- Mutamento della montagna e del mare. In questo caso, si intende mettere in risalto la necessità di non ripetere mai la stessa tattica nel corso di un combattimento. Spesso è inevitabile ripeterla per due volte, ma è assolutamente da sconsigliare farlo per la terza volta.
Se un certo modo di attaccare il nemico fallisce la prima volta, ci sono poche possibilità che abbia successo in seguito. Usate tattiche diverse e cogliete l'avversario di sorpresa. Quando il vostro oppositore si aspetta la montagna, fategli trovare il mare, quando si aspetta il mare, dategli la montagna.

- Distruggere sino in fondo. Se siete convinti di aver annientato il vostro rivale, ma non avete ancora annientato il suo spirito di lotta, costui potrebbe sentirsi invitto nel suo intimo. E' necessario perciò, spezzare definitivamente la forza interiore del nemico, facendogli percepire la sconfitta sin nella più intima fibra. Per distruggere sino in fondo, oltre ai colpi, si deve usare anche lo spirito e il corpo. Non è facile essere sicuri di aver raggiunto lo scopo.
Se riusciamo a schiantare lo spirito di combattimento del nostro antagonista, non dovremmo più preoccuparci di lui; in caso contrario la contesa non può dirsi finita e dovremo continuare senza avere alcuna esitazione.

- Ricominciare. Quando vi trovate nella situazione che non riesce a risolversi perchè entrambi i contendenti sono alla pari, scartate la tattica precedente ed esaminate la situazione da una nuova angolazione.
Dovete assumere un ritmo diverso se volete conseguire la vittoria.
Questo metodo serve a battere l'avversario quando si è implicati in una situazione statica o di stallo, e consiste nel modificare il proprio piano d'azione.

Nasce nel 1868 nell'isola di Okinawa, culla del karate. Nel 1922, su invito del governo giapponese, diede una dimostrazione dell'arte di difesa di Okinawa, in Giappone. Da quel momento, l'arte marziale si diffuse in tutto il Giappone e in seguito in tutto il mondo.
Scrisse I VENTI PRINCIPI DEL KARATE.
Morì nel 1957.
Vediamo i titoli de I VENTI PRINCIPI DEL KARATE.

 1 - Non dimenticare che il karate-do comincia e finisce con il saluto. (rei)
 2 - Nel karate non esiste iniziativa.
 3 - Il karate è dalla parte della giustizia.
 4 - Conosci prima te stesso, poi gli altri.
 5 - Lo spirito viene prima della tecnica.
 6 - Libera la mente. (il cuore)
 7 - La disattenzione è causa di disgrazia.
 8 - Il karate non si vive solo nel dojo.
 9 - Il karate si pratica tutta la vita.
10 - Applica il karate a tutte le cose, lì è la sua ineffabile bellezza.
11 - Il karate è come l'acqua calda, occorre riscaldarla costantemente o
     si raffredda.
12 - Non pensare a vincere, pensa piuttosto a non perdere.
13 - Cambia in funzione del tuo avversario.
14 - Nel combattimento devi saper padroneggiare il Pieno e il Vuoto.
15 - Considera mani e piedi dell'avversario come spade.
16 - Oltre la porta di casa, puoi trovarti di fronte anche un milione di nemici.
17 - La guardia è per i principianti; più avanti si torna alla posizione
     naturale.
18 - I kata vanno eseguiti correttamente; il combattimento è altra cosa.
19 - Non dimenticare dove occorre usare o non usare la forza, rilassare o
     contrarre, applicare la lentezza o la velocità, in ogni tecnica.
20 - Sii sempre creativo.


**Il maestro GICHIN FUNAKOSHI è il fondatore dello stile SHOTOKAN.**

Praticando il KARATE, si ottengono vari benefici, tra tutti, i più
evidenti sono tre.
Il fisico si avvantaggia di una ginnastica completa e ricreativa.
Lo spirito si fortifica, grazie anche alla pratica collettiva.
Si acquisisce socievolezza e sicurezza di sé.
Praticando il KARATE agonistico, si scopre uno sport veramente
affascinante, completo, che arreca i benefici di uno sport vero e
proprio. In particolare si è spinti a dare il meglio di sé,
migliorandosi sempre. Non solo la muscolatura ne guadagna, ma
anche i riflessi in generale e la stessa prontezza cerebrale ne
beneficiano alla grande.

Una regola comune per tutti i colpi di KARATE, è la seguente:
il corpo deve essere rilassato sino al momento dell'impatto col bersaglio. In
quell'istante, tutti i muscoli del corpo devono mettersi in tensione e rilassarsi
subito dopo, pronti per l'azione successiva. Più questa tensione muscolare sarà
completa e istantanea, più si otterrà una tecnica davvero efficace.

Colpi di mano.
Ricordiamoci che nella guardia fondamentale, Zenkutsu dachi, abbiamo la doppia
possibilità di attaccare col pugno dalla parte della gamba avanzata, OI TSUKI, oppure
col braccio opposto, GIAKO TSUKI. L'OI TSUKI deve la sua efficacia soprattutto per il
suo allungo eccezionale, infatti si chiama pugno lungo. Il GIAKO
TSUKI, viene usato meno spesso, essendo un pugno ad effetto sorpresa, si chiama anche
pugno corto.

GIAKO TSUKI CHUDAN

OI TSUKI CHUDAN

Come  quasi tutti i colpi di mano e di piede, essi possono essere eseguiti verso il
basso (GEDAN), verso il medio, (CHUDAN) o verso l'alto (JODAN).
Le posizioni di guardia fondamentali sono, Zenkutsu dachi, posizione offensiva,
Kokutsu dachi, posizione difensiva.

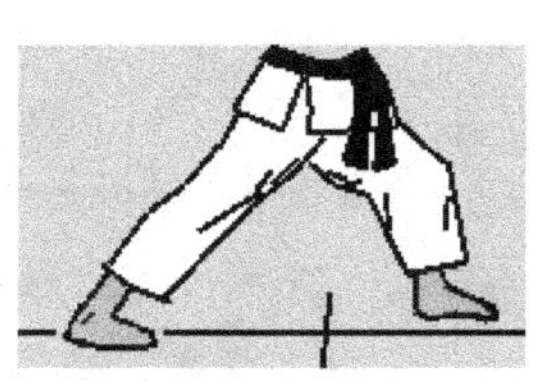
ZENKUTSU DACHI

KOKUTSU DACHI

Nella forma offensiva, la più utilizzata, le gambe sono aperte in un grande passo, i
piedi quasi paralleli, puntati verso l'avversario.
Eseguendola a destra, la gamba destra è indietro, tesa, la sinistra, avanti, piegata,
con lo stinco perpendicolare al terreno, o il ginocchio deve coprire il piede,

osservandolo. La mano destra, stretta a pugno, appoggia sopra l'anca, in posizione
armata, ossia pronta eventualmente a colpire. La mano sinistra, sempre a pugno, è
avanti, ed ha il compito di parare colpi di mano o di piede dell'avversario.
Per passare da questa posizione, Zenkutsu dachi a Kokutsu dachi, ossia da posizione
offensiva a difensiva, è sufficiente uno spostamento del peso. La gamba arretrata si
piega, sopportando il 60% del peso, il piede, andando in appoggio pieno o col
calcagno, non rimane più parallelo alla direzione di attacco, ma si apre con
un angolo di 45-50 gradi. Braccia e dorso rimangono nella medesima posizione.

Colpi di piede.
In posizione naturale, col corpo eretto, gambe
diritte e aperte, mani lungo i fianchi, sollevate il ginocchio destro in orizzontale,
quindi distendete la gamba arrivando a colpire un ipotetico bersaglio, con i denti di
tigre, cioè con i polpastrelli sotto le dita del piede.
Ritornare la gamba ripiegandola in orizzontale, poi
raddrizzandola appoggiandola al suolo. Questa operazione, ritornare la gamba, deve
essere eseguita più rapidamente dell'andata, per evitare che l'avversario vi possa
prendere il piede e come minimo sbilanciarvi. Questo calcio, si chiama MAE GERI.

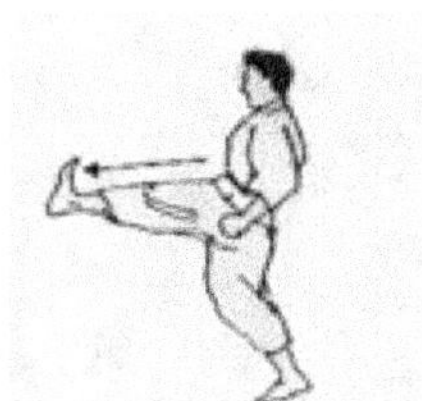

MAE GERI KEKOMI

Eseguiamo ora questo esercizio. Mettetevi in Kokutsu dachi davanti al vostro compagno.
Effettuate un Mae geri chudan, rivolto alla cintura, mettetevi subito dopo in Zenkutsu
dachi e sferrate un pugno un OI TSUKI chudan. In questo modo imparerete a cambiare da
una posizione difensiva in una offensiva.

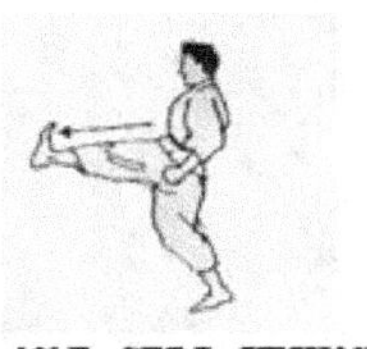
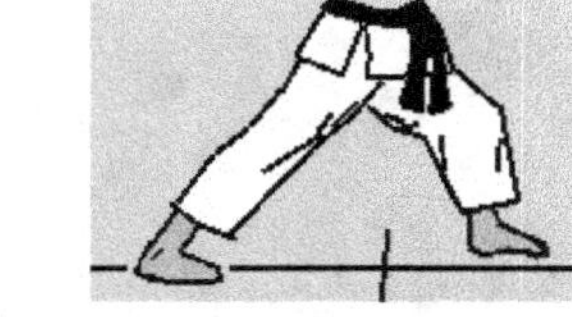

KOKUTSU DACHI     MAE GERI KEKOMI     ZENKUTSU DACHI     OI TSUKI CHUDAN

Un altro esercizio molto utile, è quello detto della passeggiata.
Siete fronte al compagno, voi in Zenkutsu dachi mentre il vostro
compagno in Kokutsu dachi. Voi attaccate con Mae geri diretto, avanzando di un passo
al termine della tecnica e invertendo la guardia (attaccate col piede arretrato e dopo
il calcio lo tenete avanzato. Il compagno sfuggirà indietreggiando di un passo e
invertendo a sua volta la guardia Kokutsu dachi (indietreggerà semplicemente il piede
avanzato, apportando le modifiche necessarie all'assetto del corpo per mantenere
correttamente la guardia.

Ora vi trovate nelle posizioni di partenza, ma invertite, entrambi
nella stessa guardia come all'inizio, ma a sinistra anziché a destra.
Ripetete l'attacco,questa volta col piede sinistro. Lui sfuggirà con un nuovo passo
indietro e ancora una volta si verificherà l'inversione delle guardi. Così
continuerete di seguito. Allora, dato che l'avversario non può più indietreggiare.
comincerà ad attaccarvi allo stesso modo, recitando la parte che finora era stata la
vostra, e voi vi difenderete come si era difeso lui, a vostra volta indietreggiando.

Questi pazienti avanti-indietro, sono caratteristici nelle palestre di Karate, essendo
molto educativi, permettono altresì un ripasso di molte tecniche contemporaneamente e
preparano alla continuità del combattimento (KUMITE). Occorre perseverare in essi per

molto tempo, preoccupandosi soprattutto della precisione dei movimenti e di evitare le
esitazioni.

Le parate.
La parata più semplice si esegue con la mano avanzata, dalla guardia Kutsu dachi.
Agendo verso il basso (CHUDAN), potrete deviare dal bersaglio le tecniche di piede che
mirano al ventre e allo stomaco. Verso l'alto (JODAN), devierete pugni diretti al
torace o al volto.
Distinguiamo subito una parata esterna da una parata interna.
Ammettiamo di essere in Zenkutsu dachi destro, ossia col piede destro arretrato.

CHUDAN UKE /
SOTO UKE

La parata esterna, si esegue portando il braccio sinistro dall'esterno verso
l'interno, SOTO UKE, obbligando il braccio dell'avversario sulla vostra destra, ad
uscire dalla traiettoria che intendeva seguire.
La parata interna, si esegue portando il braccio sinistro dall'interno verso
l'esterno, UCHI UKE, obbligando il braccio dell'avversario a superarvi alla vostra
sinistra.

UCHI UKE CHUDAN SEIKEN

La parata incrociata, JUJI UKE, detta anche parata a X.
Si tratta di una parata effettuata incrociando i polsi quando ci si aspetta un attacco
particolarmente potente, sia di mano che ancora meglio di piede. Il colpo viene
ammortizzato nella forcella delle vostre mani, e subito dopo, cercherete di prendere
l'arto dell'avversario per squilibrarlo e contrattaccare di piede.

JUJI UKE JODAN KAISHO

<u>Difesa da presa al polso con due mani.</u>
Avanzate verso l'avversario, facendovi sotto. Disponete verticale il polso prigioniero
e afferratelo con la mano libera dall'alto. Ora tirate a voi e verso l'alto con la
forza di entrambe le mani. Strappando il braccio prigioniero, ne caricate il gomito
che potrete quindi utilizzare per colpire dall'alto al basso il nemico allo sterno.

<u>Difesa da presa ai polsi.</u>
Indietreggiate un piede, preparandovi a un suo eventuale attacco di piede o di
ginocchio all'inguine. Siate proni in questo caso a ruotare sul fianco e a ricevere il
colpo sull'anca, piuttosto che in posti più delicati. Mentre vi tirate indietro, non
troppo però, mantenendo il busto eretto, perpendicolare al suolo, aprite le sue
braccia verso l'esterno e senza interruzione colpitelo con un calcio dei denti di
tigre al ventre.

<u>Difesa da presa al bavero con una mano.</u>
Il vostro avversario vi prende ai baveri con la sinistra, e con la
destra si appresta a colpirvi con un cocotazo al viso.
Parate il colpo con l'avambraccio destro verticale, passandolo sopra il suo braccio
sinistro, eseguendo praticamente una versione di UCHI UKE. Armate il pugno sinistro al
fianco. Ora colpitelo col gomito destro allo sterno (EMPI) e doppiate immediatamente
col pugno sinistro corto (GIAKO TSUKI) alle costole fluttuanti.

<u>Difesa da presa ai baveri con entrambe le mani.</u>
Nel caso che il vostro avversario oltre alla presa dei baveri voglia anche effettuare
uno strangolamento, occorre subito rompere l'azione attorno al collo, anche se dovesse
sembrare debole o inefficace. Attenzione a proteggere il basso ventre disponendovi di
fianco, magari col ginocchio che è più vicino all'avversario, sollevato. Per togliere
ogni efficacia allo strangolamento, infilate entrambe le braccia fra le sue: prima i
pugni, poi man mano gli avambracci.
Allargare le sue braccia verso l'esterno. Fin dall'inizio di questa  manovra, colpire
all'addome col solito calcio.

<u>Presa in cintura alle spalle.</u>
Se la presa è alta, ossia se venite presi sopra i
gomiti, si rompe la stretta abbassandosi sulle gambe e sollevando
le braccia.
Immediatamente si ruota verso destra e si colpisce col gomito
destro allo stomaco e col pugno sinistro al volto.
Se la stretta è bassa, sui gomiti o più in basso, agite come
un fulmine, piazzando un USHIRO GERI, di tallone, all'inguine
del vostro avversario, oppure di tallone al collo del piede.

USHIRO MAWASHI GERI GEDAN

Un piccolo saggio di difesa personale, il video completo puoi trovarlo

https://youtu.be/B85wBFHN-pw

Gli esercizi di riscaldamento.
Gli esercizi di riscaldamento, si eseguono con la massima cura e sistematicità. Si esercitano dapprima le piante e le punte dei piedi. Si passa poi alle diverse articolazioni, con esercizi di allungamento, contrazione e rilassamento dei muscoli e dei tendini.
Si lavora sulle caviglie ruotando il piede e forzandolo verso l'alto. Si fanno ruotare le articolazioni del ginocchio e si preme con le mani per spingerle all'indietro contro la rotula.
Ci si flette lentamente fino ai fianchi per far lavorare i muscoli delle gambe. Ruotando la gamba intera si scioglie l'articolazione dell'anca.
La colonna vertebrale viene allenata con metodo: in avanti toccando la punta dei piedi con le mani, all'indietro piegandosi indietro con le mani poggiate sulle reni, e di lato, stendendo un braccio oltre il capo e inclinando lateralmente il busto e la testa.
A questo punto si scioglie il collo, lasciando cadere la testa in avanti senza respirare. La si rialza, inspirando, e la si flette indietro espirando. Si piega il collo da ciascun lato, in avanti e a destra, in avanti e a sinistra.
A questo punto si può affermare che tutte le articolazioni, i muscoli e i legamenti principali sono stati riscaldati. Questi esercizi sono sufficienti a migliorare il funzionamento dei polmoni, del cuore e dell'apparato digerente.

Durante l'insegnamento del Karate, il maestro cerca soprattutto di far comprendere all'allievo come ogni parte del corpo possa essere usata come un'arma, per difendersi o per uccidere.
Benché la filosofia del Karate insegni l'importanza di non combattere, il corpo viene comunque trasformato nell'arsenale più completo che si possa immaginare. Le tecniche del Karate insegnano all'allievo a usare queste armi naturali nei modi più disparati, a scopo difensivo.

Tecniche con i piedi.
Il tallone è una parte del piede molto dura, praticamente insensibile. Viene usato per colpire in avanti e, talvolta, verso il basso, con le dita del piede flesse verso l'alto.

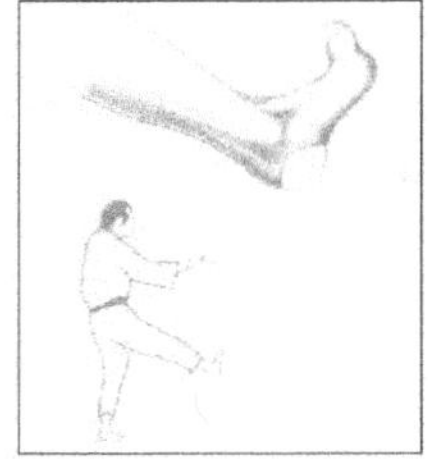

La parte anteriore della pianta del piede è quella più frequentemente usata per colpire. Le dita sono piegate verso l'alto e il piede scatta in avanti in un calcio frontale al centro del corpo dell'avversario, o in un calcio laterale. Anche questo è un punto molto duro e poco sensibile, in  grado di assorbire un impatto molto forte. Le dita si possono usare contro bersagli morbidi, come lo stomaco o l'inguine, per dare calci frontali che abbiano l'effetto di una pugnalata.

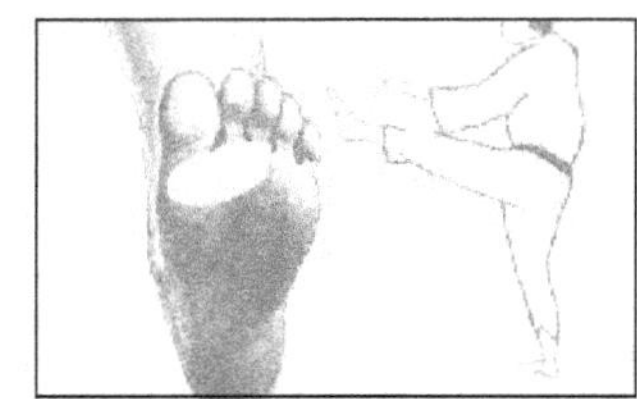

Flettendo le dita verso il basso, si può usare il collo del piede in calci frontali o laterali. Tuttavia il collo del piede è un punto troppo fragile per essere usato contro obiettivi duri, ossei.

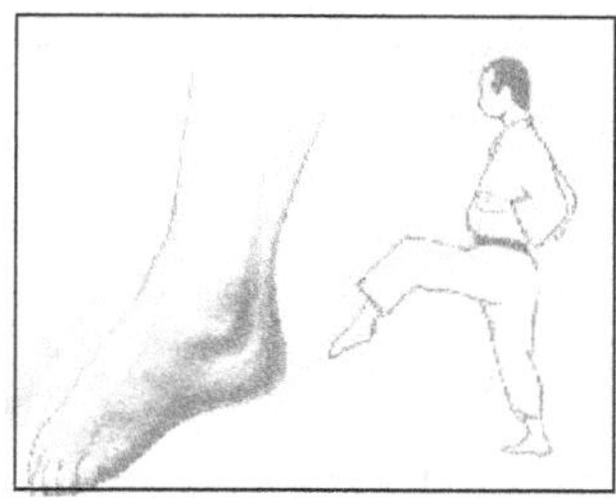

La parte laterale del piede si usa solo nei calci laterali verso la parte centrale del corpo. Per eseguire alla perfezione il calcio occorre piegare l'alluce verso l'alto e il mignolo verso il basso. Il piede va tenuto il più possibile orizzontale rispetto al punto d'impatto.

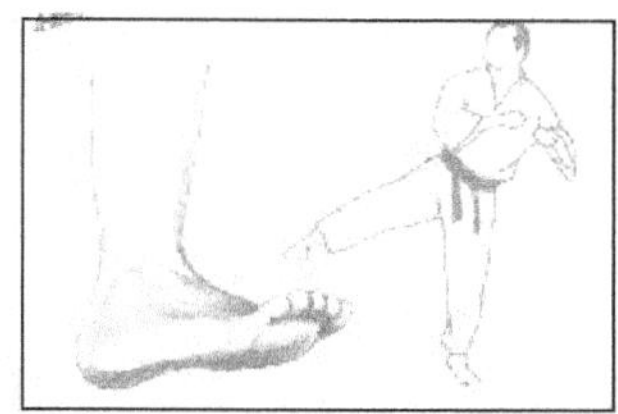

<u>Tecniche con le mani.</u>
Pugno.
 In un pugno dato in modo corretto, l'urto con  l'avversario è sostenuto dalle prime due nocche. Queste e il polso devono trovarsi  allineati, altrimenti il polso può cedere all'impatto.

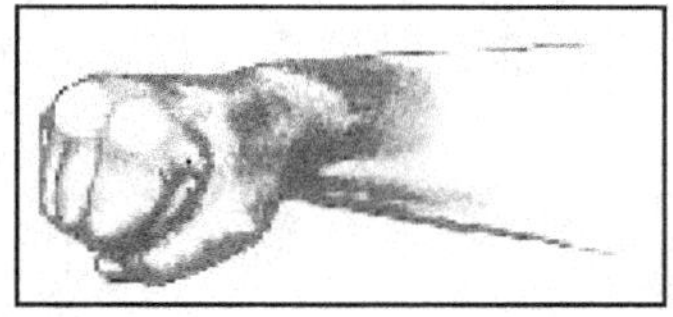

Pugno rovesciato.
Nel Karate il pugno si può dare con un movimento rovesciato e verso il basso. Questo colpo è utile nei combattimenti corpo a corpo, quando si mira alle tempie e al viso. Non lascia il corpo scoperto.

Mano a martello.
La parte laterale della mano è forte e sensibile e può essere impiegata per colpire la
testa.

Mano a coltello.
Se la palma e le dita vengono tenute allineate con il polso, la mano diventa un'arma
potente. La mano, colpisce verso l'interno, pugnalando l'avversario al collo o
all'inguine. Queste tecniche con la mano aperta, vengono chiamate nel Karate, mano a
coltello.

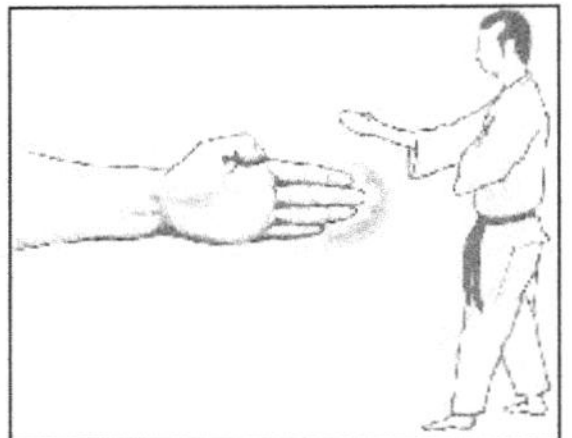 

Il lato della mano, ossuto e insensibile, si usa per dare colpi secchi al collo o alle
costole fluttuanti. Con la mano in posizione orizzontale, la punta delle dita colpisce
stomaco, viso ed occhi.

Il bordo e l'articolazione del dito indice sono estremamente efficaci negli attacchi
orizzontali, in combattimenti ravvicinati.

La base della palma della mano aperta può essere diretta contro l'inguine
dell'avversario, nei combattimenti ravvicinati, mentre l'altra mano, rivolta verso
l'alto, colpisce la clavicola. Nelle arti marziali cinesi questa tecnica viene detta
la postura della tigre.

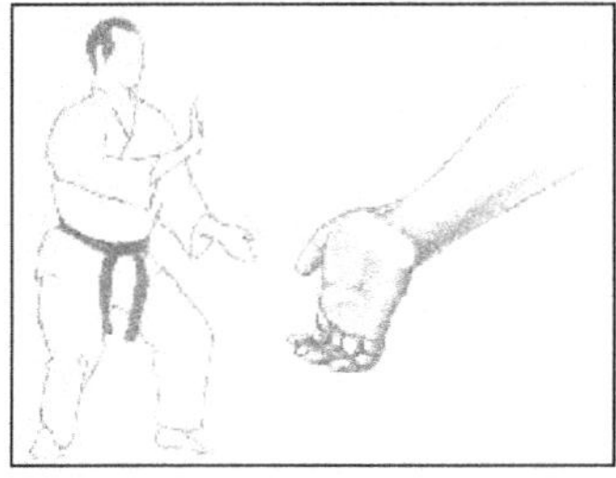

Le dita si possono tenere serrate, a mò di becco d'uccello, per colpire al viso
l'avversario. Lievemente aperte, assomigliano a un artiglio e si usano per lacerare o
cavare gli occhi. In questo colpo, la mano è
in posizione orizzontale.

Il disegno illustra i punti vitali più noti, che i maestri di Okinawa insegnano ai
loro allievi. Si tratta di uno schema molto semplificato, ad uso degli allievi
principianti.

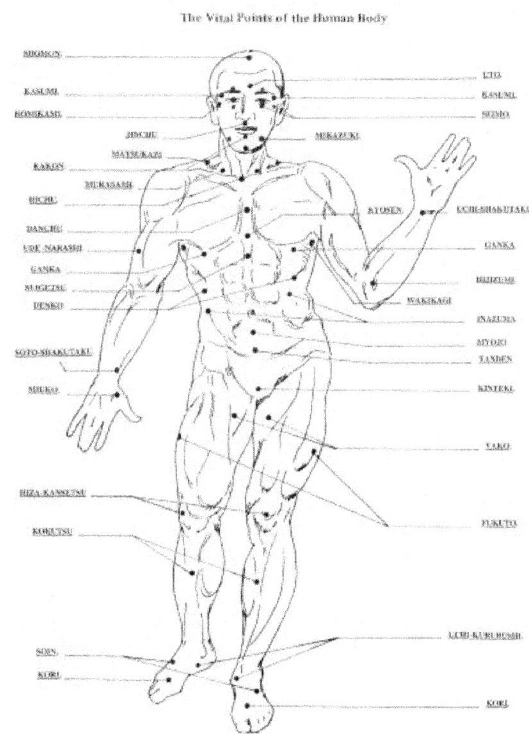


<u>Colpi con i gomiti.</u>

Quando si colpisce con il gomito, la palma della mano deve essere di fronte alla
spalla. Se fosse  ruotata di 90 gradi,   di fianco alla testa, l'impatto
potrebbe danneggiare le ossa del braccio.

Il colpo base con il gomito viene inferto alla gabbia toracica.
In risposta ad un attacco da dietro, il gomito si può indirizzare con forza
all'indietro. Se la mano si trova sul corpo, il gomito si può ruotare all'indietro in
una parata o in un colpo molto tagliente. Portare il gomito dall'alto verso il basso,
è un movimento rischioso, che può danneggiare le ossa.

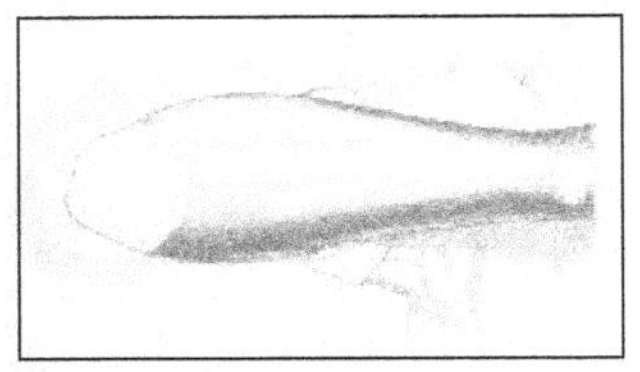  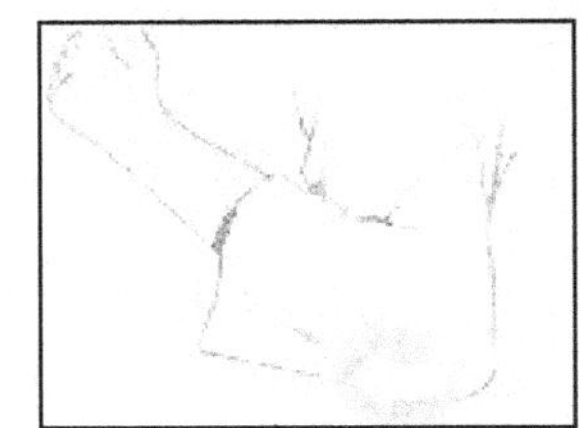 

## Colpi con le ginocchia.

L'attaccante mette le mani dietro alla testa dell'avversario e l'abbassa per farla scontrare con il ginocchio che sale.
L'impatto avviene nel punto evidenziato. Dopo il colpo, le mani vanno riportate oltre il punto dell'urto, ai lati del corpo.

## Tecniche di parata.

La maggior parte delle parate, si esegue con uno dei due lati dell'avambraccio.
L'avambraccio si può ruotare verso l'alto di un quarto di giro per deviare un pugno in arrivo, oppure verso il basso per deviare calci o pugni bassi (GEDAN).

A

AGE UKE                        Parata alta.

AGE ZUKI                       Pugno diritto che sale dal basso verso l'alto. La
direzione e' la stessa dell'OI-ZUKI ma all'ultimo sale a colpire con SEIKEN.

AI (HAI)                       Sì.

AIUCHI                         Tecnica a punto completata simultaneamente da entrambi i
combattenti. Non viene assegnato alcun punteggio a nessuno dei due atleti. L'arbitro
si porta i pugni l'uno contro l'altro di fronte al busto.

AKA                            Rosso.

AKA (SHIRO) NO KACHI           Rosso (Bianco) Vince. L'arbitro alza il braccio
obliquamente dalla parte del vincente.

AKA (SHIRO) IPPON              Rosso (Bianco) segna Ippon. L'arbitro alza il braccio
obliquamente dalla parte del vincente. (come in NO KACHI).

ASHI                           Parte inferiore del corpo (piede e gamba).

ASHI BARAI                     Tecnica di sbilanciamento e proiezione dell'avversario
eseguita con il piede.

ASHI WAZA                      Nome usato per tutte le tecniche di gamba e piede.

ATEMI WAZA                     Tecnica di percossa. Normalmente usata insieme a tecniche
di proiezione.

ATENAI YONI                    Richiamo senza penalità.  Questo richiamo viene utilizzato
per infrazioni minori (solo per la prima). L'arbitro mostra un pugno coperto
dall'altra mano all'altezza del busto nella direzione del contendente che ha commesso
l'infrazione.

ATOSHI BARAKU                  Ancora 30 secondi. Durante la gara un segnale acustico
viene attivato dal cronometrista 30 secondi prima della fine del tempo.

ATTATE IRU                     Contatto.

AWASE                          Unione. Dal verbo  Awaseru  unire, congiungere.

AWASE UKE                      Parata a mani unite.

AWASE ZUKI                     Doppio pugno a  U  piccola.

AYUMI DACHI                    Posizione naturale con il peso al centro.

B

BO                             (1) Bastone usato come arma (lungo circa 180 cm),  Bokken
spada di legno.

                               (2) Albero.

BOGYO ROKU KYODO               Movimento a sei difese. Movimento base del Karate-Do Ryobu-
Kai.
Usa gli antichi nomi di tecniche come AGE TE, HARAI TE (piuttosto che GEDAN BARAI),
SOTO YOKO TE, UCHI YOKO TE, SHUTO TE, e SUKUI TE.

BOKU (KITA)                    Nord. Contrario NAN o MINAMI.

BUDO                           Via dell'arte marziale. Tale termine è composto da due
ideogrammi  BU e DO.  Il carattere giapponese  BU  (che viene comunemente tradotto con

il termine  marziale ) deriva dalla composizione di due caratteri che significano
fermare  e  alabarda/lancia. Da ciò si desume che il significato originario era
fermare la lancia. E' in tale significato originario che il Karate affonda le proprie
radici infatti per colui che pratica l'arte la via migliore per prevenire la violenza
e' quella di coltivare il carattere individuale. In ultima analisi la via (DO) del
Karate e' quindi equivalente alla via del BU, intesa nel senso di prevenire o evitare,
il più possibile, la violenza.

BUNKAI                        Applicazione. Lo studio dell'applicazione delle tecniche di
un KATA.

BUNKAI OYO                    Applicazione di un kata senza rispettarne rigidamente la
sequenza.

BUSHIDO                       Via del guerriero.  Con questo termine si indica l'insieme
delle regole che codificavano il comportamento osservato dai Samurai.

C

CHIKAI (KIN)                  Vicino. Contrario EN o TOI.

CHU                           Medio.

CHUDAN                        Area media del corpo (indicativamente dalla gola allo
sterno).
                              Durante la pratica del KIHON IPPON KUMITE (combattimento
base dichiarato ad una tecnica per volta), l'attaccante annuncia preventivamente a
quale altezza sara' portata la tecnica: JODAN, CHUDAN, o GEDAN  (Alta, Media, o bassa)

CHUDAN ZUKI                   Pugno tirato ad altezza media del corpo dell'avversario.

CHUI                          Attenzione!

D

DAN                           Grado o livello. Utilizzato per indicare il livello di
conoscenza per le cinture Nere.
                              I gradi al di sotto della Cintura Nera sono chiamati KYU.

DO                            Via, percorso, cammino.
                              Il carattere giapponese DO e' lo stesso carattere cinese
utilizzato per il Tao ( Taoismo ).
                              In generale indica la ricerca della  Via  per il
raggiungimento della perfezione; nel caso specifico, si intende il  percorso di vita
teso al raggiungimento della perfezione dell'individuo attraverso la pratica dell'arte
ed il rispetto dei suoi principi. Nel Karate indica la  Via  per migliorare il
carattere di ciascuno attraverso l'allenamento.

DOJO                          Letteralmente  Luogo della via o  Luogo dell'illuminazione.
Indica il luogo dove si pratica il Karate. L'etichetta tradizionale prescrive che ci
si inchini verso il lato designato                 come fronte del Dojo (detto
SHOMEN) ogni volta che si entra o si esce dal Dojo (vedere etichetta del Dojo).

DOJO-KUN                      Regole del DOJO. vedere il capitolo sull'etichetta.

DOMO ARIGATO GOZAIMASHITA  Molte grazie.  L'etichetta prevede che alla fine di ogni
lezione si faccia l'inchino all'istruttore ed ai compagni con cui ci si è allenati
ringraziandoli (non obbligatoriamente) con questa forma.

E

EKKU                          Remo di legno usato dagli abitanti di Okinawa come arma
improvvisata.

EMBUSEN                       Tracciato ideale da seguire durante lo svolgimento di un
kata.

EMPI                         (1) Gomito (HIJI).
                             (2) Kata superiore  Volo di rondine  .

EMPI UCHI (HIJI-ATE)         Percossa con il gomito (anche chiamata HIJI-ATE)

EN (TOI)                     Lontano. Contrario KIN o CHIKAI (vicino)

ENCHO-SEN                    Estensione.  Proseguimento della gara oltre il termine
previsto, l'arbitro riapre l'incontro con il comando  SHOBU HAJIME .

ENSHO (KAKATO)               Tallone.

F

FUDO DACHI                   Posizione solida.  Con questo termine si indica una
posizione stabile adottata normalmente per il combattimento. E' normalmente un
ZENKUTSU-DACHI piu' corto.

FUJUBUN                      Potenza della tecnica non insufficiente.

FUKUSHIN SHUGO               Conferenza dei giudici.

FUMIKOMI                     Calcio a pressione, solitamente diretto contro il
ginocchio, la tibia o sul collo del piede.

G

GANKAKU DACHI                Posizione dell'airone, chiamata anche TSURU ASHI DACHI o
SAGI ASHI DACHI.

GASSHUKUA                    Allenamento speciale.

GE                           Basso

GEDAN                        Zona bassa del corpo.  Durante la pratica del KIHON IPPON
KUMITE (combattimento base dichiarato ad una tecnica per volta), l'attaccante annuncia
prima di
eseguire la tecnica a che altezza sara' portata : JODAN, CHUDAN, o GEDAN (Alta, Media,
o bassa).

GEDAN BARAI                  Parata bassa. Il pugno del braccio che para viene caricato
all'altezza dell'orecchio opposto, successivamente viene abbassato  ruotando
l'avambraccio fino a parare (con la parte esterna) l'attacco sferrato verso la zona
bassa (GEDAN) del corpo.

GEDAN UDE UKE                Parata bassa con la parte interna dell'avambraccio
avanzato.

GEDAN ZUKI                   Pugno sferrato verso la parte bassa del corpo
dell'avversario.

GHERI                        Vedi KERI

GI (DO GI)
   (KEIKO GI)
   (KARATE GI)               Abbigliamento per la pratica dell'arte. Nel Karate
tradizionale, il GI deve essere formato da giacca e pantaloni di cotone bianco.
L'unico fregio consentito é l'emblema della federazione (o del Dojo) sul petto a
sinistra e il nome del praticante, in caratteri giapponesi, sull'angolo inferiore
della giacca.  Tale abbigliamento é stato mutuato dal JUDO dal Maestro G. Funakoshi in
occasione della prima dimostrazione in pubblico effettuata alla presenza del m° Jigoro
Kano presso il Kodokan di Tokio. Si narra che il Maestro abbia confezionato lui stesso
il GI la notte prima della dimostrazione sia per lui che per il suo allievo Shinkin
Gima. Prima di allora non esisteva un vero e proprio vestito per l'allenamento,
venivano utilizzati indumenti comodi (di tutti i giorni) o, spesso, semplici
pantaloncini corti complice il clima caldo-umido dell'isola di Okinawa.

GO NO SEN                          Tattica con cui si consente all'avversario di attaccare per primo al fine di sfruttarne l'eventuale apertura ed avere  così l'opportunità di contrattaccare.

GOHON KUMITE                    Combattimento (KUMITE) base a cinque tecniche. Questo esercizio di allenamento prevede che l'attaccante esegua cinque   passi in avanti con una tecnica di attacco (calcio o pugno) per ogni passo. Il difensore arretra cinque volte parando l'attacco. Al termine dell'ultima parata il difensore esegue una tecnica di contrattacco.

GYAKU                                Contrario, opposto. Contrario JUN.

GYAKU MAWASHI GERI            Calcio circolare sferrato con la gamba posteriore.

GYAKU ZUKI                     Pugno sferrato con il braccio opposto alla gamba avanzata.

H

HACHIJI DACHI                  Posizione naturale, i piedi sono posizionati circa alla larghezza delle spalle rivolti leggermente verso l'esterno

HAISHU UCHI                    Colpo sferrato con il dorso della mano.

HAISHU UKE                     Parata eseguita con il dorso della mano.

HAISOKU                          Collo del piede.

HAITO UCHI                     Percossa con il lato interno della mano (lato del pollice ed indice)

HAJIME                            Inizio. E' il comando per iniziare il Kata, il Kumite o qualunque altro esercizio.

HANGETSU                       Mezza luna. Nome di Kata superiore.

HANGETSU DACHI               Posizione a  Mezzaluna  usata nel kata HANGETSU. Tale termine deriva dalla posizione dei piedi che seguono una mezza-luna durante il movimento.

HANSHI                           Maestro. Titolo onorario conferito alla Cintura Nera piu' alta di un'organizzazione a significare la sua comprensione dell'arte. RENSHI da 4 a 6 dan, KYOSHI 7 dan, HANSHI il grado più alto conferito.

HANSOKU                        Fallo.  Richiamo arbitrale a seguito di una infrazione molto seria. Risulta, nel punteggio dell'avversario, come SANBON.  HANSOKU e' anche chiamato quando il numero di HANSOKU-CHUI e KEIKOKU previsti raggiunge il punteggio di SANBON per l'avversario.
L'arbitro indica con la punta dell'indice il volto di chi ha commesso l'infrazione ed annuncia
la vittoria per l'avversario.

HANSOKU CHUI                 Avviso di un IPPON di penalita'. Questa e' una penalita' in cui un IPPON e' assegnato all'avversario.  HANSOKU-CHUI e' usualmente utilizzato per infrazioni per cui e' gia' stato chiamato un KEIKOKU. L'arbitro Indica l'addome di chi ha commesso l'infrazione parallelamente al terreno.

HANTEI                           Giudizio. L'arbitro chiama per un giudizio i giudici che indicano la loro decisione con la bandierina.

HANTEI KACHI                 Vincitore per decisione.

HAPPO                            Otto direzioni.

HARA                               Con questo termine si indica nell'uomo la parte interna del corpo sotto il diaframma dove sono posizionati gli intestini (viscere). Spesso il termine viene utilizzato per indicare la parte del corpo dove si concentra  la forza vitale e istintiva del praticante (TANDEN). Può capitare di sentire durante l'allenamento il maestro dire:  non pensate con la testa ma con l'HARA . Per la cultura orientale, meno razionale e logica di quella occidentale, tramite l'HARA si provano  emozioni e sentimenti.  Per meglio comprendere questo principio si può fare un paragone con la frase, più familiare per la nostra cultura,  provo un odio viscerale.

HARAI TE                        Tecnica in cui si utilizza la mano per  accompagnare  fuori portata l'attacco dell'avversario.

HARAI WAZA                      Tecnica per  accompagnare  fuori portata l'attacco dell'avversario

HASAMI ZUKI                     Doppio pugno a forbice.

HEIKO DACHI                     Posizione naturale. Piedi alla larghezza delle spalle con i piedi rivolti leggermente verso l'esterno. Alcuni Kata iniziano da questa posizione.

HEIKO ZUKI                      Pugni paralleli. (Doppio pugno simultaneo).

HEISOKU DACHI                   Una posizione di attenzione informale. I piedi sono uniti e rivolti in avanti.

HIDARI                          Sinistra. Contrario MIGI.

HIJI (EMPI)                     Gomito.

HIJI-ATE                        Percossa con il gomito (anche chiamato EMPI-UCHI)

HIJI UKE                        Parata eseguita con il gomito

HIKI-TE                         Indica il contemporaneo ritorno del braccio che si riporta al fianco (ruotando il pugno) durante una tecnica. Questa movimento, effettuato con il gomito verso la colonna vertebrale ed il pugno al fianco leggermente sopra alla cintura (rivolto in avanti e con il palmo verso l'alto), conferisce bilanciamento e potenza alla tecnica in avanzamento (per esempio un pugno o una parata).  Tale movimento riveste particolare importanza in quanto la tecnica di attacco si potrà definire completa solo se effettuata con un HIKI-TE altrettanto potente e deciso. Alcune tecniche non prevedono HIKI-TE per esempio le tecniche effettuate con entrambe le braccia o le gambe.

HIGASHI (TO)                    Est, oriente. Contrario ZAI o NISHI

HIKIWAKE                        Pareggio. L'arbitro incrocia le braccia davanti al torace poi le apre ai lati del corpo con i palmi rivolti uno verso l'altro.

HIRAKEN                         Pugno con le nocche in avanti.

HITOSASHI IPPON KEN             Nocca del dito indice.

HIZAGASHIRA (SHITTSUI)          Ginocchio.

HIZA GERI                       Calcio sferrato con il ginocchio.

HIZA UKE                        Parata con il ginocchio.

HOMBU DOJO                      Termine usato per indicare il Dojo principale di un'organizzazione.

HORAN NO KAMAE                  Posizione di guardia  Uovo nel nido . Posizione di partenza di alcuni Kata (per esempio BASSAI-DAI, JION...) in cui la mano sinistra ricopre il pugno destro.

I

INASU                         Tecnica di difesa, si evita un attacco spostando il corpo
dalla linea di attacco.

IPPON                         Unico.

IPPON KEN                     Pugno ad una nocca. Tecnica di pugno eseguita colpendo
l'avversario con la seconda nocca del dito indice.

IPPON KUMITE                  Combattimento ad un passo.

IPPON NUKITE                  Tecnica portata con la punta del dito indice.

IPPON SHOBU                   Incontro ad un solo punto, utilizzato nei tornei.

IRIMI                         Penetrare, entrare. Si utilizza per descrivere lo
spostamento più vicino all'avversario di quanto non sia la lunghezza del suo attacco.

J

JIKAN                         Tempo.

JIYU IPPON KUMITE             Combattimento libero dichiarato ad una tecnica.

JIYU KUMITE                   Combattimento libero.

JO                            (1) Alto
                              (2) Bastone da passeggio di legno.

JODAN                         Zona alta del corpo (viso, testa). Durante la pratica del KIHON
IPPON KUMITE (combattimento base dichiarato  ad una tecnica per volta), l'attaccante
annuncia prima di eseguire la tecnica a che altezza sarà portata: JODAN, CHUDAN, o
GEDAN (Alta, Media, o bassa).

JOGAI                         Uscita dall'area di combattimento. Irregolarità segnalata
in gara quando uno dei due contendenti esce dall'area di combattimento. L'arbitro
indica con l'indice ed il braccio a 45 gradi il limite della zona di combattimento dal
lato  dell'atleta che lo ha oltrepassato. Alla seconda uscita (KEIKOKU) viene
comminata una penalità WAZA-ARI, alla quarta viene assegnata la vittoria
all'avversario (secondo il tipo di regolamento applicato).

JUJI UKE                      Parata con i polsi uniti ad X.

JUN                           Normale. Contrario GYAKU.

JUN ZUKI                      Pugno avanzato, frontale. Per esempio la tecnica di pugno
destro portato dopo un calcio frontale destro MAE GERI.  In WADO RYU indica l'OI-ZUKI.

K

KACHI                         Vincitore (es: AKA KACHI per una gara).

KAE ASHI                      Cambio guardia, cambio posizione: per esempio passare da
ZENKUTSU DACHI con gamba destra avanti alla stessa  posizione con gamba sinistra
avanti senza avanzare ne arretrare.

KAGI ZUKI                     Pugno con il braccio piegato a gancio.

KAISHO (KAISHU)               Mano aperta. Percossa eseguita con il palmo della mano
aperta.

KAITEN                        Rotazione.

KAKATO (ENSHO)                Tallone.

KAKE-TE                       Parata a gancio.

KAKIWAKE UKE                    Parata a due mani eseguita utilizzando la superficie
esterna del polso per neutralizzare un attacco a due mani come, per esempio, il
tentativo di afferrare qualcuno per la giacca.

KAKUSHI WAZA                    Tecnica nascosta, non visibile.

KAKUTO                          Polso a testa di gru.

KAKUTO UCHI                     Tecnica di percossa di polso. Anche nota come  KO UCHI.

KAKUTO UKE                      Parata a polsi uniti. Anche nota come KO UKE.

KAMAE                           Posizione di attenzione (di guardia) con o senza armi.

KAMAE-TE (KAMAE)                Comando impartito dall'istruttore agli allievi per portarsi
in posizione di guardia.

KARATE                 Letteralmente Mano Vuota.  Anticamente il termine utilizzato era
TO-DE (Mano Cinese). L'ideogramma TO si pronuncia anche KARA  ma diversamente dal
significato di TO   cinese o  della Cina  il suono dell'ideogramma KARA  significa
Vuoto . All'inizio del ventesimo secolo il M° G. Funakoshi inizia ad utilizzare la
pronuncia KARA-TE e non più  la precedente TO-DE  modificando anche l'ideogramma
corrispondente. Il nuovo ideogramma e il relativo significato oltre ad essere in
accordo con lo spirito nazionalistico giapponese di quel periodo
conferisce al nuovo significato una più profonda accezione che trova riscontro nella
filosofia del Buddismo Zen. Pertanto, il significato più diffuso di  Mano  e di  Vuoto
, indica non solo il fatto che il praticante  non utilizzi armi, ma anche una ricerca
dell'astrazione da sé stessi, la ricerca del vuoto, obiettivo dello Zazen.  Il M° G.
Funakoshi spiega con queste parole il termine utilizzato:
Come uno specchio limpido che riflette senza distorsioni o una valle silenziosa che dà
l'eco,
così un Karateka deve eliminare tutti i pensieri egoistici e cattivi perché solamente
con una mente o una coscienza libera, può capire quello che sta imparando.
Egli é come un bambù verde vuoto dentro, diritto e con nodi, cioè gentile altruista e
moderato .
Lo stesso maestro Zen Taisen Deshimaru ha più volte sottolineato come l'astrazione
aiuti il praticante di  qualsiasi arte isolandolo dalle proprie emozioni e rendendolo
indipendente dall'atteggiamento di chi, o che cosa, lo circonda.

KARATE-DO                       Letteralmente  La via del Karate .

KARATEKA                        Praticante dell'arte.

KATA                    Forma. Con questo termine si indica una sequenza
prestabilita di tecniche. Ogni stile viene differenziato sostanzialmente dai vari KATA
codificati, nello Shotokan se ne contano 26, nel Shorinji 7. Il KATA rappresenta
l'eredità delle conoscenze acquisite nell'arte da antichi maestri. Tali conoscenze
sono state volutamente celate dagli stessi all'interno delle sequenze secondo il
principio per il quale solo gli iniziati all'arte potevano accedere e comprendere tali
informazioni. Un KATA può essere eseguito con i seguenti criteri:  OMOTE (sequenza
nella normale direzione),  URA (come OMOTE ma con direzione opposta), KO-NO OMOTE
(sequenza normale, ma se il KATA avanza si indietreggia o il contrario) e KO-NO URA
(come KO-NO OMOTE ma con direzione opposta).  Tratto dal libro  Lo Zen e le arti
marziali  del m° T. Deshimaru:
 La vera essenza del KATA non consiste nei gesti in sé, ma nel modo in cui lo spirito
li rende precisi, ineluttabili.  Bisogna saper creare un gesto totale dove, in un
istante, si ritrovi tutto il KI.
Vivere il vero spirito del gesto: il KATA, attraverso l'allenamento, deve fondersi con
lo spirito.
Più lo spirito sarà forte, più sarà forte il KATA.

KEAGE                           Calcio  a schiaffo . (Letteralmente Calcio a salire). Il
piede, nel calcio Keage, viene scagliato e ritirato  subito dopo il contatto
diversamente dal KEKOMI in cui  l'estensione dell'insieme gamba-anca viene mantenuta
qualche attimo imprimendo anche una forza di spinta.

KEIKO                      (1) Allenamento.
                           (2) Punte delle dita che si uniscono.


KEIKOKU                    Attenzione  con una penalità WAZA-ARI in SANBON SHOBU.
Questa é una penalità in cui WAZA-ARI é aggiunto  al punteggio dell'avversario.
KEIKOKU é assegnato per infrazioni minori per cui un richiamo era già stato assegnato
oppure per infrazioni non                                                 abbastanza
gravi da meritare HANSOKU-CHUI. L'arbitro indica con il dito indice il piede di colui
che ha commesso l'infrazione con un angolo di 45 gradi.


KEITO                      Mano a testa di gallina.


KEKOMI                     Calcio  a spinta , diversamente del KEAGE, sfrutta una
iper-estensione dell'insieme anca-gamba per imprimere una ulteriore forza di spinta
all'urto naturale del colpo.


KEMPO                      Prima Legge. Termine generico che comprende i sistemi di
combattimento che utilizzano mani e piedi.


KEN                        (1) Spada.  Kendo  Via della spada
                           (2) Pugno.


KENSEI                     Tecnica con il KIAI silenzioso.


KENTSUI (TETTSUI)          Pugno a martello.


KENTSUI UCHI (TETTSUI UCHI)Tecnica di pugno  a martello . Il pugno chiuso colpisce
dall'alto al basso con la parte esterna della mano (lato del mignolo).


KERI                       Calcio.


KI                         Mente, spirito, volontà, energia vitale, energia universale
(in cinese  CI ).
                           Questa definizione che risulta purtroppo generica deriva
dal fatto che é un termine che non può essere tradotto con una singola parola.  Il KI
rappresenta sia l'energia interiore del KARATEKA (l'essenza vitale del suo spirito)
che l'energia che permea tutto l'universo.
Il migliore utilizzo KI attraverso l'arte marziale è l'obiettivo finale del KARATEKA.


KIAI                       Con questo termine si indica il grido che il KARATEKA
emette assieme alla tecnica per conferire la massima energia al singolo movimento. E'
un suono forte e profondo causato dalla violenta contrazione dei bassi muscoli
addominali (sotto il diaframma  HARA ).
Anche per questo termine il significato é più esteso, infatti oltre a indicare la
massima concentrazione  psico-fisica dell'atleta in un unico istante, rappresenta,
secondo un principio Zen, l'unione dell'energia vitale dell'universo con la singola
volontà dell'individuo (si veda il richiamo al termine  KI ).  Il KIAI, per coloro che
hanno raggiunto alti livelli nello studio dell'arte, può essere espresso in   totale
silenzio ed avere la stessa efficacia in quanto risulta essere comunque l'unione, al
massimo livello, della forza fisica con quella mentale. Il termine KIAI risulta essere
la composizione di due ideogrammi: KI (vedere richiamo) e AI derivante dalla
contrazione del verbo AWAZU il cui significato è  unire .  Dal libro Lo zen e le arti
marziali  del maestro T. Deshimaru:
 ...un solo grido, un solo istante, in cui si condensa tutto lo spazio e tutto il
tempo, il cosmo intero.


KIBA DACHI                 Posizione del fantino. Posizione sia frontale che laterale
di grande stabilità: piedi paralleli, gambe aperte a cercare di formare un rettangolo
con il pavimento, glutei verso l'interno. Questa posizione é anche nota come NAIFANCHI
o NAIHANCHI DACHI.


KIHON                      Fondamentale. Tecniche di base. Genericamente il KIHON
indica la parte di allenamento o di esame in cui si eseguono tecniche fondamentali.


KIKEN                      Rinuncia.  L'arbitro indica l'atleta che si ritira.

KIME                        Focalizzazione dell'energia. Tale termine richiama un
concetto fondamentale nell'allenamento,  l'energia mentale e fisica (la forza) deve
essere concentrata sull'atto senza alcuna riserva da parte  del praticante. A tale
proposito e bene leggere la definizione  MAKOTO .

KIN (CHIKAI)                Vicino. Contrario EN o TOI.

KI-O-TSUKE                  Attenzione. Posizione Musubi Dachi con le mani aperte in
basso lungo i fianchi.

KITA (BOKU)                 Nord. Contrario NAN o MINAMI.

KIZAMI ZUKI                 Pugno di incontro sferrato con lo stesso braccio della
gamba avanzata.

KO BO ICHI                  Termine che indica la connessione dell'attacco e della
difesa.

KO UCHI                     Tecnica di percossa a polsi uniti. Anche conosciuta come
KAKUTO UCHI.

KO UKE                      Parata a gru o Parata ad arco. Anche nota come KAKUTO UKE.

KOHAI                       Principiante.

KOKEN                       Unione dei polsi.

KOKORO                       Spirito, Cuore.  Nella cultura giapponese, lo spirito
risiede nel cuore.

KOKUTSU DACHI               Posizione fondamentale. In tale posizione il baricentro del
corpo é spostato sulla gamba posteriore: talloni sulla stessa linea, piede anteriore
in direzione di avanzamento, piede posteriore a 90 gradi rispetto  all'anteriore. Anca
aperta, ginocchio posteriore rivolto il più possibile verso l'esterno.

KOSA DACHI                  Posizione a gambe incrociate.

KOSHI(N)                    Parte inferiore del piede subito prima delle dita, é la
parte che colpisce nel calcio frontale.

KUATSU                      Metodo di rianimazione di una persona che ha perso
conoscenza dopo uno strangolamento o uno shock.

KUMADE                      Mano a zampa d'orso.

KYOSHI                      Persona saggia  usualmente questo titolo é conferito ai
rokudan (6 dan) o shichidan (7 dan), a seconda dello stile.  Per la maggior parte
delle federazioni é conferito ai settimi dan. RENSHI da 4 a 6 dan, KYOSHI 7 dan,
HANSHI il grado più alto conferito.

KYU                         Livello . Ogni grado al di sotto dello Shodan (1 dan).

KYUSHO WAZA                 Tecnica di pressione su un punto.

L


                            Non ci sono termini con la lettera  L


M

MA-AI                       Distanza dall'avversario. Indica la distanza tra i due
avversari; tale distanza deve consentire sia di far sentire la  pressione psicologica
all'avversario che di partire rapidamente per portare a buon fine le proprie tecniche
o di impostare una difesa ed un contrattacco adeguato in caso di attacco.

MAAI GA TOH                 Distanza non corretta.

| | |
|---|---|
| MAE | Frontale, anteriore. Contrario USHIRO (posteriore). |
| MAE ASHI KERI | Calcio con la gamba anteriore. |
| MAE EMPI UCHI | Percossa con il gomito anteriore. |
| MAE KERI KEAGE | Calcio frontale a schiaffo (MAE KEAGE). |
| MAE KERI KEKOMI | Calcio frontale a spinta (MAE KEKOMI). |
| MAE UKEMI | Caduta controllata rotolando in avanti. |

MAKOTO  Sincerità. Con tale termine si indica un sentimento di assoluta sincerità che presuppone una mente pura e libera  (dai pensieri quotidiani - vedere MOKUSO e MUSHIN).
  Il praticante durante il suo allenamento deve elevare la propria concentrazione mentale al di sopra del quotidiano confrontandosi con il proprio avversario o, in ultima analisi, con se stesso,  senza pregiudizi o preclusioni; utilizzando un termine caro ai maestri Zen  MUSHOTOKU  che significa senza scopo né spirito di profitto . Solo con questo atteggiamento il praticante potrà raggiungere livelli di comprensione della  via  sempre più elevati.

MANABU  Apprendimento per imitazione. Studiare movimenti e tecniche seguendo ed imitando l'istruttore.

MANJI UKE  Doppia parata dove un braccio esegue GEDAN BARAI da una parte, mentre l'altro braccio esegue JODAN UCHI UKE.

| | |
|---|---|
| MATTE | Aspettare / Attendere. |
| MAWASHI KERI | Calcio circolare. |

MAWASHI ZUKI  Pugno circolare, tirato con rotazione del corpo e del braccio.

| | |
|---|---|
| MAWASHI EMPI UCHI (ATE) | Percossa di gomito. Anche chiamata MAWASHI HIJI ATE. |
| MAWASHI HIJI ATE | Percossa di gomito. Anche chiamata MAWASHI EMPI UCHI (ATE). |

MAWAT-TE  Comando impartito dall'istruttore agli allievi per girare nel senso opposto.

MEN  Frontale, che stà davanti.

MIENAI  Non ho potuto vedere. Utilizzato dal giudice per indicare che la tecnica non era visibile dal suo angolo.

| | |
|---|---|
| MIGI | Destra. Contrario HIDARI. |
| MINAMI (NAN) | Sud. Contrario BOKU o KITA. |

MIKAZUKI KERI  Calcio circolare a salire. Il MIKAZUKI GERI é considerato l'antesignano del MAWASHI KERI.  Il MIKAZUKI KERI é un calcio che viene portato con l'interno del piede.

MOKUSO  Meditazione. L'allenamento, spesso, inizia e finisce con un breve periodo di meditazione.  Lo scopo della meditazione é di liberare la mente e, per questo, la respirazione é fondamentale.  La posizione é di SEIZA, (la pratica Zazen prevede naturalmente la posizione a fiore di loto ma é importante comunque il contatto tra le ginocchia e la terra per permettere all'energia di fluire nel corpo); le mani sulle cosce oppure unite  con le dita a formare un'ellisse; lo sguardo deve essere  appoggiato  ad una distanza di circa quattro metri di fronte,  senza mettere a fuoco nulla e ad occhi socchiusi. La lingua deve poggiare senza sforzo dietro gli incisivi superiori                                        toccando appena il palato; l'inspirazione viene eseguita velocemente  immagazzinando energia , per un attimo poi si porta  la respirazione al ventre comprimendo con il diaframma, per iniziare poi la distribuzione dell'energia con l'espirazione  che deve essere molto lenta, maestri Zen eseguono espirazioni di oltre cinque minuti. Mentre l'aria contenente le impurità esce, l'energia viene compressa dal diaframma e fluisce nel corpo come l'acqua che,  compressa in un circuito, fluisce in tutti i tubi.  Con tale respirazione, che dovrebbe essere tenuta sempre durante la pratica, la mente si libera ed il corpo riceve  energia. Inoltre l'inspirazione, che rappresenta il momento di massima vulnerabilità del praticante, viene ridotta al  minimo mentre la parte di espirazione, da cui nasce il KIAI più potente, dura a lungo consentendo di essere sempre pronti all'azione.

MOROTE UKE                    Parata rinforzata. Un braccio, con il pugno o con la mano aperta, sostiene l'altro braccio durante una parata.

MOROTE ZUKI                   Doppio pugno parallelo. E' una tecnica di pugno eseguita con entrambe le braccia.

MOTO NO ICHI                  Posizione di partenza. I contendenti, l'arbitro ed i giudici ritornano alle loro rispettive posizioni.

MU                            Prefisso con il seguente significato  mancanza, assenza, niente

MUDANSHA                      Praticanti senza cintura nera.

MUBOBI                        Richiamo per mancanza di controllo in un attacco. L'arbitro punta l'indice in aria a 60 gradi dal lato dell'attaccante.

MUBOBI KEIKOKU                Richiamo con penalità WAZA-ARI. L'arbitro usa un segnale a due mani annunciando AKA (SHIRO) MUBOBI-KEIKOKU poi punta l'indice in aria a 60 gradi dal lato                     dell'attaccante e successivamente verso i piedi dell'attaccante.

MUSHIN                        Assenza di mente. Lo stato di vuoto mentale in cui si ha la massima libertà e flessibilità di adattamento, in tale stato l'adattamento avviene senza tempi di reazione cioè senza bisogno di pensare a ciò che avviene (immediatamente).  In altre parole senza soffermarsi o porre attenzione specifica su qualcosa. Reattività allo stato puro. E' opportuno ricordare che il termine  vuoto assume nel caso specifico un significato particolare e più affine ad una interpretazione Zen, infatti non indica, secondo l'interpretazione occidentale, una completa assenza di materia ma bensì uno stato dove il  tutto  é ricompreso. Al fine di rendere comprensibile tale concetto risulta utile richiamare uno dei  principi Zen: l'essenza di tutte le cose é celata dai pensieri che affollano la nostra mente. Come in uno specchio coperto dalla polvere e dalla sporcizia che non può riflettere la realtà. Solo se riusciamo ad eliminare tali ostacoli potremo comprendere l'universo.

MUSHOTOKU                     Termine Zen che letteralmente significa  senza scopo né spirito di profitto .

MUSUBI DACHI                  Posizione di attenzione, eretti e pronti comunque all'azione con i piedi leggermente puntati verso l'esterno.

N

NAGASHI UKE                   Parata eseguità di forza, con grande potenza.

NAGASU                        Fluire come l'acqua. Uscita da un attacco in arrivo. Con questo termine si indica l'essere trasportati da una corrente in  una tempesta. Questo principio é strettamente collegato alla parata NAGASHI UKE in cui si ridirige l'attacco al momento  in cui si é più vicino possibile all'avversario.

NAIFANCHI DACHI               Posizione sia frontale che laterale di grande stabilità : piedi paralleli, gambe aperte a cercare di formare un  rettangolo con il pavimento, glutei verso l'interno. Questa posizione é anche nota come KIBA DACHI o NAIHANCHI DACHI.

NAIHANCHI DACHI               Vedi NAIFANCHI DACHI.

NAKADAKA (IPPON) KEN          Tecnica di percossa con la nocca del dito medio.

NAMI-GAESHI                   Letteralmente  onda di risacca . Tecnica di piede eseguita
nel kata TEKKI SHODAN per bloccare un attacco portato all'inguine. La tecnica può
essere usata anche come percossa verso l'interno coscia o il ginocchio dell'avvesario.
E' anche applicata come fuga da un tentativo di aggancio del piede in una proiezione.
Viene eseguita portando repentinamente, dalla posizione di KIBA-DACHI, l'interno  del
piede verso un punto posto subito davanti al ginocchio della gamba opposta
riportandolo velocemente a terra senza  modificare la posizione delle anche.

NAN (MINAMI)                  Sud. Contrario BOKU o KITA.

NAOT-TE (NAORE)               Comando dato dall'istruttore per rilassarsi dopo
l'esercizio svolto.

NEKO ASHI DACHI               Posizione  del gatto , posizione che si trova in alcuni
KATA superiori (es. UNSU).

NIHON NUKITE                  Tecnica di percossa portata con la punta di due dita.

NIDAN                         Secondo livello. Secondo grado di cintura nera.

NIDAN KERI                    Doppio calcio.

NISHI (ZAI)                   Ovest, occidente. Contrario TO o HIGASHI.

NUKETE IRU                    Fuori obiettivo.

NUKITE                        Mano a punta di lancia. Nukite é una posizione della mano
che si usa per percosse con la punta delle dita in punti del corpo umano sensibili e
poco protetti muscolarmente (per esempio la gola).
                    Ippon-Nukite : mano a lancia con un solo dito.
                    Nihon-Nukite : mano a lancia con due dita.
                    Yonhon-Nukite: mano a lancia con quattro dita.

NUNCHAKU                      Arma di Okinawa costituita da due bastoni uniti da una
corda o una catena. Era, originariamente, un attrezzo agricolo per la battitura del
riso.

O

OBI                           Cintura.

OI-ZUKI (OI-TSUKI)            Pugno portato con lo stesso braccio della gamba che avanza.

ONEGAI SHIMASU                 Sei il benvenuto nel praticare con me  o, letteralmente,
ti pongo una richiesta.  Si dice ad un compagno di allenamento quando si inizia la
pratica.

OMOTE                         Diritto, normale. Contrario URA. Detto di un Kata che viene
svolto nel senso previsto. Tale termine indica, nella pratica dell'arte, ciò che é
normalmente accessibile a tutti e quindi evidente, non nascosto.

OSAE UKE                      Parata pressante.

OSAE KOMU                     Mettere maggior forza nell'azione.

OTOSHI EMPI UCHI              Tecnica di percossa con il gomito eseguita portando il
gomito dall'alto al basso. Anche chiamata Otoshi Hiji Ate.

OYAYUBI IPPON KEN             Nocca del pollice.

OYO WAZA                      Applicazione di tecniche di Kata eseguite secondo
determinate condizioni.

P

Non sono stati inseriti termini con la lettera  P .

Q

Non sono stati inseriti termini con la lettera  Q .

R

REI                                (1)  Rispetto . Un metodo di dimostrare rispetto nella
cultura giapponese é l'inchino. E' d'uso che l'inchino della persona più giovane sia
più marcato della persona più anziana.
                                   (2) Zero.

REIGI                              Etichetta.  Anche definita come REISHIKI. L'osservare
costantemente l'etichetta é parte del Karate tanto quanto la pratica della tecnica.
L'osservare l'etichetta
indica sincerità (MAKOTO) e desiderio di imparare nel rispetto dei diritti e degli
interessi degli altri.

REINOJI DACHI                      Posizione di guardia con i piedi che tracciano una L.

REN                               Consecutivo (REN-KERI calcio alternato, REN-TSUKI pugno
alternato).

REN-KERI                          Calcio alternato.

REN-TSUKI                         Pugno alternato.

RENSEI                            Torneo di pratica. I concorrenti sono giudicati secondo la
loro performance.

RENSHI                            Persona che ha perfezionato sè stesso.  E' una persona
considerata un istruttore esperto. Questo stato é un prerequisito  prima dello stato
di KYOSHI. Il titolo di Renshi é usualmente assegnato da yodan (4 dan) a rokudan (6
dan), a seconda del                                           sistema. RENSHI da 4
a 6 dan, KYOSHI 7 dan, HANSHI il grado più alto conferito.

RONIN                             Samurai senza padrone.

RYO                               Entrambi, ambedue le parti (RYO-TE tutte e due le mani,
RYO-ASHI tutte e due le gambe).

RYU                               Tradizione, scuola, stile, metodo.

S

SAGI ASHI DACHI                   Posizione su una gamba. Anche chiamata GANKAKU DACHI o
SURU ASHI DACHI.

SAI                               Arma di Okinawa che ricorda la lettera greca 'Psi'. Anche
in questo caso, come per molte altre armi del KOBUDO, era originariamente un attrezzo
agricolo utilizzato nel caso specifico per movimentare il fieno.

SAN                               (1) Amico, signor........... Generalmente viene posto dopo
il nome di una persona quando ci si rivolge allo stesso in tono amichevole.
                                  (2) Tre.

SANBON KUMITE                     Combattimento a tre tecniche. SANBON SHOBU Combattimento a
tre punti. Utilizzato nei tornei.

SANBON TSUKI (ZUKI)      Serie di tre pugni. Il primo OI-TSUKI JODAN, il secondo e
il terzo OI-TSUKI CHUDAN (generalmente in ZENKUTSU DACHI), il ritmo di questa tecnica
prevede un tempo più ravvicinato  nell'effettuare la seconda e la terza tecnica.

SANCHIN DACHI                     Posizione a clessidra.

SANKAKU                        Triangolare.

SANKAKU TOBI                   Salto triangolare.

SASHITE                        Indica l'elevazione della mano sia per colpire che per
prendere o parare.

SAYU                           Prefisso che indica una tecnica effettuata
contemporaneamente sia con la sinistra che con la destra.

SEI                            Tranquillità, inattività.

SEIKEN                         Parte anteriore del pugno formato dalle nocche dell'indice
e del medio.

SEIRYUTO                       Mano a  sciabola cinese . Tecnica di percossa portata con
la base della mano a SHUTO (mano aperta a coltello).

SEIZA                          Posizione in ginocchio seduti sui talloni. Stare seduti in
questa posizione, richiede una certa abitudine per   l'estensione dei tendini, muscoli
e legamenti sia della caviglia che del ginocchio cui gli occidentali non sono
naturalmente abituati al contrario degli orientali. Viene utilizzata nell'apertura e
nella chiusura formale dell'allenamento.

SEMPAI                         Anziano di palestra.

SEN NO SEN                     Attacco portato nell'esatto momento dell'attacco
dell'avversario.

SEN SEN NO SEN                 Attacco portato un attimo prima dell'esatto momento
dell'attacco dell'avversario. Attacco preventivo.

SENSEI                         Insegnante. Si usa chiamare l'istruttore  Sensei  durante
la pratica piuttosto che con il suo nome. Se l'istruttore é un istruttore permanente
del proprio DOJO o della federazione, é corretto rivolgersi  a lui come  Sensei  in
qualunque occasione. Nel Shorinji, equivale da 1 a 3 dan.

SENSEI NI REI                  Saluto all'istruttore (vedere il capitolo ETICHETTA DEL
DOJO).

SEOI                           Spalla.

SEOI NAGE                      Parata effettuata con la spalla.

SHI                            (1) Quattro.
                               (2) Morte.

SHIAI                          Incontro, gara (evento).

SHIDOIN                        Istruttore formalmente riconosciuto come tale ma non ancora
SENSEI. Assistente Istruttore.

SHIHAN                         Titolo formale che significa, approssimativamente,
istruttore principale . Insegnante di insegnanti . Nel Shorinji, equivale da 4 a 5
dan.

SHIKKAKU                       Squalifica.
                               E' una squalifica dal torneo, competizione o incontro.
L'avversario viene premiato con SANBON (tre punti). Al fine di decidere l'entità dello
SHIKKAKU, il consiglio degli Arbitri deve essere consultato.  SHIKKAKU può essere
invocato quando uno dei contendenti commette un'azione che intacca il prestigio e
l'onore del  Karate-Do o viola le regole generali del torneo. L'Arbitro usa una
segnalazione a due mani con  l'annuncio AKA (SHIRO) - SHIKKAKU.  Prima indica con il
dito indice il viso del colpevole poi obliquamente davanti e dietro di lui. L'Arbitro
annuncerà poi il vincente con  AKA (SHIRO) NO KACHI  e la gestualità indicata
precedentemente.

SHI-HO                          Quattro (shi) direzioni (ho).

SHIKO DACHI                     Posizione  quadrata , stabile. Posizione fondamentale nel
SUMO e spesso usata negli stili Goju-Ryu e Shito-Ryu. Simile alla posizione KIBA DACHI
ma con i piedi rivolti all'esterno.

SHIN                            Parte centrale, nucleo, anima, cuore. Nella filosofia Zen
si usa dire che l'insegnamento si trasmette dal Maestro all'allievo secondo il
principio  Shin de Shin  cioé da cuore a cuore.

SHINZO                          Cuore.

SHIRO                           Bianco.

SHIZENTAI (SHIZEN-DACHI)        Posizione naturale. Il corpo é rilassato ma pronto.

SHO                             (1) Maggiore.
                                (2) Palmo della mano.

SHOBU HAJIME                    E' il comando usato dall'arbitro per iniziare il tempo
supplementare in una gara.

SHOBU SANBON HAJIME             Iniziare il turno. (di attacco/difesa) nell'incontro a tre
punti.

SHOMEN                          Parte frontale o parte superiore della testa. Indica anche
la parte anteriore del Dojo.

SHOMEN NI REI                   Saluto al fronte del Dojo dove, generalmente, sono appese
le immagini dei maestri (vedi ETICHETTA DEL DOJO).

SHORINJI                        Stile creato e praticato da ISAMU TAMOTSU.

SHOTO                           Letteralmente  Onde di pino , pseudonimo con cui il maestro
G. Funakoshi firmava le sue poesie.

SHOTOKAN                        Nome dello stile di KARATE del maestro G. Funakoshi. Il
termine é formato da due ideogrammi SHOTO  Onde di pino  e KAN  casa, scuola ;
inizialmente era il nome del primo Dojo del maestro e successivamente,  anche se
contro il volere dello stesso maestro, venne utilizzato anche per indicarne lo stile
praticato.

SHU (TE)                        Mano.

SHUGO                           Chiamata dei Giudici. L'Arbitro richiama i Giudici con le
braccia.

SHUTO TE                        Come SHUTO UKE. Questo era il nome usato prima della
formalizzazione del Karate. Indica la parata effettuata con la mano aperta  a taglio .

SHUTO UKE                       Parata effettuata con la mano aperta  a taglio .

SOCHIN                          Immobile di fronte al pericolo, nome di un Kata superiore.

SOCHIN DACHI                    Posizione solida. Posizione che si trova nel Kata Sochin
detta anche FUDO DACHI.

SOKUMEN (YOKO)                  Lato, laterale.

SOKUTO                          Taglio del piede. E' il termine usato per indicare la parte
esterna del piede che colpisce nei calci laterali.

SOTO                            Esterno.

SOTO (UDE) UKE                  Parata dall'esterno verso l'interno eseguita con la parte
interna del'avambraccio.

| | |
|---|---|
| SUKUI UKE | Parata raccolta. |
| SUMI | Angolo. |

SUNDOME — Non contatto, arrestare la tecnica appena prima del bersaglio (un SUN é pari a circa tre centimetri).

SUNE — Tibia.

SUNE UKE — Parata effettuata con la tibia.

SUWARI WAZA — Tecnica portata da seduti.

SURI — Scivolare.

SURI ASHI — Spostamento della posizione con iniziale modifica della distanza tra i piedi: per esempio per avvicinarsi all'avversario, si avvicina il piede posteriore a quella anteriore per poi stendere nuovamente la gamba posteriore ed eseguire la tecnica.

**T**

TACHI — Spada lunga giapponese.

TAI — Corpo.

TAIKYOKU — Letteralmente primo elemento o prima causa . Nome dei primi tre Kata (Shodan, Nidan e Sandan) per principianti elaborati dal Maestro G. Funakoshi.

TAIMING GA OSOI — Tempo errato.

TAI SABAKI — Rotazione, spostamento, movimento del corpo.

TAMESHIWARI — Tecniche di rottura.

TANDEN — Il centro dell'energia, situato al di sotto dell'ombelico (indicato anche come HARA).

TATE — Verticale.

TATE EMPI — Tecnica di percossa verso l'alto con il gomito (AGE EMPI).

TATE ZUKI — Tecnica di pugno con il palmo su un piano verticale (mignolo in basso pollice in alto).

TATE URAKEN UCHI — Tecnica di percossa con la parte posteriore del pugno.

TATEKEN — Parte anteriore del pugno formato dalle nocche dell'indice e del medio. Come SEIKEN, ma il pugno è in posizione verticale.

TE (SHU) — Mano.

TEIJI DACHI — Posizione con i piedi a T .

TEISOKU — Pianta del piede.

TEISHO — Base del palmo della mano.

TEISHO UCHI — Tecnica di percossa con la base del palmo della mano.

TEISHO UKE — Tecnica di parata con la base del palmo della mano.

TETTSUI UCHI (KENTSUI UCHI) — Tecnica di percossa a martello portata con il pugno dall'alto verso il basso. Anche chiamata KENTSUI.

TEKKI          Cavalcare. Nome di un gruppo di tre Kata (Shodan, Nidan e Sandan) contraddistinto dall'utilizzo di una unica posizione KIBA DACHI  posizione del cavaliere  il cui embusen si sviluppa su di un'unica riga.

TO (HIGASHI)      Est, oriente. Contrario ZAI o NISHI (ovest).

TOBI           Salto.

TOBI GERI       Tecnica di calcio effettuata durante un salto (laterale YOKO TOBI GERI frontale MAE TOBI GERI).

TOI (EN)        Lontano. Contrario KIN o CHIKAI.

TONFA         Attrezzo da lavoro usato per battere il grano, utilizzato come arma ad Okinawa.

TORANAI        Nessun Punto.

TORIMASEN       Tecnica non accettabile per il punteggio.
            Come l'HIKIWAKE l'arbitro incrocia le braccia davanti al torace poi le apre ai lati del corpo ma con  i palmi rivolti verso il basso.

TOKUI         Preferito, prediletto.

TORA          Tigre. Lo stile Shotokan utilizza la tigre come proprio simbolo.

TSUKAMI WAZA      Tecnica di  presa . Parata eseguita afferrando l'arma, il braccio o la gamba dell'avversario.

TSUKI         Pugno.

TSUMASAKI       Punta delle dita.

TSURU         Gru, uccello dei Gruidi con becco, collo e gambe molto lunghe.

TSURU ASHI DACHI    Posizione allungata anche chiamata GANKAKU DACHI e SAGI ASHI DACHI.

TSUZUKETE       Proseguire. Richiamo al combattimento ordinato a seguito di una interruzione non autorizzata.

TSUZUKETE HAJIME    Proseguimento del combattimento: iniziare.  L'arbitro, sulla propria linea, si porta in ZENKUTSU DACHI arretrando una gamba, poi estende le braccia        in avanti con i palmi rivolti verso i due contendenti e, ordinando il comando, unisce i palmi chiudendo le braccia.

U

UCHI DESHI       Studente che vive nel dojo. Con questo termine si indica in Giappone i praticanti che dedicano la loro vita al dojo abitandoci, e, spesso, occupandosi del servizio personale del SENSEI.

UCHI (UDE) UKE     Parata interna.

UDE (WAN)       Avambraccio.

UKE          Parata.

UKEMI WAZA (TAMESHI WAZA) Tecnica di rottura di oggetti (tavole, mattoni, etc.).

URA          Contrario, nascosto. Contrario OMOTE.

URA ZUKI       Pugno  upper-cut  dal basso verso l'alto usato per brevi distanze.

URAKEN                        Dorso del pugno (nocche).

USHIRO EMPI UCHI              Percossa all'indietro con il gomito.

USHIRO GERI                   Calcio all'indietro.

V

                             Non sono stati inseriti termini con la lettera  V .

W

WASHIDE                       Mano a testa d'aquila.

WA-UKE                        Parata in cui il percorso seguito dalla mano é simile allo
yoko-uke. Immaginate di passare la mano su un muro in fronte a voi con il palmo aperto
seguendo un mezzo cerchio.  Al termine della parata la mano é leggermente angolata
verso l'esterno.

WAN (UDE)                     Avambraccio.
                             Nai-Wan: Parte interna dell'avambraccio.
                             Gai-Wan: Parte esterna dell'avambraccio.
                             Hai-Wan: Parte superiore dell'avambraccio.
                             Shu-Wan: Parte inferiore dell'avambraccio.

WAZA                          Tecnica.

WAZA ARI                      Mezzo punto.

X

                             Non ci sono termini con la lettera  X .

Y

YAMA ZUKI                     Doppio pugno portato descrivendo una  U  grande in
orizzontale con le braccia.  Il pugno inferiore é quasi come l'URA-ZUKI mentre il
braccio che porta il pugno superiore  passa appena sopra alla testa. E' una delle
tecniche principali del kata Bassai-dai.
Il termine YAMA ( montagna ) viene scritto con un ideogramma che ricorda una  E
sdraiata
dove il trattino corto é la testa del praticante mentre i due trattini lunghi sono le
braccia.

YAME                          Stop - Fermarsi.

YASUMI                        Riposo. Termine usato dall'istruttore per far rilassare i
praticanti prima di una spiegazione teorica.

YOI                           Pronti - Attenzione.

YORI ASHI                     Spostamento in scivolamento mantenendo la stessa distanza
tra i piedi (si parte e si ritorna quindi nella stessa posizione).

YOKO (SOKUMEN)                Lato, laterale.

YOKO GERI KEAGE               Calcio laterale a schiaffo. Anche chiamato semplicemente
YOKO KEAGE.

YOKO GERI KEKOMI              Calcio laterale a spinta. Anche chiamato semplicemente YOKO
KEKOMI.

YOKO MAWASHI EMPI UCHI        Percossa portata con il gomito in rotazione.

YOKO TOBI GERI                Calcio laterale portato durante un salto.

YOWAI                         Poca attenzione.

YUDANSHA                      Chi indossa la cintura nera di ogni grado.

Z

ZAI (NISHI)                   Ovest, occidente. Contrario TO o HIGASHI.

ZAN-SHIN                      Attenzione (della mente e del cuore).
            Con questo termine si indica uno dei punti fondamentali
dell'allenamento (e della vita) del karateka.   Mantenere l'attenzione é importante
affinché si sia pronti in ogni momento ad eseguire una tecnica qualsiasi. Più in
generale, nella vita,  Zanshin  é la focalizzazione della nostra attenzione. Indica
una intensa concentrazione pur essendo rilassati. Anche quando la propria tecnica é
terminata si deve mantenere  alta la guardia  con il completo controllo delle nostre
facoltà.

ZA-REI                        Il saluto tradizionale giapponese dalla posizione di SEIZA.

ZA-ZEN                        Meditazione Zen.

ZEN                           Filosofia orientale di derivazione buddista che tende al
raggiungimento della                 illuminazione  mediante la pratica della
meditazione.

ZENKUTSU DACHI                Posizione fondamentale, é una posizione frontale con il
peso al 70%-       75% sulla gamba anteriore. Il ginocchio avanzato deve essere
perpendicolare al terreno esattamente sopra l'alluce:  né avanzato né arretrato per
evitare sovraccarichi dei legamenti del ginocchio.  Il piede posteriore deve essere
rivolto il più possibile in avanti.

ZEN-PO (ZEN)                  Davanti, frontale. Contrario KO-HO (KO) indietro.

ZEN-SHIN                      Avanzare, anteriore. Contrario KO-TAI indietreggiare.

ZORI                          Tipiche ciabatte giapponesi (infradito).

<u>**CAPITOLO 911. PSICOLOGIA DELLO SPORT.**</u>

La psicologia è la disciplina che studia il comportamento e la mente, attraverso lo
studio dei processi psichici, mentali e cognitivi nelle loro componenti consce e
inconsce.

La PSICOLOGIA, come disciplina, non poteva rimanere ancorata a se stessa,  perchè il
campo di applicazione della stessa, doveva necessariamente specializzarsi onde dare
respiro alla richiesta sempre più pressante di interventi mirati.
Al giorno d'oggi possiamo parlare di PSICOLOGIA GENERALE, CLINICA, COMPORTAMENTALE,
STRUMENTALE, DELL'APPRENDIMENTO, DEL LAVORO, DELLA SALUTE, DELLO SPORT, COMMERCIALE,
INDUSTRIALE, DELL'EDUCAZIONE ecc.ecc.

La psicologia dello sport è la disciplina che studia gli aspetti psicologici, sociali,
pedagogici e psicofisiologici dello sport.

Per definizione e necessità essa trae ispirazione e contenuto da molteplici discipline
che vanno dalla medicina alle scienze motorie, ma ha trovato negli anni
un suo preciso e definito percorso di ricerca e di intervento.

Inizialmente la psicologia dello sport cercò di stabilire delle relazioni
significative fra personalità e sport, utilizzando soprattutto strumenti diagnostici
provenienti dalla psicologia clinica, ma successivamente si è specializzata
nell'ambito della preparazione mentale e sulle abilità che posso-no essere
incrementate nello sportivo, vale a dire l'attenzione, la concentrazione, la
motivazione, la gestione dello stress e dell'ansia.

Vediamo ora qualche appunto di  PSICOLOGIA DELLO SPORT, relativo al KARATE.
Premesso che la terapia psicologica cerca di capire il passato, sondando/analizzando
la mente, per conoscere i problemi avuti, e cercare quindi suggerire
comportamenti/metodi/sistemi, per migliorare il presente, cioè  la prestazione di
Karate.
Il maestro si concentra invece, esclusivamente nel presente e nel futuro.
In particolare Carlo Simionato, protagonista della velocità pura nell'atletica
Italiana e oggi preparatore atletico di calcio, ritiene infatti che l'efficacia della
prestazione dipenda per il 70% dalla preparazione tecnica, per il 15% dalla
preparazione atletica e per il rimanente 15% dalla preparazione psicologica. E' una
formula empirica, dice, che vale per tutti gli sport.    (Da "Il mondo del Golf",
ottobre '99).

Nei due studi ulteriori (Seabourne, Weinberg e Jackson, 1984; Seabourne, Weinberg,
Jackson e Suinn, 1985) le procedure di preparazione mentale furono modificate ed
individualizzate, adattandole a caratteristiche ed esigenze personali per renderle più
efficaci; vennero inoltre incoraggiate discussioni concernenti specifici proble-mi o
vissuti soggettivi relativi all'allenamento mentale.
Gli esperimenti durarono entrambi circa cinque mesi, tempo notevolmente superiore a
quello delle precedenti indagini, ed il VMBR (Visuo-Motor Behavior Rehearsal/Prova
Comportamento Visio Motorio), fu integrato nel programma generale di allenamento
condizionale e tecnico.

Tale modalità di intervento prolungato e individualizzato con procedure di VMBR si
dimostrò valida sia per la riduzione dell'ansia precompetitiva, sia per un incremen-to
significativo della prestazione di karate in tutti gli aspetti valutati.

Influenza del VMBR sulla prestazione nel karate in gruppi sottoposti a compito
placebo, procedura non individualizzata, procedura individualizzata (Seabourne,
Weinberg, Jackson e Suinn, 1985).

"E ancora, l'esercizio come strumento terapeutico.
Ogni tensione muscolare, sia essa cronica (faccia parte, cioè, della nostra armatura
caratteriale), oppure generata da uno stress temporaneo di qualsiasi genere e gravità
è un buco nella nostra capacità di sentire il nostro corpo, quindi di percepire noi
stessi.
Nella contrazione infatti, rimane trattenuta l'energia dell'emozione pericolosa che
ci siamo negati: di conseguenza, non solo non siamo più in grado di utilizzarla
(piangendo, urlando, ridendo, pestando i piedi), ma non siamo più capaci nemmeno di

sentirla: non sappiamo se siamo tristi o arrabbiati, bisognosi di affetto o umiliati. Ogni tensione muscolare quindi, è un vuoto nella nostra capacità di percepire noi stessi, un vuoto nel nostro senso di identità."
(Tratto da "IL CORPO NON MENTE di Luciano Marchino Psicologo e Monique Mizrahil").

## IPNOSI o IPNOTECNICA.

L'ipnosi è fondamentalmente una psicotecnica per allenare il soggetto ad utilizzare al meglio le proprie potenzialità mentali, le quali potenzialità mentali possono esercitare a loro volta degli effetti notevoli anche sul piano della risposta fisica. Ci sono diversi aspetti della performance sportiva per i quali l'ipnosi riesce particolarmente efficace.

Passando in rassegna quanto ricorre nei testi in materia, possiamo elencare le aree principali:
- Migliorare l'umore.
- Controllare l'ansia in generale e quella competitiva in particolare.
- Favorire la concentrazione.
- Massimizzare la capacità di attenzione agli stimoli utili che sono presenti in campo.
- Controllare il livello di attivazione durante la competizione.
- Accrescere la fiducia.
- Incrementare la capacità immaginativa, anche per rendere più efficaci le visualizzazioni performative, dapprima in allenamento poi sul campo.
- Motivare alla preparazione atletica.
- Ottimizzare l'auto-percezione del corpo, sviluppando un'immagine adeguata del sistema corporeo in azione e quindi migliorare l'equilibrio nell'interazione mente-corpo.
- Permettere di identificare meglio, a posteriori, tutti gli aspetti, anche interiori, dell'errore tecnico, quando questo interviene: per ristrutturare al meglio e magari superare i fattori di limite, specie a livello profondo.
- Tenere alta la forza e la resistenza muscolare.
- Contenere il dolore.
- Contribuire al perseguimento di quegli strati di trance che, nel gergo psicologico esteso allo sport, vengono definiti come raggiungimento della esperienza ottimale di totale armonia e contatto o interconnessione con se stessi o peak experience. (Maslow 1970), oppure anche come pieno stato mentale operativo o flow (Csikszentmihalyi 1988), in altre parole: si tratta di recuperare e mantenere quella condizione ideale di rendimento che viene defini-ta anche come lo stato mentale in cui la persona è in the bubble (dentro la bolla).
- Favorire il riposo dopo la prova, nonché la riabilitazione fisica successiva ad eventuali infortuni.

Questo è quello che scrive il Professore FELICE PERUSSIA, Ordinario di Psicologia Generale all'università di Torino, di cui è stato Preside alla fondazione. (Fonte Manuale Completo di IPNOSI - Felice Perussia - Psicotecnica)

Come puoi notare, anche il Karate può identificarsi in queste affermazioni.

L'artista marziale e medico, HUA TUO (141-208 d.c.), inventò una forma di Kung-Fu terapeutico, basata sui movimenti di 5 animali: il cervo, la tigre, la scimmia, la gru e l'orso. Con questa forma conseguì migliorare la funzione cardiaca, polmonare e digestiva dei suoi pazienti, e nel contempo migliorava anche la forza fisica e alleviava la fatica e la depressione.

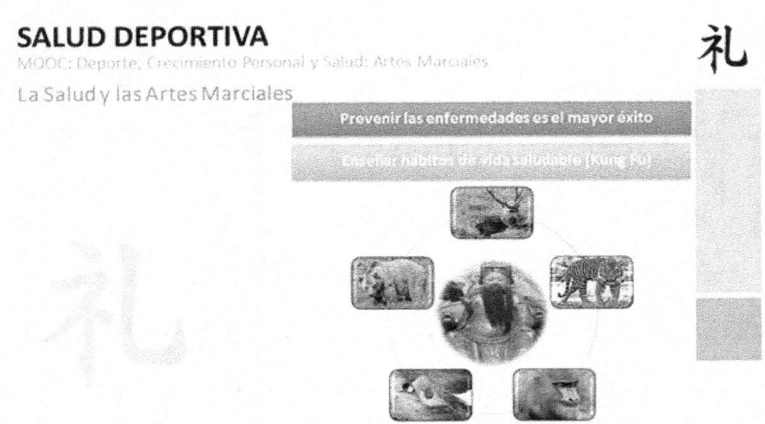



Uno studio comparativo in persone praticanti Karate, ha dimostrato una miglioria significativa negli aspetti psicologici come: memoria di lavoro, attenzione visuale selettiva, funzione esecutiva, oltre ad accrescere la forza, la velocità di reazione e la abilità di coordinazione motoria.

E' stata sviluppata anche una applicazione terapeutica del Karate do, creata dal Dr. Pablo Pereda, specialista in medicina sportiva e Maestro di Karate, che fu premiata al Congresso Paraolimpico di Sidney nel 2000. Con uno sforzo senza precedenti, il Dr. Pereda ha creato la Karaterapia, una tecnica che connette il campo della cinesiterapia e la sofrologia medica, offrendo come risultato lo sviluppo che l'autore chiama Rilassamento dinamico Kata, conseguendo attraverso una funzionalità precisa, la quale offre al praticante a mantenere la sua armonia psicofisica e a calmare le sofferenze.

## CONCETTI PRELIMINARI DI ALLENAMENTO.

Premessa.

Occorre ricordare che dal 50% al 75% delle persone che vanno dal medico per una consulta, lo fanno perchè soffrono di stress. Questi numeri devono necessariamente far pensare alla qualità della vita, alle problematiche esistenzia-li, ed a quanto sia importante per il proprio corpo, fare del moto, inteso come movimento a piedi, correndo, in bicicletta, sul tapi-roulant, nuotare, fare sport. Se il proprio corpo si muove regolarmente, abbiamo ottime possibilità di allontanare lo stress dalla nostra vita.

Le ultime ricerche psico-biologiche, affermano che se il nostro corpo esegue regolarmente esercizi di moto, la nostra psiche ne trae grande vantaggio, regalandoci la possibilità di vivere più in armonia con noi stessi che con gli altri.

## Condizione fisica o attitudine biologica.

Qualità organiche, anatomiche e fisiologiche necessarie per realizzare sforzi fisici nella vita quotidiana, durante l'ozio o durante lo sport.

Condizione fisica.                                                    Generale:
Parte dal livello minimo e dota al soggetto del grado di efficacia necessario per la sua attività quotidiana e di ozio.                 Speciale: Parte dal livello generale ed è particolare per ciascuno sport.

Allenamento sportivo.                                              Definizione:
Processo continuo di lavoro che ricerca  lo sviluppo ottimo delle qualità fisiche e psichiche.
Obiettivo: Massimo rendimento delle capacità.
Processo sistematico e pianificato: Adattamenti morfofunzionali, psichici, tecnici, tattici. Carica funzionale crescente.

Carico di lavoro.
A breve termine, l'allenamento crea stato di fatica e perdita di rendimento.    A lungo termine, si ottiene un effetto positivo, con miglioramenti nel rendimento. Il tempo dedicato all'allenamento, è la chiave del progresso sportivo.

Adattamento.
La ripetizione dell'allenamento, rende stabile l'adattamento nell'organismo. Crea un buon stato di forma sportiva.
Quando si inizia la prima volta un allenamento, di qualunque sport si tratti, dopo poco tempo subentra immancabilmente la fatica, seguita dalla necessità di fermarsi, per poi recuperare.
Queste tre fasi, fatica, fermarsi, recupero, all'inizio sono costanti e ripetute ed hanno tutte picchi che identifichiamo ad esempio con valori di 100 FFR (Fatica, Fermo, Recupero).
Continuando nel tempo l'allenamento, questi valori si abbassano, diciamo a 90, poi a 70, ancora a 50 e così via. Diminuisce pure il lasso di tempo intercorrente tra fatica, fermo, recupero. Abbiamo cioè bisogno di meno tempo per recuperare. Questo significa che più ci alleniamo, (facciamo movimento), meno facciamo fatica.
Ricordiamoci il concetto che il corpo umano, contrariamente a tutte le leggi della fisica, muovendosi CREA ENERGIA, NON LA CONSUMA, ma la crea.
L'adattamento consente, per ciascuno di noi, ma con valori di scala individuali, di rientrare ad un livello di soglia o di massima tolleranza.
Il livello di soglia (legge di ARNODT e SCHULTZ), è rappresentato da:
- al di sotto del livello di soglia, quando non ci alleniamo.
- al livello normale di soglia, quando ci alleniamo saltuariamente.
- al di sopra del livello di soglia, ma sotto al livello di tolleranza massima, quando ci alleniamo regolarmente.
- al di sopra del livello di tolleranza massima, quando ci alleniamo troppo, in maniera pregiudiziale per la salute.


Supercompensazione.

Cambio (reazione anabolica), a livello  muscolare, metabolico e neuromuscolare, che va a compensare il consumo (catabolismo) prodotto nella sessione:
- aumento di proteine contrattili.
- aumento di capillari per sezione muscolare.
- aumento del tessuto connettivo.
- aumento della riserva energetica.
- aumento di enzimi metabolici e forse di miofibre.
- miglioramento neuromuscolare a livello del reclutamento di fibra prima di uno stimolo.


Dimensione della carica di lavoro o allenamento.
- Frequenza o cadenza degli allenamenti.
- Durata delle sessioni.
- Volumi o densità.
- Intensità.
Ricordare.
- Buona gestione dei concetti: corretto disegno della pianificazione.
- Intensità sufficiente del carico: adattamenti morfologici e fisiologici.
- Effetti dell'allenamento: acuto, immediato, risultante, accumulativo, ritardato

e residuale.
- Effetti accumulativi: determinano il processo di adattamento (progresso sportivo)

**PRINCIPI BASE DELL'ALLENAMENTO.**
Specificità, continuità, supercompensazione, sovraccarico progressivo, reversibilità, differenze individuali.
Specificità.
- sviluppo delle qualità fisiche basiche: resistenza, forza, velocità, flessibilità.
- sviluppo delle qualità specifiche legate allo sport in particolare: consumo di ossigeno specifico, cambiamenti necessari.

Esempi specificità.
- consumo di ossigeno: capacità del sistema cardiorespiratorio e metabolico per apportare ossigeno.
- differente consumo de ossigeno: corridore di fondo per correre una maratona, combattimenti di judo.
- cambiamenti: adattamento dei gruppi muscolari implicati nel gesto sportivo.
- arte marziale: forza, velocità (esecuzione e reazione), flessibilità.
Continuità.
- non interrompere l'allenamento: non fare pause durante la sessione (per non diluire la carica dell'allenamento).
- fattore ottimo del rendimento: nutrizione, riposo, idratazione.
- per i lesionati, evitare interruzione: svolgere esercizi alternativi.

Supercompensazione.
Sindrome generale di adattamento e recupero da supercompensazione.
- applicando la carica prima di completare la fase di supercompensazione: il livello di condizione fisica scende.
- applicando la carica dopo di aver completato la fase di supercompensazione: il livello di condizione fisica rimane lineare.
- applicando la carica durante la soglia massima della supercompensazione: il livello di condizione fisica rimane aumenta.

Sovraccarico progressivo.
Frequenza, intensità, tempo.
Frequenza.
- cadenza delle sessioni di allenamento: da 3 a 5 giorni / settimana per la resistenza, da 2 a 3 giorni / settimana
per la forza e la flessibilità. Attenzione, se si sovraccarica troppo, è più facile fare errori di pianificazione e riportare lesioni.
Intensità.
- la difficoltà o durezza dell'esercizio, dipende dal tipo specifico di sport praticato. Si ottengono maggiori benefici con maggiore intensità.
Tempo.
Intensità e durata, hanno una relazione inversa: maggiore durata deve equivalere a minore intensità; maggiore intensità deve equivalere a minore durata.
Attenzione, per i principianti, minore intensità e maggiore durata, equivale a rischio di lesioni.
Reversibilità (esempio: costituzione obesa).
- I benefici sono reversibili.
- Adattamento a livello basso di attività: si perde la forma.
- Gli allenamenti devono essere costanti: frequenza, intensità, durata.
- Il 50% si perde in 2 mesi: massa grassa.

Differenze individuali.
- Adattabilità di ciascun sportivo.
- Caratteristiche innate individuali: morfologiche, fisiologiche, motorie, psicologiche, adattative.
- Risposta distinta per tipo e quantità di allenamento: predeterminato geneticamente, quasi tutti possono migliorare.
- Lo stimolo deve essere conforme alle condizioni di partenza: condizione fisica iniziale, potenzialità speciali innate, limitazioni individuali.
- Evitare formule uguali per tutti.
- Conformare l'allenamento alla condizione di ciascun sportivo.

<u>**QUALITA' FISICHE DI BASE.**</u>

Condizionali (processi energetici), coordinative (regolazione e conduzione SNC)
- condizionali: forza, velocità, resistenza, flessibilità.
Forza. E' la capacità dell'essere umano di vincere od opporsi ad un peso o resistenza
esterna per mezzo della contrazione dei propri muscoli.
Forza dinamica: imprime accelerazione.
Forza statica: produce deformazioni.
Velocità. E' la capacità di realizzare uno o più movimenti impiegando il minor tempo
possibile.
Velocità di reazione. E' la realizzazione motoria di un gesto, impiegando un tempo
minimo.
Resistenza. E' la capacità di mantenere uno sforzo, più o meno intenso, durante un
tempo lungo il più possibile.
Capacità di mantenere l'esercizio fisico anche durante il manifestarsi della fatica.
Resistenza aerobica: grande durata e bassa intensità.
Resistenza anaerobica: grande intensità e bassa durata.
Flessibilità. E' la capacità per eseguire un movimento con la maggiore ampiezza
possibile.
- coordinative: coordinazione, equilibrio, percezione kinestesica, percezione
spaziale, percezione temporale.

<u>**APPRENDIMENTO MOTORIO.**</u>
L'apprendimento motorio secondo SINGER è "Il processo di acquisizione di nuove forme
di muoversi.", mentre per GROSSER e NEUMAIER è "Il processo per ottenere, migliorare e
automatizzare le abilità motrici, come risultato della ripetizione (pratica) di
una sequenza di movimenti in modo cosciente."
Risultato dell'apprendimento: è il processo e operatività cognitiva nell'apprendimento
di abilità motrici e cognitive.
Concetti pedagogici: paradigma comportamentale, paradigma cognitivo.
Paradigma comportamentale: rinforzare positivamente la partecipazione, procurare
rinforzi di tipo sociale.
Strategia:
- determinare che cosa si desidera conseguire.
- selezionare il rinforzo.
- determinare la sequenza di attuazione.
- analizzare e raggruppare i differenti segmenti della condotta di insegnamento.
- determinare il metodo per amministrare le contingenze di rafforzamento.
- rinforzare ciascun passo, valorizzare normalmente la condotta finale e rinforzarla.

Paradigma cognitivo:
- evoluzione del concetto di apprendimento basato sul prodotto e basato sul processo.
- importanza del componente cognitivo.
- informazione / incertezza sull'apprendimento motorio.
- lo sportivo possiede risorse per captar e per processare le diverse informazioni.
- ciascun stadio del processo della informazione assume la massima importanza.

<u>**FONTI ENERGETICHE E TIPI DI FIBRE MUSCOLARI.**</u>
Tipi di fibra.
Fibra tipo I:
- contrazioni ripetute durante un lungo periodo.
- fibre lente, fibre rosse o fibre ST.
- più resistente alla fatica.

Fibra tipo II:
- contrazione rapida.
- gesti forti e veloci.
- fibra bianca, fibra rapida o fibra tipo II.
- subtipo IIa e II b, (ancora più rapida).
- rapido esaurimento.
Differenze fondamentali.
- differente proporzione del tipo I, IIa, IIb, in ciascuna persona: dipende dalle
qualità atletiche individuali.
- allenamento di forza: tipo IIa e IIb (maggior dimensione, forza e velocità).
- allenamento di resistenza: tipo IIa e I (sforzi di lunga durata).
- dalla fibra tipo I alla fibra più rapida: molto difficile.

- in tenera età: lavorare qualità percettivo-motorie, non specializzare precocemente
nella resistenza.
Sforzi di brevissima durata e massima forza.
L'energia (E) si ottiene attraverso legami chimici.
Adenosin Trifosfato o ATP, assieme a Fosfocreatina: forniscono energia per la
contrazione muscolare.
Limitati depositi muscolari (ATP e PC): si esauriscono in pochi secondi e si
resintetizzano permanentemente.
Le fibre IIb sono specializzate.
Sforzi di breve durata e alta intensità.
Glucosio e glucolisi anaerobica.
- riempie l'ATP consumato senza ossigeno.
- i depositi di glucosio in forma di glucogeno sono limitati.
- processo abbastanza veloce per ottenere energia.
Si produce lactato.
- molecola acida.
- esaurimento e dolore muscolare durante lo sforzo.
- si ricicla durante il ciclo di Krebs.
Fibra tipo IIa.
Sforzi di lunga durata.
- ossidazione del grasso.
- ampia riserva disponibile.
- rendimento diminuisce di molto.
- sforzo prolungato.
- è la via energetica meno efficiente per lo sforzo.
- la fibra di tipo I è la più efficace nella utilizzazione di questa via.

**IGIENE NELL'ARTE MARZIALE.**
Come in altri sport, durante la pratica di qualunque arte marziale è molto importante
l'igiene.
Il corpo deve essere pulito, con speciale riguardo a unghie della mano e piedi, che
devono essere ben corte, anche per evitare di recare danno ad altri compagni. Prima di
entrare nella zona di allenamento, occorre lavarsi i piedi e asciugarli
minuziosamente. Anche la pulizia degli indumenti, non solo è un elemento di etichetta
e rispetto, ma è anche un impegno del singolo rispettare la pulizia della propria
uniforme e che sia in buono stato, consentendo che contenga la minor quantità di
microbi possibile.
Tutte queste norme, presenti tra l'altro da molto tempo, elaborate come principi di
condotta marziale, hanno ricevuto l'avallo della scienza e si giustifica-no in base al
fatto che si registrano ogni volta, con sempre maggior frequenza, infezioni della
pelle e parte blanda per stafilococco aureus, resistente a penicillina (MRSA), in
praticanti di diverse discipline sportive, nelle quali discipline, sono comprese anche
le arti marziali.
Per prevenire queste infezioni emergenti, i vari ministeri della salute hanno
stabilito una serie di norme al riguardo.
- Effettuare la doccia con sapone immediatamente dopo l'esercizio.
- Non condividere asciugami, o altri oggetti di pulizia personali.
- Controllare regolarmente la pelle, per verificare se esiste qualche parte con
arrossamento, calor, dolor, gonfiore.
- Evitare assolutamente il contatto con ferite o bendaggi di altre persone.
- Lavare con acqua e sapone, qualunque taglio o abrasione della pelle e coprire con
garze sterili.
- Se la ferita non è ancora adeguatamente guarita, avvisa l'allenatore e aspet-ta
che sia guarita completamente prima di riprendere gli allenamenti.
- Se tieni una ferita con sospetta infezione ed entri in contato con materiale non
lavabile (es. casco), questo deve essere pulito dopo l'uso con disinfettante.
- Se condividi materiali, (attrezzi, protezioni ecc.), assicurati che siano
adeguatamente puliti.
- Consulta sempre il medico in caso di sospetta infezione di ferita MRSA, e se
confermata, prendi le precauzioni opportune per evitare la propagazione della stessa.


**SICUREZZA NELL'ARTE MARZIALE.**
Nessuno sport è sicuro al 100%, però ci sono molte cose che si possono fare per
minimizzare il rischio di lesioni.

Per questo, è stata elaborata una GUIDA DELLA PRATICA SPORTIVA, soggetta a revisione per adattarla all'avanzamento della scienza dello sport e alla normativa legale vigente stabilita dalle autorità della salute pubblica.
Nel caso della arte marziale, dobbiamo tener conto dei seguenti aspetti:
- In caso di praticanti minorenni, i genitori devono essere informati della ubicazione del dojo, di chi è l'istruttore o maestro, delle attività che si realizzano, perchè deve essere richiesto il loro permesso.
- Il maestro, deve essere un istruttore accreditato per l'organismo federativo corrispondente.
- Quando un adulto che non sia il maestro, si dedica a somministrare la lezione o parte di essa, un maestro accreditato deve essere presente per assumere la responsabilità globale.
- Il numero degli studenti contemporaneamente seguiti da un maestro, non deve superare 24.
- Il combattimento libero, è permesso solamente sotto la direzione e supervisione di un maestro accreditato.
- I praticanti devono essere istruiti/informati  circa  l'uso di tecniche di rompimento.
- Il tatami, deve essere formato da quadrati si 50 mm di grossezza minimo, devono essere ancorati assieme e non devono slittare/scivolare dal pavimento. I quadrati devono essere puliti regolarmente utilizzando disinfettante.
Per la realizzazione di esercizi di contatto, occorre raccomandare protezioni adeguate come:
- protezioni per l'avambraccio.
- protezioni del piede.
- protezioni della tibia.
- protezioni del petto.
- protezioni genitali (conchiglia).
- protezioni delle mani (guantini).

Se le protezioni sono condivise, queste devono essere pulite regolarmente, in quanto potrebbero impregnasi di sudore o di sangue. Per questo è caldamente raccomandabile che ciascun praticante, disponga delle proprie personali protezioni.
- Una valigetta medica ben equipaggiata, deve stare sempre a disposizione e di facile reperibilità.
Il ghiaccio deve sempre essere presente per trattare le lesioni.
Rispetto al luogo di allenamento, questo deve essere spazioso, sufficientemente ampio e ben aerato per accogliere il numero di praticanti. Deve essere libero di pareti, colonne o qualunque altro oggetto in mezzo al locale, che possa ostacolare la pratica. Il suolo deve essere soffice in quanto la pratica si svolge a piedi scalzi.
La sessione di lavoro deve includere un riscaldamento adeguato con esercizi di stiramento, esercizi appropriati al livello di abilità/grado dei praticanti, che facciano enfasi sulla forza e flessibilità, specialmente nel collo e nella spalla.
Informare sin dall'inizio sulle tecniche da NON UTILIZZARE qualora si tratti di eseguire contatto con occhi, gola, inguine, rotula, collo,( ecc.).
Far prestare molta attenzione durante lo sviluppo delle tecniche per evitare sovraccarichi muscolari e articolari a medio e lungo tempo.
E' consigliato poi agli artisti marziali, di seguire questi requisiti basilari per la sicurezza personale:
- Non avere lesioni prima della sessione di allenamento o competizione.
- Non usare elementi con zip, bottoni od oggetti similari.
- Usare la propria uniforme, priva sia essa stessa che sul proprio corpo, di occhiali, gioielli, braccialetti, anelli, spille o altro, che possano causare feri-
te a noi stessi o ad altri.
- I capelli lunghi devono essere opportunamente raccolti per una questione igienica e per non creare difficoltà nella propria che nell'altrui visione.
- Rinforzare continuamente la nozione di autocontrollo, evitando altresì l'eccesso di padronanza per l'uso delle protezioni visibili. Colpire sopra det-te protezioni, non si ha la garanzia di assenza di lesioni.
- Per i principianti, il kumite si realizzerà con avversari aventi una differenza (+/-) di peso corporeo di 3 KG massimo.
- Per gli esperti, il kumite si realizzerà con avversari aventi una differenza (+/-) di peso corporeo di 7 KG massimo.

<u>**INFORTUNI DURANTE LA PRATICA DI KARATE.**</u>

Normalmente, i non addetti ai lavori, pensano che il Karate sia fonte di numerosi infortuni durante la pratica, sia in palestra che durante una gara. Niente di tutto questo.
Un importante studio effettuato in KINGSTON (Canada), negli anni dal 1993 al 2006, considerando 188.000 abitanti, dove esiste un programma di vigilanza dei traumatismi (The Canadian Hospitals Injury Reporting and Prevention Program – CHIRPP), verificò un totale di 920 lesioni di persone praticanti arti marziali,
è risultato che il Karate provoca in ugual misura, se non meno, infortuni come il gioco del calcio o pallacanestro.
 I meccanismi di lesione più comuni, furono le cadute, le proiezioni e i salti. Al Karate, sono stati addebitati il 33% di tutti gli infortuni rilevati, mentre il Tae Kwondo registrava il 14%.
Probabilmente, l'uso di protezioni, generò una falsa sensazione di sicurezza facilitando la realizzazione di tecniche molto più pericolose.

Ma vediamo quali sono i principali motivi di infortunio nel Karate:
- Mancanza di abilità o conoscenza tecnica.
- Disuguaglianza dei contendenti (peso, età, altezza).
- Mancanza di allenamento fisico, tecnico, tattico o psichico.
- Eccesso di confidenza nelle proprie capacità.
- Mancanza di rispetto del regolamento.
- Età dello sportivo.
- Allenamento a temperature estreme.
- Cattiva Igiene.
- Mancanza di sonno o fatica accumulata.

In qualunque caso, come in tutti gli sport, sarebbe raccomandabile una visita medica del proprio praticante, prima di iniziare gli allenamenti di routine.
Tra gli obiettivi di questa visita, troviamo:
- rilevare infermità che possano limitare la partecipazione nello sport.
- scoprire infermità che possano predisporre lo sportivo a soffrire lesioni.

Questo anche per salvaguardare il maestro in relazione alla sua federazione corrispondente, per il fatto che l'operato dello stesso, comporta responsabilità di tipo etico, civile e anche penale.

### LESIONI DURANTE LA PRATICA DI KARATE.
La lesione: origine ed evoluzione.
Una lesione sportiva viene definita come "accidente traumatico, o stato patologico, conseguenza della pratica di qualunque sport. Può avere la sua origine nell'azione dinamica del proprio praticante(autogena) oppure può essere causata per il contatto corporale o per scoordinazione.
Si suddivide in:
- lesione acuta, è caratterizzata per un inizio repentino come risultato di un fatto accidentale immediato.
- lesione cronica, comincia in forma lenta e insidiosa, ed implica un aumento graduale del danno strutturale.
Le cause di una lesione si possono identificare con una o più delle seguenti eventualità:

- mancanza di abilità tecnica oppure mancanza del conoscimento basico dello sport
che si pratica.
- disequilibrio corporale en certe catene muscolari (relazione agonista /
antagonista).
- disequilibri elevati tra rivali, in termini di peso, altezza, robustezza,
esperienza, età, ecc.
- mancanza di allenamento fisico, tecnico, tattico, psichico oppure riscaldamento
superficiale.
- eccesso di confidenza nelle proprie capacità.
- mancanza di rispetto verso il regolamento.
per altre cause, vedi il paragrafo INFORTUNI DURANTE LA PRATICA DI KARATE.
Nella lesione, il tessuto corporale danneggiato, attraversa tre fasi:
- una fase infiammatoria acuta che si caratterizza per arrossamento, calore,
tumefazione, gonfiore, dolore e impotenza funzionale. Al principio, il flusso
sanguigno dell'area si riduce dovuto ad una vasocostrizione (durata da 5 a 10 minuti),
che lascia il passo a una vasodilatazione locale (che dura da 15 a 30 minuti).
- segue una fase di cicatrizzazione che ha una durata da due a 6 settimane. Il questa
fase, lo sportivo può ancora mostrare una sensibilità al tatto e con la mobilitazione
della zona danneggiata. Man mano che il processo di cicatrizzazione avanza, cessa il
dolore.
- finalmente, la fase di maturazione, che è la tappa di maggior durata. Si produce
la riorganizzazione e rimodellazione delle fibre di collageno che formano il tessuto
cicatriziale. Per norma generale, nella terza settimana si sarà formata una cicatrice
forte e resistente.  Tuttavia, per una completa guarigione da una lesione, posso-no
passare mesi a addirittura anni.
In tutto il processo di guarigione intervengono vari fattori come la estensione
dell'area danneggiata, il grado di infiammazione, la intensità della emorragia, la
vascolarizzazione nell'area danneggiata, la presenza di eventuali infezioni locali, la
età del soggetto, il suo stato nutrizionale e il suo stato di salute in generale.
Durante la pratica del Karate, si possono produrre lesioni tanto a livello del sistema
muscolo-scheletrico, che sono le più comuni, o a livello di organi interni.
La lesione più semplice è la contusione che viene definita come il danno che riceve
una parte del corpo per un colpo e che non provoca una ferita esterna.
Si caratterizza per l'apparizione di una infiammazione, con o senza un ematoma
visibile, dolor e un certo grado di deformità.

In generale, una contusione viene trattata con riposo, la applicazione di ghiaccio con
durata da 10 a 30 minuti, con intervallo di 1 ora, utilizzando involucri protetti,
aiuta a diminuire la infiammazione e il dolore, tenendo presente che si deve
utilizzare ghiaccio, solamente durante le prime 24 / 48 ore dall'accaduto, mentre
dopo, si dovrà utilizzare, applicandolo, calore.

Il riposo sportivo non significa immobilità, ma riposo o diminuzione della azione
della zona influenzata.

D'altro canto, una immobilità eccessiva, rallenta il processo di recupero. Ricordando
sempre, con questo, che quando il corpo si muove, genera energia.

Come di logica, la contusione cerebrale è meritoria di una attenzione molto più specialistica, che andrebbe fuori dal contenuto di questo libro. Occorre comunque preoccuparsi di identificarla precocemente attraverso i sintomi che manifesta l'atleta. Il più comune è il dolore di testa, seguito da vertigini, stordimento e confusione. Non esiste una prova unica per determinare se si è prodotta una commozione cerebrale. Qualunque sportivo con diagnostico di sospetta commozione cerebrale, deve essere immediatamente ritirato dalla attività. L'assistenza tramite personale medico specializzato durante i primi minuti, è determinante per la buona evoluzione dello stato di salute dello sportivo.

Lesioni muscolari. Questo tipo di lesioni, sono le più frequenti nel mondo dello sport e, nella maggior parte delle volte, si presta poca attenzione, perchè il lesionato può continuare a seguire la sua attività diaria abituale dopo il danno, eccetto l'attività sportiva.
Il tessuto muscolare, fornito di una buona vascolarizzazione sanguigna, solitamente si cura con più facilità che altre strutture dell'apparato locomotore.  Il muscolo si può lesionare per trauma diretto (contusione) o indiretto (sovraccarico), e le lesioni risultanti possono essere:

- ematoma intramuscolare o intermuscolare
- rottura totale o parziale, in tutti e due i casi possono avvenire per stiramento o per compressione.
Vediamo ora i differenti processi patologici che influenzano il muscolo.
Crampi: sono una contrazione involontaria e sostenuta del muscolo che causa dolore locale moderato o intenso. Esistono varie teorie che cercano di giustificare la sua origine, tra le altre, la perdita di acqua ed elettroliti, sopratutto magnesio e potassio. Un'altra teoria segnala come causa la mancanza di efficienza biomeccanica, che potrebbe correggersi con un buon lavoro di rafforzamento e di stiramenti. Un'altra ancora teorizza che la sua apparizione nasconde una relazione con l'utiliz-zo delle proteine come substrato energetico. Pertanto, una buona nutrizione e idratazione, assieme alla cura della tecnica, sarebbero le migliori raccomandazioni per evitare che appaiano.
Una volta che appaiono, rifornire di sostanze nutrienti, diminuire il ritmo e la intensità dell'esercizio e lo stiramento del muscolo, sono i nostri migliori alleati.
Recentemente, si stanno facendo studi in modo di trattare i crampi con tecniche di iperventilazione, con risultati pieni di speranza.
Dolori muscolari: si è potuto comprovare che il dolore muscolare, è un dolore localizzato con apparizione tardiva (picco massimo entro 24 / 48 ore dopo l'esercizio) causato per esposizione ripetuta di contrazioni muscolari eccentrica o esercizio insolito, come conseguenza del cambio biochimico dopo il danno muscolare che si origina.
Rottura muscolare: sono le lesioni più gravi dal punto di vista della evoluzione del rendimento.
Il muscolo si può rompere per uno stiramento importante, per contrazione estrema, per scoordinamento delle catene muscolari nel realizzare l'esercizio; come dire, che il muscolo antagonista se contrae quando dovrebbe rilassarsi ed il agonista soffre una contrazione. Se a questo fattore di incoordinazione si aggiunge altro agente

stressante, come la fatica, il freddo, igiene sportiva deficiente (cattivo riscaldamento, raffreddamento, reidratazione), aumentano le possibilità di soffrire per questa lesione.
Gradi di lesione.
Stiramento grado 1.
Allungamento o contrattura, non esiste una rottura del muscolo come tale,  ma lo stesso ha raggiunto il massimo stiramento (si crea un piccolo ematoma interno). Il problema è che il dolore provocato consente di proseguire la pratica, per cui si corre il rischio di aggravare seriamente la lesione. Durante la palpazione, non si nota apparentemente nulla.
Il trattamento è ghiaccio immediato, riposo sportivo, compressione non obbligatoria e elevazione del membro. A partire dal 2° giorno, applicare calore e  leggero massaggio attorno alla lesione.
Se lo stiramento riguarda il membro inferiore, dal 5° al 7° giorno si può iniziare la pratica, però l'incorporamento deve essere molto lento, seguendo il presente protocollo: pratica soffice in linea retta; aumentar il ritmo ogni 24 ore; iniziare progressione sino al 80% del massimo, a partire dal 10° giorno; realizzare cambio di ritmo nella terza settimana. Verso i 12 / 14 giorni,  di solito si procede verso il recupero.

Stiramento grado 2.
Rottura fibrillare, sono i più frequenti. Si crea sempre un ematoma che a volte è visibile in 24 / 48 ore. Solitamente si rompono poche fibre.

Durante la esplorazione, si potrà notare una leggera depressione nel muscolo; il soggetto può anche sentire dolore durante la contrazione e lo stiramento, potendolo però realizzare. Il trattamento è simile al grado 1, durante un lasso di tempo più lungo. A partire dal 3° giorno, cominciare la fisioterapia.
Dal 7° giorno, massaggio dolce sopra la lesione, (sino ad ora era attorno alla lesione) ed inizio dello stiramento e potenziamento. Dal 10° giorno, si può riprendere l'allenamento, solamente se non esiste dolore. Dopo tre settimane possiamo cominciare ad allenarsi facendo attenzione alla alternanza dello sfor-zo (relazione lavoro/riposo) e con pochi cambi di ritmo.
Stiramento di grado 3.
Rottura muscolare  la quantità di muscolo che si rompe è considerevole (quasi mai si arriva a romperlo tutto). Il dolore è molto intenso, appare un ematoma importante e si apprezza un difetto significativo nella superficie muscolare affetta.
Il trattamento è molto similare allo stiramento di grado 2, però ovviamente perdura per molto più tempo.
E' indicato un bendaggio compressivo e riposo totale per una settimana.
Eccezionalmente, può essere necessario un intervento chirurgico per avvicinare gli estremi separati del muscolo. Il recupero potrebbe arrivare a raggiungere i due mesi ed è molto importante il trattamento fisioterapico di riabilitazione che includa il potenziamento, il massaggio e lo stiramento leggero.

Lesione tendinosa.
Il muscolo è unito all'osso mediante un tendine attraverso il quale si comunicano

gli effetti delle contrazioni muscolari. E' formato essenzialmente da collageno, che gli fornisce resistenza meccanica e da elastina che lo rende elastico. Sopporta molto bene la forza tensoria; ma resiste male alla forza di compressione. Possiede una cattiva vascolarizzazione, per la quale risulta difficoltoso il recupero. Infatti, ci sono zone che possono degenerare per mancanza di vascolarizzazione e rompersi spontaneamente.

Le lesioni tendinose possono essere di tipo infiammatorio o rotture.

Tendiniti da inserzione (tenoperiostiti): la infiammazione della inserzione muscolo tendinea è prodotta per la tensione ripetuta nella inserzione e nella superficie dell'osso o periostio.

Si produce per accidente micro-traumatico da ripetizione relazionato con il gesto sportivo e il materiale o attrezzi utilizzati. Si manifesta con dolore localizzato nel posto dell'inserzione che aumenta quando si contrae il gruppo muscolare influenzato, con leggera tumefazione in qualche occasione.

Il trattamento è medico, a base di riposo sportivo, anti-infiammatorio topico o sistemico, applicazione di calore (elettroterapia, laser, ecc), agopuntura, auricoloterapia, infiltrazioni locali.

Per evitare ricadute, si raccomanda verificare i fattori scatenanti, come i sovraccarichi, l'uso di materiali inappropriati, gesti tecnici errati per eliminarli.

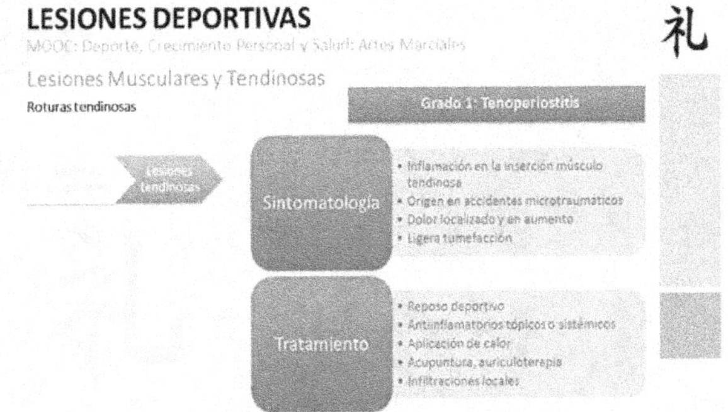


Rottura parziale del tendine: è una patologia traumatica per meccanismo indiretto, anche se può essere causata da sovraccarichi ripetuti. Secondo la estensione della lesione, succede che a volte non si presta la dovuta attenzione, credendo si tratti di una infiammazione semplice.

Si manifesta con dolore improvviso esordendo con un movimento specifico della zona danneggiata quando si lavora contro la resistenza. In qualche occasione si apprezza un effetto doloroso sopra il tendine. La diagnostica si conferma eseguendo una ecografia e risonanza. Il trattamento deve essere somministrato sempre da un medico specialista.

Rottura totale del tendine: si produce sopra un tendine degenerato, generalmente in vecchi sportivi che ritornano a praticare dopo svariati anni di inattività. Avviene per un meccanismo indiretto. Sono frequenti nel tendine di Achille, bicipite e sopra-spinoso. Il trattamento deve essere realizzato sempre da un medico specialista e con frequenza, richiede intervento chirurgico.

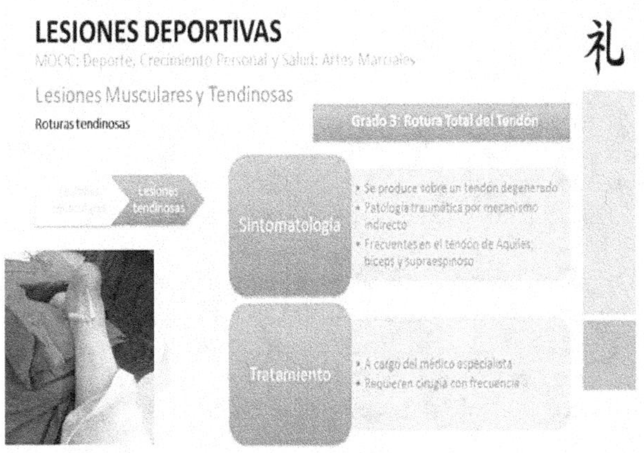

Lesioni articolari.
La articolazione è formata da due o più estremi ossei ricoperti da cartilagine
articolare (tessuto che sopporta la pressione ed è presente  da un estremo all'altro).
La cartilagine è un elemento più fragile della articolazione e quando si deteriora,
viene accelerato il processo degenerativo naturale della articolazione.
La cartilagine è un tessuto avascolare, che si nutre del liquido sinoviale, per questo
non si rimargina.
Gli estremi opposti delle ossa sono uniti da una capsula di tessuto che ruota
la articolazione, al cui interno c'è una membrana che secerne il liquido sinoviale,
che lubrifica la articolazione e alimenta la cartilagine. In condizioni anormali,
questo liquido può aumentare e generare dolore locale.
Nei punti dove la tensione articolare è maggiore, appaiono dei rinforzi o bande di
protezione che sono i legamenti, situati dentro e fuori dalla articolazione, limitando
così i movimenti anormali.
Il menisco è una struttura  che si incontra nell'interno della articolazione
facilitando l'adattamento delle superfici articolari e sono avascolari. Aderiscono
alla capsula e non all'osso. Il menisco si rompe per traumatismo indiretto, mai
diretto. La degenerazione dovuta all'età può danneggiarlo.
Il principale problema che provoca, è che può provocare limitazioni o blocchi nel
movimento della articolazione.
I tipi di lesione che possono influenzare la articolazione sono:
- artrite traumatica, è la più frequente e banale. Si tratta di una infiammazione
articolare senza lesioni legamentose nè della cartilagine. E' tipica delle piccole
articolazioni (dita della mano o del piede).

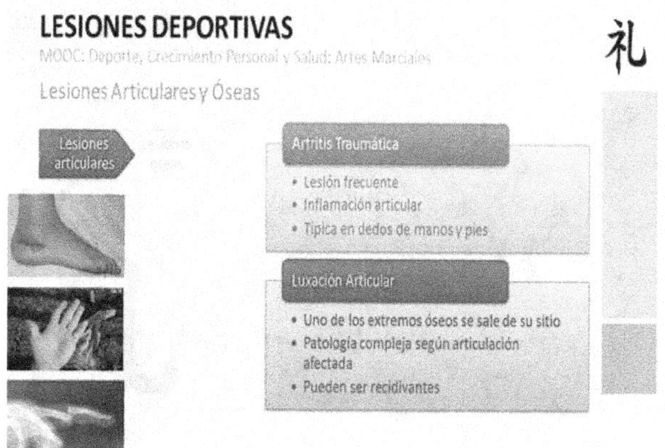


- lussazione articolare, si produce quando uno dei due estremi ossei esce totalmente
dal suo sito, potendo ritornare o no, alla sua naturale posizione.
E' una patologia complessa, in funzione della articolazione influenzata: gomito,
spalla, dita presentano una buona evoluzione, mentre invece il resto possono
rappresentare situazioni molto serie e gravi.
Qualora la articolazione soffra più di due/tre lussazioni, si chiama "recidivante".
- sub-lussazione, in questo caso, uno dei due estremi ossei non esce totalmente dalla
articolazione.
Sono meno frequenti rispetto alla lussazione articolare e presentano un migliore
pronostico dipendendo dalla articolazione danneggiata.
- borsite o higroma, si tratta della infiammazione della borsa sierosa, che occupa
spazio tra un osso e un tendine, tra due tendini oppure tra un osso o tendine e la
pelle di copertura, per ridurre la frizione e distribuire le tensioni. Può accadere
per traumatismo unico o da ripetizione da attrito contro superfici dure o abrasive
(come il sacco da boxe). Per prevenire questa malattia, si raccomanda l'uso delle
protezioni.
- rottura dei legamenti, si produce sforzando la articolazione più in là della
ampiezza normale di movimento. La rottura di questa struttura provoca un movimento
anormale e instabile (che è il principale problema, non la rottura). Lo strappo può
essere parziale, quando include solo una parte delle fibre del legamento, non venendo
compromessa la stabilità della articolazione; o può essere completo quando include la
maggioranze delle fibre del legamento che occasiona una grande instabilità articolare.
La rottura è accompagnata da sanguinamento locale che produce equimosis, tumefazione e
dolore.

Se si sospetta questo tipo di lesione, occorre fare impacchi di ghiaccio sulla articolazione e fissarla con un bendaggio elastico, assieme a riposo dell'area lesionata. Questa decisione deve essere sempre presa dal medico specialista.


Lesioni ossee.
Il punto massimo di massa ossea si aggira tra la seconda e terza decada della vita (tra 20 / 30 anni).
Si è notato che la realizzazione di attività fisica in questo periodo migliora la densità e la proprietà geometrica dell'osso. Una meta-analisi recente ha dimostrato che gli sport che implicano un alto impatto di carico, come sono le arti marziali, originano un aumento della mineralizzazione, della densità ossea, della geometria dell'osso in quelle regioni anatomiche dove viene prodotto il modello di carica specifico in ciascuno sport. Questi effetti benefici per la salute ossea si mantiene quando si persevera nella pratica sportiva. In altro tipo di sport senza impatto di carica, come il nuoto o ciclismo, non si osservano questi benefici.

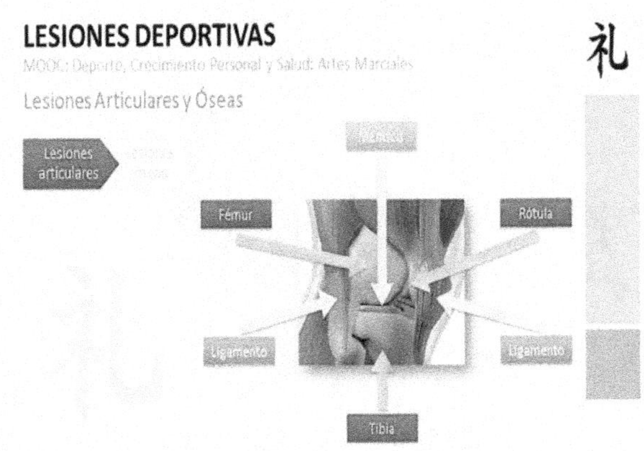


E' ovvio che negli sport di contatto, si possono produrre lesioni ossee.
La più suggestiva e potenzialmente grave è la frattura, perchè mentre si lesio-na lo scheletro, si possono influenzare le parti molli che lo circondano (tendini, legamenti, muscoli, vasi sanguigni, nervi, pelle e viscere). Una frattura consiste nella interruzione della continuità ossea o cartilaginosa.
La frattura può prodursi per un traumatismo diretto o indiretto, anche se la suscettibilità di un osso perchè si fratturi per una lesione unica,  è relazionata non solo al suo modulo di elasticità e alle sue proprietà biomeccaniche, ma anche con le sue capacità di energia.
Le fratture sopra ossa di qualità normale sono le più frequenti, la gravità e la prognosi sono direttamente proporzionali alla violenza del traumatismo causale.
Ci sono fratture per insufficienza o patologiche, che si producono in ossa anomali e che non necessitano di un traumatismo perchè si manifestino.
Per ultimo, ci sono fratture dovute allo stress, fatica, che sono il risultato di sovraccarichi meccanici ripetuti.
In tutti i casi, dobbiamo tener presenti che le parti blande adiacenti, soffrono gli effetti del traumatismo stesso, il che suppone un maggiore rischio di infezione, la riduzione del potenziale di consolidamento osseo e la pianificazione del trattamento. Perciò, in funzione di queste lesioni possiamo classificare le fratture in aperte e chiuse; a seconda che esista o no comunicazione della frattura con l'esterno.
Un altro dettaglio di interesse è il grado di stabilità della frattura, in maniera che possa essere di tipo stabile, quando non tiene tendenza a scorrere dopo  essere stata ridotta (frattura di tratto trasversale o obliquo minore di 45°); e di tipo instabile, quando tende a scorrere dopo la riduzione (frattura di tratto obliquo maggiore di 45°). Non bisogna dimenticare che la stabilità dipende più dalle parti blande che non dal piano osseo della frattura.
Clinicamente, tutta la interruzione ossea va a produrre un quadro di impotenza funzionale, che potrà essere assoluta (se i frammenti sono spostati) o relativa (nelle fessure e fratture adattate), assieme a dolore intenso che potrebbe originare uno

shock traumatico e scricchiolio dei frammenti ed emorragie.
Benchè possa succedere che il paziente non menzioni un trauma antecedente, se
si tratta di frattura per sovraccarico o patologica, la storia clinica deve essere
diretta a raccogliere i dati di come sia successo l'incidente, da quanto tempo e i
dati propri dell'infermo.
Lo studio radiologico è imprescindibile per la valutazione della frattura, in quanto
permette di stabilire la diagnosi, la prognosi e il trattamento adeguato.
La riparazione della frattura ha una caratteristica speciale, è un processo di
restaurazione che si completa senza formazione di cicatrici. A differenza di quello
che succede in altri tessuti come la pelle, per raggiungere il processo di
riparazione, necessita solamente osso nuovo in luogo della frattura.
L'obiettivo principale del trattamento è conseguire il massimo recupero funzionale
possibile del segmento fratturato, mediante la stabilità delle condizioni che
facilitano i processi biologici normali di consolidamento, in una posizione adeguata
dei frammenti fratturati.
La fase di trattamento si può riassumere in:
riduzione, contenimento e riabilitazione.
Ridurre una frattura consiste nella manipolazione fino a raggiungere una relazione
anatomicamente desiderata per conseguire una buona funzionalità ed accelerarne il
consolidamento.
Ci sono due modi di ridurre una frattura:
mediante manovra manuale o chirurgica nel caso che non sia possibile con la
manipolazione manuale.
Per mantenere la riduzione o contenimento, è conveniente immobilizzare la zona per
evitare il movimento e impedire che si spostino gli estremi  fratturati, mentre viene
alleviato il dolore.
Per effettuare questo procedimento, si può impiegare gesso o similare.
Quando fallisce la riduzione chiusa, è necessaria la fissazione della frattura
mediante chirurgia.
Per ultimo, la riabilitazione sarà realizzata da personale competente, sempre sotto la
supervisione del medico specialista.

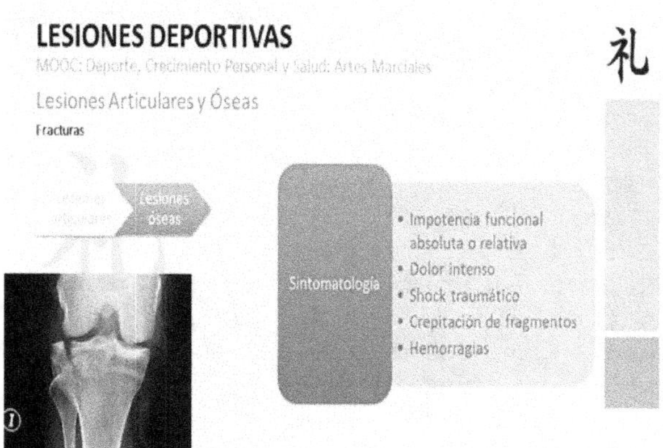


<u>**PRATICARE PER PROGREDIRE.**</u>
Abilità pratica.
L'attività pratica, può essere svolta in modalità fisico-motoria o mentale
(simbolica).
Le modalità possibili sono:
- Globale / analitica.
- Massiva / distribuita.
- Variabile / costante.
- Guidata / libera.
- Interferita / non interferita.
- Faticosa / non faticosa.
- Veloce / precisa.

L'attività mentale, che comunque NON SOSTITUISCE quella fisica-motoria, è svolta
mentalmente, eseguendo i movimenti come se fossero in modalità fisica.

Con questa funzione, le sequenze dei movimenti, vengono comunque registrate nel nostro cervello, e passano sotto il nome di effetto Carpenter, (trasmissione degli impulsi nervosi fisici attraverso il sistema neurologico), ed attuano degli effetti fisiologici come:
- Cambiamenti nell'elettroencefalogramma.
- Accelerazione del ritmo cardiaco.
- Movimenti oculari.
- Aumento del flusso sanguigno.
- Aumento della tensione arteriale.
- Rinforzo della eccitabilità del sistema nervoso periferico.
La pratica mentale può essere suddivisa in:
- Diretta.
- Indiretta.
- Mista.
L'esecuzione della pratica mentale può essere svolta in questi modi:
- Immaginare, vedere e sentire noi stessi, nell'atto di realizzare i compiti correttamente.
- Vedere fisicamente altre persone realizzare il compito.
- Ripetere mentalmente la tattica del compito durante l'allenamento, incluso durante le pause.
La pratica mentale, facilita l'apprendimento di una abilità, però non può sostituire la pratica fisica.
La pratica mentale in combinazione con quella fisica, consente di ottenere risultati migliori in  termini di efficacia, rispetto alla sola pratica fisica.
Procedimento per praticare mentalmente, secondo Robert Nideffer (Psicologo dello sport):
- Definire la modalità di realizzazione; determinare gli errori.
- Identificare il componente della sequenza da praticare per focalizzare l'attenzione.
- Seguire la sequenza evidenziando le sensazioni corporee.
- Impiegare dieci minuti, due volte al giorno, seduti, a praticare mentalmente l'intera sequenza.
Cominciare ripetendo un pò più lentamente rispetto alla normale esecuzione, aumentando gradualmente la velocità durante la settimana.
- Mantenere un atteggiamento positivo al praticare mentalmente.
- Ripetere mentalmente subito prima di eseguire la pratica. Controllare i miglioramenti conseguiti.
A quali tipi di sportivi favorisce la pratica mentale ?
I praticanti di grado elevato, si avvantaggeranno molto più marcatamente dei praticanti principianti.

Quando praticare mentalmente ?
Prima, durante e dopo la pratica fisico-motoria.
Per quanto tempo praticare mentalmente ?
E' certo che occorre non esagerare nella pratica mentale, effettuando svariate e innumerevoli volte la pratica stessa.
E' consigliabile praticare mentalmente per brevi periodi, da 3 a 5 minuti.
Ripetere la pratica da 5 a 10 volte.
Raccomandazioni finali.
- Usufruire di periodi di inattività o di attesa.
- Guidare lo studente. Il tecnico deve aiutare  lo studente a praticare mentalmente consigliandolo a come farlo bene e in forma corretta.
- Rapporto di massima è 2: 1, ogni due pratica fisica, 1 pratica mentale.
- Allenare è un elemento chiave dell'apprendimento motorio.
- La pratica mentale può favorire l'apprendimento se si combina con la pratica fisico-motoria.
- Occorre valutare se si insegna globalmente o analiticamente.
- La pratica variabile favorisce la generazione di schemi motori.
- Occorre coniugare la velocità e la precisione una volta analizzate le esigenze della esecuzione motoria.
- Passare immediatamente dalla pratica mentale alla pratica fisico-motoria.

**INFORMARE PER POTER APPRENDERE.**
Per quanto riguarda la didattica applicata, per poter apprendere, le caratteristiche del processo sono due:
ISTRUZIONE e AUTO-ISTRUZIONE.
L'ISTRUZIONE è:

- un metodo diretto per l'apprendimento guidato al massimo.
- un metodo di assegnazione di compiti, apprendimento semi-guidato.
- metodo di insegnamento reciproco, apprendimento condiviso.
- metodo di scoperta guidato, apprendimento convergente/divergente.
- metodo per la soluzione di problemi.
  L'AUTO-ISTRUZIONE è:
- auto-istruzione, auto-apprendimento.

Detto ciò, vediamo quali sono le relazioni tra l'allenatore/maestro e lo sportivo/praticante.

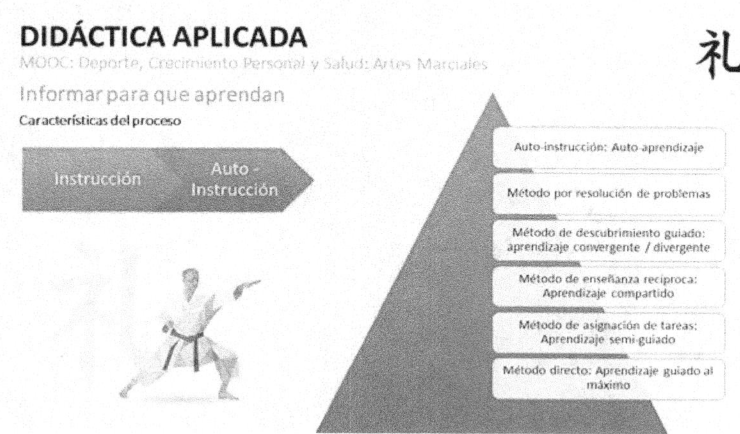


Il maestro può: dire/parlare, dimostrare, mobilitare.
Lo sportivo può: ascoltare, osservare, sentire/percepire il movimento.

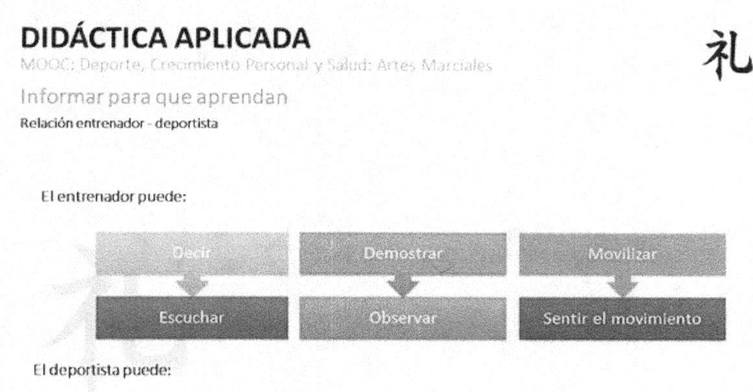


Condizioni perchè questo accada: motivazione, significato e suo trasferimento, attivazione, attenzione, vigilanza.
Istruire, non è solo parlare o dimostrare.

Occorre guadagnare l'attenzione dello sportivo, portandolo a conoscenza dell'obiettivo da raggiungere:
- verbalmente o per scritto. (In questa era moderna, sopratutto per i minisportivi, è consigliabile adottare modelli multimediali, che hanno lo scopo di attirare l'attenzione dei piccoli.
- dimostrandolo o presentandolo visualmente.
- provocare sensazione cinestesica. (La cinestesia o propriocezione è la capacità di percepire e riconoscere la posizione del proprio corpo nello spazio e lo stato di contrazione dei propri muscoli, anche senza il supporto della vista. La propriocezione assume importanza fondamentale nel complesso meccanismo di controllo del movimento).
Occorre incitarlo a praticare, informandolo dei risultati ottenuti.
Un obiettivo valido, deve essere:
- significativo. (deve contenere ragioni per le quali lo sportivo svolga i compiti ed esegua la  pratica).
- riferirsi alla intenzione.

- incoraggiare il desiderio di essere raggiunto. (Normalmente il tecnico da moltissime istruzioni in poco tempo, convinto poi di avere informato bene; mentre però lo sportivo è in balia di sè stesso, perchè non sa più cosa fare, avendo confusione nella mente, per le troppe informazioni ricevute. Occorre quindi accertarsi che tutti gli allievi abbiano ricevuto tutte le informazioni e sopratutto le abbiano comprese.
Far conoscere l'obiettivo occorre:
- guadagnare l'attenzione. Il maestro deve preoccuparsi di come catturarla, dovrà quindi evitare distrazioni e possibili interferenze. Dovrà farsi carico anche che tutti gli allievi vedano la scena, disponendo un'area spaziale adeguata all'evento. Se questo non succede, capiterà che l'allievo interpreterà una o più azioni, secondo la propria immaginazione e non secondo quanto impartito dall'istruttore, e se non corretto subito, questo fatto comporterà un disadattamento progressivo.
- dare informazioni concrete riguardo all'obiettivo. Il maestro potrebbe o non potrebbe rendere partecipe lo sportivo circa la conoscenza dell'obiettivo, nel caso non fosse partecipe però, farà diminuire l'impegno dello sportivo.
- sottolineare quello che deve essere fatto e come farlo.
Dimostrazioni e modelli, devono essere effettuate:
- prima di praticare; per aiutare l'alunno a selezionare il proprio programma motorio.
- durante la pratica; per evidenziare gli elementi importanti, favorire la presa di coscienza e correggere gli errori.
- dopo; come conclusione e riassunto della pratica, per rinforzare la condotta dell'alunno, dimostrare ciò che hanno raggiunto.

**Linee guida.**
- diminuire la tensione: oltre alle informazioni ed esplicazioni, aiutare tattilmente e propriocettivamente l'allievo in maniera che si senta in armonia con se stesso e scaricare tensione.
- concentrarsi in quello che vede o sente: aiutare l'allievo a prendere coscienza in quello che vede e sente. Aiutarlo manualmente si, ma con la partecipazione dello stesso e della classe. Non lasciare mai la classe passiva. rispetto a quanto sta svolgendo il maestro.
- stesso riferimento spaziale: il maestro farà in modo che lo stesso riferimento spaziale (spazio fisico/specchio), sia lo stesso che utilizzerà l'allievo quando praticherà da solo.

Il coaching ormai è di moda.  Non passa giorno che un sempre maggiore e variopinto settore professionale richieda il suo aiuto o consulenza.
Dopo gli imprenditori, i politici, i managers aziendali, i quadri professionali; si sono aggiunti settori come lo sportivo, l'attore, il cantante, la sani-tà, la ricerca di un impiego, il torero. Si, avete capito bene, il torero. Personalmente mai avrei pensato che un professionista come lui, avesse la necessità di farsi aiutare da un coach. Ero convinto, che il suo lavoro fosse così definitivo, chiaro, preciso, inequivocabilmente perfetto nella sua staticità formale. No, non è così. Anche il torero ha bisogno di una mano.
Ci sono imprese che offrono una via d'uscita a riorientare gli  impiegati congedati o licenziati attraverso un coach.
Politici che si servono del coach per farsi aiutare a prendere decisioni, per farsi scrivere un discorso e via dicendo.
Sportivi professionisti che dopo qualche piccolo successo, rientrano nella depressione perché non riescono a raggiungere un qualche modesto risultato, ecco allora che chiedono aiuto al coach per risollevare il morale, ottenendo buo-ni  risultati e di conseguenza migliorare anche le entrate economiche.
Il lavoro del coach, in definitiva, è aiutare il cliente, a stabilire obiettivi e a rispettarli, accompagnarlo perché arrivi più in là di dove sarebbe arrivato da solo e motivarlo perché cerchi nuovi sbocchi e ottenere quindi migliori risultati più rapidamente. Inoltre, fornisce strumenti, appoggio e struttura per conseguire gli obiettivi fissati.
UNA SESSIONE TIPO DI COACHING.
- Preparare lo scenario.
- Definire la finalità (dimensiona il fondamento dei valori, la visione e gli obiettivi).
- Raccogliere informazioni.
- Descrizione ed esplorazione dello stato attuale (conoscenza della realtà costan-te).
- Incoraggiare l'auto diagnostico.
- Chiarire mete (definire mete di processo o di disimpegno).
- Esplorare alternative, possibili soluzioni e opzioni.
- Confrontarsi col cliente con la sua zona di confort.
- Rafforzare l'impegno (sviluppo di un piano d'azione concreto).
- Definire i criteri di valutazione.
- Definire come perseguire il raggiungimento dell'obiettivo.

## GROW

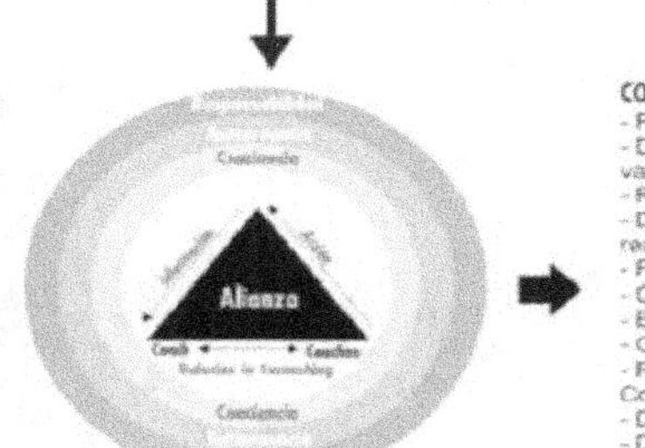


COMPONENTES DE UNA SESIÓN
- Preparar el escenario
- Definir la "finalidad" (ésta proporciona el fundamento de los valores, la visión y los objetivos)
- Reunir información
- Descripción y exploración del estado actual (conocer la realidad permanente)
- Fomentar el auto diagnóstico
- Clarificar metas (definir metas de proceso o de desempeño)
- Explorar alternativas, posibles soluciones u opciones
- Confrontar al cliente con su zona de confort
- Reforzar el compromiso (desarrollo de un "Plan de Acción Concreto")
- Definir criterios de evaluación
- Definir cómo proseguir en la consecución del objetivo

MODELO DE COACHING

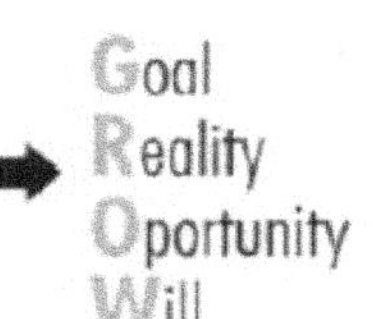

Che significa  coaching?
Disciplina di accompagnamento e guida delle persone  sino all'incontro con le proprie conoscenze, per raggiungere attraverso l'esperienza cosciente e l'azione, gli obiettivi proposti.
Attraverso il coaching, le persone possono migliorare ed essere la loro migliore versione, superando le barriere interne e sviluppare il proprio talento.

Il coaching non dice alle persone cosa fare; le aiuta a chiarire e gestire la propria
vita.
Aiuta le persone a valutare quello che stanno facendo ora, tenendo conto dei loro
obiettivi, sogni, valori e intenzioni e apre loro nuove opzioni e portandole al
cambiamento.
Il coaching aiuta la persona a superare i blocchi mentali al di là di quanto la
persona stessa pensasse fosse possibile arrivare.
Il coaching lavora come una società tra il coach e il cliente, aiuta a chiarire le
mete, rendendole più impegnative e motivanti, per raggiungere poi questi obiettivi con
l'energia che emana dai suoi valori più profondi.

Il coach è abituato a lavorare con la gente in tutti gli aspetti della vita,
per aiutarli a raggiungere le proprie mete, vivere in accordo ai propri valori ed in
particolar modo affinchè siano migliori il più possibile.
In che cosa è differente il coaching e la terapia o consulenza psicologica ?
La terapia e l'orientamento psicologico servono per rimediare ai problemi del cliente.
I clienti vanno in terapia o orientazione perchè sono scontenti della propria vita e
vogliono un aiuto ai propri sintomi psicologici e/o fisici, vogliono cioè fuggire dal
dolore o malessere. La terapia psicologica cerca di capire il passato per conoscere i
problemi avuti, per cercare quindi di migliorare il presente.
Il coaching si concentra invece, esclusivamente nel presente e nel futuro.
Un coach può lavorare con un cliente che tiene una buona vita, ma desidera che il
coach lo aiuti ad avere una vita anche migliore.
Quale è la differenza tra coaching e formazione ?
L'addestramento e la formazione, implicano il trasferimento di abilità e conoscenze al
cliente.
L'allenatore o maestro è l'esperto. In coaching, il coach non è l'esperto, il coach
non da le risposte, ma fa solo domande potenti. Il coaching esplora il presente e
disegna il futuro per il cliente che apprende il processo, ma il coach comunque non
insegna direttamente.
Perchè sta crescendo la popolarità del coaching ?
Cresce la sua popolarità generalmente perchè la gente spera adesso, poter raggiungere
e soddisfare i propri sogni, le proprie mete mentali, emozionali, finanziarie e
spirituali. Il coach aiuta la gente a raggiungere i propri obiettivi. Il coach è
qualcuno impegnato a farti raggiungere i tuoi desideri aiutandoti anche attraverso il
raggiungimento del tuo benessere.

Da dove/cosa  nasce il coaching ?
La parola, in origine venne utilizzata nello sport, per una persona che aiutava a un
atleta nel suo allenamento e raggiungimento dei risultati. Tutti gli atle-ti di alto
rendimento hanno il proprio coach personale e il proprio allenatore sportivo. Da
qui, la idea si espanse a tutti gli aspetti della vita.

L'evento che scatenò questa proliferazione, fu la pubblicazione del libro di Timothy Gallwey, "Il gioco interno del tennis". Questo libro utilizzò la idea del coaching sportivo in un modo molto ampio.
Il coaching deve conoscere qualcosa sopra la professione del cliente per poterlo aiutare ?
No. Il coach non necessita conoscere nulla rispetto alla attività o professione del cliente.
Il cliente conosce la propria attività o professione, ed il coach conosce il suo, il coaching.
Devo essere psicologo per essere un coach ?
No, il coaching è differente dalla psicologia. La psicologia è un grande studio della mente. Per essere un coach è sufficiente qualificarsi come coach, non in qualunque altra professione.
Qual è la filosofia base del coaching ?
- Tutti gli esseri umani sognano di essere soddisfatti di essi stessi e meritano la opportunità per essere i migliori possibile.
- La gente crea la esperienza della propria vita e il coach può aiutare i propri clienti a creare il tipo di vita che essi desiderano.
- La comprensione intellettuale non è sufficiente. Cambiare, significa sopratutto prendere decisioni.
- Non esiste il fallimento, se non si raggiunge quello che si desidera, si troverà qualche altro modo per raggiungerlo. Fallimento è solo un modo breve di dire che comunque non si è raggiunto ancora lo scopo.
- Tutti dispongono delle risorse che sono necessarie o si possono creare. Nessuno è impotente per questo, il cliente tiene le risposte, il coach tiene le domande.
- La funzione del coach è aumentare la quantità delle opzioni che tiene il cliente nella vita per raggiungere le proprie mete.
- Il coaching è una joint venture paritetica e sinergica.
Il coaching crea dipendenza ?
No, il coaching desidera che il cliente sia autonomo e che raggiunga quello che vuole. Coach e cliente mettono in chiaro sin dall'inizio che il cliente è il responsabile dei propri risultati del coaching. Il coaching fa che il cliente confi-di più in se stesso.
### Quando si dice COACH.
In Inghilterra, nel Sussex, c'è una scuola Shorinji-ryu Renshinkan, gestita e diretta dal Khioshi JULIA TURLEY, 6 Dan.
Questa struttura, è  composta in un numero notevole di allievi bambini, adolescenti e adulti.
Rimane  evidente che il lavoro svolto dal Khioshi Julia, è di primissima qualità, sia sotto il profilo tecnico, organizzativo, morale.
Mi scuserà Khioshi Julia, se mi permetto di osservarla come se fosse "una chioccia che guida e cura i suoi pulcini".
In agosto del 2015, ci trovavamo a Taichung (Taiwan), per partecipare al 3° Torneo Internazionale Renshinkan sull'amicizia, (si svolge ogni 5 anni).
Molti dei  26 paesi dove esiste una scuola Shorinji ryu Renshinkan, parteciparono. Io, per esempio, ho partecipato in rappresentanza della Repubblica Dominicana, provenendo appunto da questo paese.
L'equipe del Khioshi Julia, partecipò numeroso, addirittura il più numeroso di tutti gli altri: 38 partecipanti, (escludendo chiaramente Giappone, Taiwan, Corea). In totale i partecipanti erano 900.
Gli allievi del Khioshi Julia, hanno partecipato con meritocrazia sia in Kata sia in Kumite, dimostrando una preparazione solida, tecnicamente perfetta, ammirabile sotto tutti i punti di vista.
Io che sono un discreto osservatore, perchè preferisco osservare e sentire, mi sono meravigliato per questa dimostrazione di insuperabile qualità comportamentale di tutta la squadra.
Non riuscivo a capire come fosse possibile tutto ciò.
Avevo un vuoto che volevo assolutamente colmare. Con i miei 68 anni di età, e di circa 25 di attività nel Karate (discontinui), non mi rassegnavo a non conoscere quale segreto mi nascondeva la mia amica Khioshi Julia.

Fortunatamente, per caso, ho scoperto che nella sua equipe, che svolge attività di istruttore, c'è un certo Noel SILVERMAN, 3° Dan, che appunto aiuta collaborando, l'amica Julia.
Be', non ci crederete, per me è stata come una visione, il nostro Noel SILVERMAN, oltre che aiutare Julia e praticare lui stesso,  è anche COACH.

Ora ho capito quale segreto (ma poi mica tanto), mi occultava la Khioshi Julia TURLEY.
Anche il Soke Sensei IWAO TAMOTSU, fece i complimenti a Julia per la sua
partecipazione e per la qualità della tecnica dei suoi allievi.
Sono orgoglioso (leggi invidioso), di averla conosciuta e di sapere che porterà sempre
in alto la sua squadra di Shorinji Ryu Renshinkan.

**JULIA TURLEY**

**NOEL SILVERMAN**

**TOM ABBOSH**

## Marketing sportivo: concetti e chiave.

Emozione, sentimento e passione nello sport.

Occorre tener conto, quando parliamo di marketing sportivo, che ci sono alcuni concetti che emergono solamente appunto in un ambito sportivo, i principali sono: EMOZIONE, SENTIMENTO, PASSIONE.

EMOZIONE. Quando si sviluppa una campagna, una pubblicità, una ripresa televisiva, per far conoscere/propagandare un evento sportivo, la prima cosa che notiamo  è che la EMOZIONE, emerge subito nella persona interessata, qualunque sia il tipo di sport.  La emozione cioè parte da uno stato interiore di noi stessi, e fa sì che il nostro corpo produca una certa sostanza, (vedi ormoni), fornendo una risposta esteriore, complessa e difficile da controllare, e da un momento all'altro possiamo passare da uno stato di depressione, a euforia o a panico.
SENTIMENTO. E' in stretta relazione con la EMOZIONE, ma è più costante, ha una intensità moderata, che può sfociare in tristezza, allegria, timore.
PASSIONE. Questo è un elemento importantissimo, direi tipico, quando parliamo di sport. La passione è un effetto intenso, un interesse vivo, una ammirazione speciale verso quello sport per il quale stiamo vivendo una passione. Esiste una forte affinità, una inclinazione verso una persona, oggetto o situazione. Praticamente un legame che ha dei connotati quasi di carattere religioso.
Teniamo presente che questi concetti, non sono solamente vissuti da uno sportivo, ma anche, seguendo la filiera del marketing; dai fans, dai clienti, dai consumatori finali, dagli sponsor. Anche loro, vivono questo legame in sintonia col proprio essere.
E' evidente che a questo punto, il marketing sportivo, può utilizzare questo tipo di reazione, in differenti segmenti del mercato, come vedremo più avanti.  Questo insieme di reazioni, provoca nella persona una attrazione, verso un evento, una persona, un prodotto, un oggetto, una situazione.
Sarebbe interessante coniare degli slogan, come in altri sport.
A titolo di esperimenti:
La mia passione ? Karate per tutta la vita.
Dojo Karate Veneto, la mia passione.
Karate per tutta la vita ? la mia passione.
Più di uno sport, più di un intrattenimento, un amore, una passione.
Shorinji ryu Karate, la mia passione.
Karate, il mio secondo amore, la mia passione.
Il Karate, più che uno sport, è la mia passione.
Karate, per molti è una follia, per me è passione.

Per chiudere questo capitolo, possiamo affermare che: la passione è la componente chiave, che ci obbliga a fare cose eccezionali. E questo è l'obiettivo del marketing, quello cioè di far fare alla gente cose eccezionali, in maniera che decida per l'acquisizione del nostro prodotto/servizio.

## Soddisfare le necessità.

Abraham Harold Maslow (1908 - 1970), psicologo americano, studiando le necessità delle persone, è conosciuto quindi per la sua teoria sulla gerarchizzazione dei bisogni.

È noto per aver ideato una gerarchia dei bisogni umani, la cosiddetta piramide di Maslow.

Nel 1954 pubblicò "Motivazione e personalità", dove espose la teoria di una gerarchia di motivazioni che muove dalle più basse (originate da bisogni primari fisiologici) a quelle più alte (volte alla piena realizzazione del proprio potenziale umano - autorealizzazione).

Alla teoria di Maslow, relativa alla gerarchizzazione dei bisogni umani, possiamo affiancare, nella medesima gerarchia, e nei medesimi livelli, i bisogni dello sportivo, anche del Karateka.

Ma seguendo la gerarchia di Maslow, notiamo che i bisogni umani devono essere soddisfatti, ma come è possibile soddisfare una necessità, anche astratta, se non esiste ? Presto fatto, occorre crearla, e guarda caso chi la crea, il Marketing. Te la crea ad hoc, facendo leva sulla tua emozione, sentimento, passione. E per incanto, nasce la necessità. E se nasce, quindi esiste, occorre soddisfarla.

**La nascita del Marketing sportivo.**

A titolo d'esempio:
- le quattro maggiori corporazioni  dello sport americano, (NFL, NHL, MLB, NBA) muovono ogni anno qualcosa come 17 mila milioni di dollari.
- le maggiori leghe del calcio (Premier League, Bundes Liga, Liga BBVA, Serie A, Ligue 1), muovono invece 23 mila milioni di dollari.
Pensate che il PIL di Olanda, Turchia, Indonesia, Svizzera, Belgio, Svezia, Polonia, Norvegia, tutti assieme, non raggiungono 23 mila milioni di dollari.
Possiamo quindi dire che: lo sport ha finito di essere solo sport, oggi è un affare.
Sembra essere inverosimile che molte società sportive risultano essere in ottima salute sotto il profilo economico, e altre sono in cattive situazione economiche.
Esperti dicono che il motivo di queste situazioni negative, sono il risultato della mancanza di coscienza nel mondo, nell'amministrare le società sportive come un affare.
La nascita del Marketing sportivo, cavalca comunque il Marketing tradizionale.

Il concetto di Marketing sportivo è un insieme di tecniche e pratiche dirette alla commercializzazione e distribuzione di prodotti e servizi la cui finalità è soddisfare le necessita dei consumatori nel settore sportivo.
Possiamo definire anche che il Marketing sportivo è una  "Arte per convertire la passione in denaro e i fan in clienti".
Bisogna fare attenzione al fatto che inizialmente, proprio perchè il Marketing sportivo, cavalca quello tradizionale, potrebbero nascere inizialmente delle barriere, con la CONSEGUENZA di essere frustrati, per il MOTIVO che non si sono ottenuti i risultati sperati, e la CAUSA può essere l'applicazione di tecniche in maniera teorica.

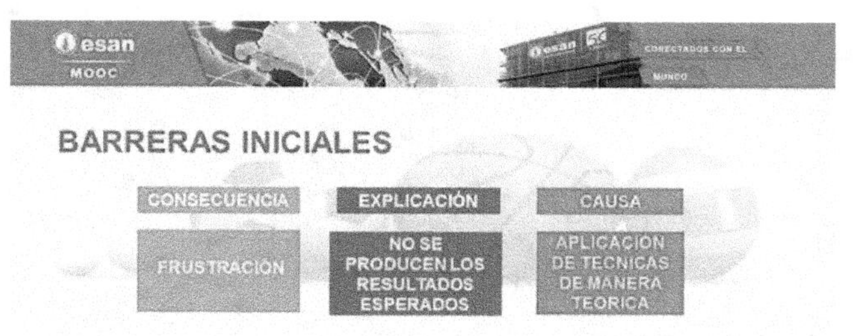


Un punto di partenza importante è se ADOTTARE le tecniche del Marketing tradizionale per promuovere il Marketing sportivo, o meglio adottare le tecni-che tradizionali per utilizzarle in altri settori, in questo caso, la maggior parte delle volte NON FUNZIONA.
Se è possibile ADATTARE le caratteristiche e le particolarità del Marketing tradizionale, comprendendo che il contesto specifico del Marketing sportivo, sono entità prestatrici di servizi, i risultati saranno soddisfacenti.
- Marketing sportivo: aspetti generali.

**UN PIANO INTEGRALE.**

Un piano integrale si basa su tre pilastri principali:
- analisi del mercato; segmentazione.
- analisi interna; forze e debolezze.
- analisi esterna/competitiva; forze e debolezze.
Il risultato di queste tre analisi, potrà creare una offerta puntuale per ciascun segmento.
L'offerta sarà relazionata poi con le quattro P; Prodotto, Prezzo, Piazza (luogo di distribuzione), Pubblicità/Promozione. A questo punto sono in grado di collocare la offerta, comunicandola alla forza di vendita.

Un'altra maniera di vedere il piano, è come un processo. Faremo cioè una analisi della visione e missione, faremo un diagnostico per valutare la situazione, produrremo un piano strategico per le strategie, azioni ed obiettivi da perseguire, faremo quindi un piano di azione, interno alla nostra organizzazio-ne ed esterno verso il mercato, e alla fine produrremo il piano di comunicazione interno per la nostra organizzazione, equipe, ed esterno alla forza di vendita, o comunque verso le strategie di comunicazione scelte.

Durante queste fasi, succederà senza alcun dubbio, che siano necessari aggiustamenti, ecco che adotteremo la RETROALIMENTAZIONE, per correggere quegli aspetti che abbiamo verificato essere deboli, tenendo quindi aggiornato al miglior livello il nostro piano visto come processo.

Potremmo adottare il PIANO DI MARKETING: DOMANDE CHIAVE.
Questo piano, funziona come una check-list, ossia delle cose che devo fare, per arrivare al compimento dei miei obiettivi.
- chi sono: missione, visione, valori, spiegazione affari.
- dove sono: valutare gli aspetti FODA, ossia analizzare i punti di Forza, Opportunità, Debolezza, Amenaza.
- dove voglio andare: definire obiettivi chiari, realizzabili, comprensibili, misurabili.
- come posso arrivarci: definizione delle quattro P; Prodotto, Prezzo, Piazza, Pubblicità.
- come posso conseguirlo: definire un piano economico dove risulti chiaramente il bilancio preventivo di spesa, e il mezzo economico utilizzato per farne fronte; finanziamento proprio, prestito personale, finanziamento bancario, leasing bancario, mutuo, ecc.
- come misuro quello che ho fatto: inventariare, classificare e analizzare i vari segmenti e valutarne gli aspetti operativi reali rispetto a quelli preventivati attraverso il piano. Questa fase, sarà molto importante per RETROALIMENTARE il piano stesso, operando tutte quelle correzioni e aggiustamenti che sono necessari per un buon esito degli obiettivi da raggiungere.

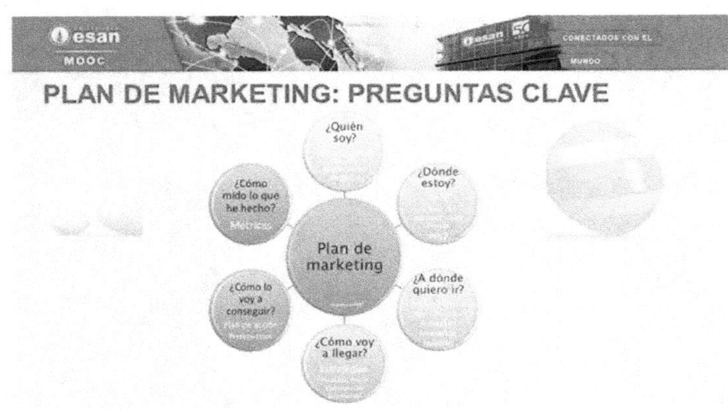


### ANALISI FODA/DAFO/DOFA.

E' una metodologia semplice e razionale, per valutare velocemente gli aspetti positivi/negativi di una qualunque questione pratica, sia essa stessa personale, aziendale, promozionale, sviluppo di una idea, ecc.
Facciamo un esempio pratico di FODA.
Vogliamo fare un viaggio. Sappiamo dove vogliamo andare. Vogliamo sondare se esiste la possibilità di fare nascere una azienda nel settore del turismo, o aprire noi stessi una agenzia turistica.
FORZA. Cominciamo a valutare i tuoi punti di forza. Sei in possesso già di un preventivo di costi per il viaggio, l'ammontare del costo lo hai già personalmente

a disposizione essendo il risultato dei tuoi risparmi. Conosci già il posto dove vuoi andare, e anche questo è un vantaggio. Sai dove andare ad alloggiare perchè conosci delle persone che ti possono aiutare. Se vuoi aprire una attività, sai già dove e con chi andare a parlare, per mettere velocemente in corsa la tua idea.
Conosci già come funziona l'attività nella località scelta.
OPPORTUNITA'. Conosci qualche linea aerea la quale pratica un prezzo più economico per il volo. La condizione climatica è favorevole per il tuo organismo.
DEBOLEZZA. Qui elenchiamo i punti che sono il contrario del punto precedente, ossia che non ti permetterebbero di realizzare la tua idea.
Non hai sufficiente capacità e conoscenza del lavoro che andresti a svolgere.
Ti accorgi di non conoscere l'idioma del paese dove vuoi andare.
AMENAZA.(minaccia/imprevisto). Sono il contrario delle OPPORTUNITA'.
Il clima, magari è umido e torrido. Il regime fiscale è  più elevato di quello del tuo paese. Gli ospedali o la sanità in generale funziona malissimo. Non esistono coperture personali per la sanità. Le banche sono a rischio. Le tarif-fe aeree sono più elevate per il viaggio che dobbiamo fare. La sicurezza è qua-si inesistente.

Nell'ambito sportivo, potremmo parlare di FORZA, se la nostra attività è supportata dai seguenti fattori:
- esperienza; la nostra attività è sul mercato da qualche tempo ed è conosciuta dalla gente.
- capacità economica; disponiamo di risorse economiche, sufficienti per far fronte alle necessità correnti della nostra attività, come cambiare una attrezzatura, acquistare un attrezzo nuovo, sviluppare una nuova idea.
- infrastruttura, installazioni; la nostra infrastruttura è sufficientemente comoda per gli utilizzatori, ed anche le apparecchiature installate sono sufficienti per l'uso e ben manutenzionate.
- processi;  nell'attività sportiva, occorre che i processi siano flessibili e facilmente adattabili a nuove esigenze del mercato.
- variabilità dell'offerta di servizi; se la mia attività è in grado di presentarsi al mercato, proponendo nuovi percorsi od offrendo nuovi servizi, messi subito in funzione dopo aver esaminato le richieste del mercato e fatte proprie.
- prezzo equo; se i prezzi praticati nella mia attività sono accessibili o in linea col mercato e rispettano le aspettative dei clienti.
 Nell'ambito sportivo, potremmo parlare di OPPORTUNITA', se:
- la mia attività svolge un lavoro per cui incrementa lo stile di vita associato al settore.
- se ho una attività in esclusiva, oppure ho possibilità di diversificazione.
- se sul mercato emerge un aumento della domanda o una domanda senza offerta, mi preoccuperò di seguire questi andamenti per approfittare della situazione e incrementare la mia attività.
Nell'ambito sportivo, potremmo parlare di DEBOLEZZA, se non possediamo:
- potere di negoziazione; se il mio potere di negoziazione è basso rispetto ai miei concorrenti, sarò penalizzato in quanto la concorrenza spunta contratti più favorevoli in termini di costi e durata.
- solvenza economica; se non ho sufficiente solvenza economica da impiegare nella mia attività, magari per far fronte ad apparecchiature più moderne e performanti, perderò sicuramente terreno nei confronti della concorrenza.
- durata dei contratti; se devo gestire contratti a breve tempo, sarò maggiormente penalizzato sia in termini economici che gestionali, in quanto non ho sufficiente tempo per poter affrontare cambiamenti nell'attività che ritengo indispensabili. Se gestisco contratti a medio/lungo tempo, ho anche la possibilità di riflettere con calma sugli aspetti tecnico-operativi che la mia attività richiede per rimanere sul mercato e anzi migliorare costantemente.

- conoscenza del settore; se la mia nuova attività richiede una esperienza/conoscenza
del settore che ancora non ho, sicuramente sto facendo un errore grossolano di
valutazione. In un lavoro non si può/deve improvvisare, o lo conosco, o lo apprendo
(magari facendomi aiutare inizialmente), o lascio perdere.
Nell'ambito sportivo, potremmo parlare di AMENAZA , se:
- non dispongo di luoghi/posizioni durante le manifestazioni, adatti per la
distribuzione o presentazione  dei miei prodotti/servizi, oppure ancora non mi rivolgo
agli utenti coi mezzi ormai abitudinari, quali internet, amazon ecc.
- crisi economica, che potrebbe far risultare vani tutti i miei tentativi di superare
le difficoltà.
- cambio di tecnologia; se i miei prodotti attuali sono fabbricati/distribuiti con
tecnologia superata, devo pensare a nuovi prodotti sostitutivi per non perdere il
mercato acquisito.

## SEGMENTAZIONE.

Possiamo definire la segmentazione come una rilevazione di gruppi di consumatori,
con caratteristiche similari e omogenee come percezione, valorizzazione, comportamento
nell'acquisto (impulsiva/ragionata).
Potremmo poi analizzare variabili:
- socio-economiche come l'età, sesso, classe sociale, occupazione.
- relazionate col prodotto come lealtà verso il prodotto/servizio, benefici ottenuti
col prodotto/servizio.
- geografiche come clima, regione, densità del mercato.
- psicografiche come personalità, stilo di vita, motivazioni, interessi.
La rilevazione della segmentazione assume molta importanza in quanto, con essa o da
essa, potrai stabilire piani di marketing sia in fase di entrata sul mercato da parte
tua, sia per valutare, dopo la tua entrata come si muove il mercato nei tuoi
confronti, dandoti quei segnali per aggiornare o modificare la tua politica di
vendita.

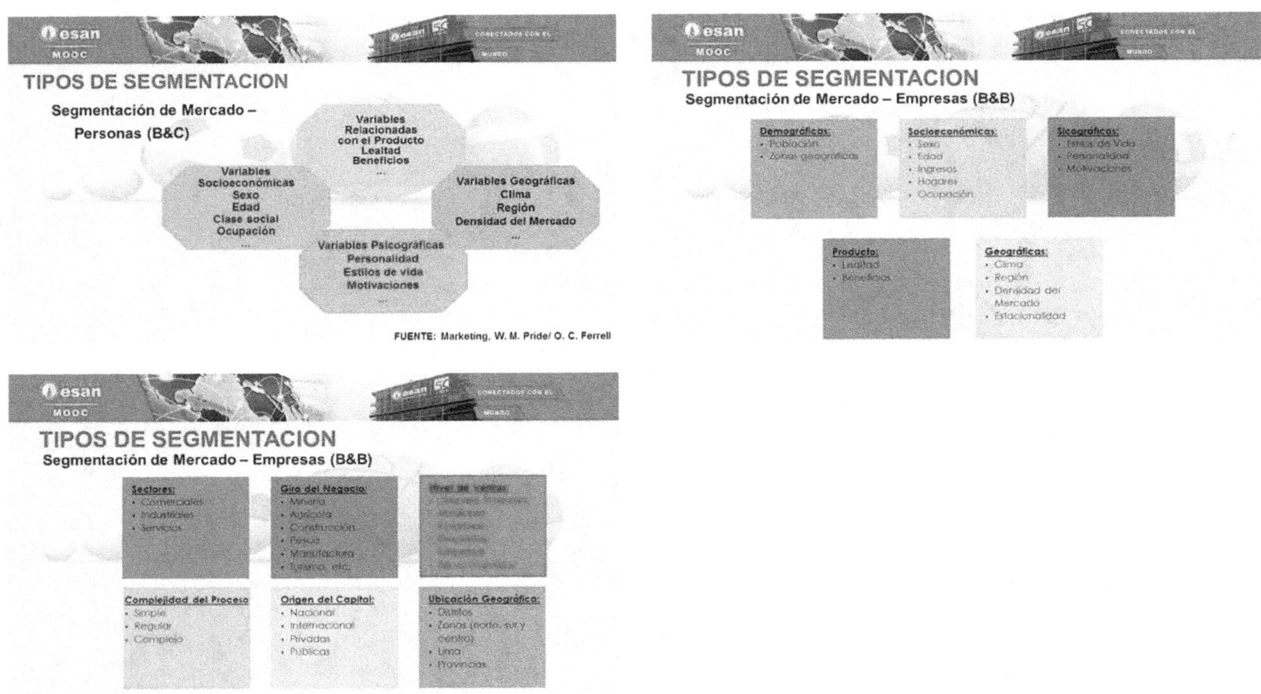

## IL PRODOTTO/SERVIZIO SPORTIVO.

I consumatori sportivi, si possono dividere in:
- partecipanti primari; i praticanti, (quelli che realizzano lo sport).
- partecipanti secondari; direttori, allenatori, maestri. ecc.
- partecipanti terziari; giornalisti, patrocinatori, ecc.
- spettatori primari; quelli che presenziano l'evento in diretta.
- spettatori secondari; quelli che presenziano all'evento tramite i media di
comunicazione.

- spettatori terziari; indiretti, quelli che utilizzano l'accesso all'evento tramite altre persone oppure acquisiscono un prodotto multimediale relazionato all'evento.
Cosa può fare il Marketing sportivo in questo contesto:
- promuovere e commercializzare un prodotto/servizio ai consumatori dello sport.
- commercializzare utilizzando lo sport come medio di promozione per prodotti/servizi di altri settori, non necessariamente quindi dello stesso sport praticato, (esempio prodotti di bellezza).
- mi servirò magari di una immagine di uno sportivo, dell'evento stesso, da utilizzare per la propaganda di marketing.
Chiave per la creazione di prodotti sportivi.
Occorre necessariamente porsi qualche domanda prima di creare un prodotto, altrimenti è poco probabile che il mio prodotto possa essere recepito dal mercato.
Cosa chiedono i clienti ? Conoscere la domanda. Una volta conosciuta la domanda, potrò sviluppare quelle sinergie onde produrre il mio prodotto/servizio che soddisfi la domanda e fare in modo che il mercato capti la sua disponibilità, per poi acquistarlo.
Cosa facciamo ? Conoscere il prodotto/servizio. Devo fare una analisi, anche critica, per poter conoscere il mio prodotto/servizio, per essere certo che sia quello che il mercato chiede.
Posso offrirlo ? Essere certo di avere la capacità di produrre il mio prodotto/servizio.
Sarà redditizio ? Devo essere certo che la vendita del mio prodotto/servizio sia redditizio economicamente, che mi dia cioè la possibilità di ottenere un reddito dalla sua vendita.
Dobbiamo essere riflessivi in queste affermazioni, essere sinceri e onesti con noi stessi, d'accordo che vogliamo produrre il prodotto/servizio che tanto ci piace, ma siamo sicuri di come reagirà il mercato ? Siamo certi di saperlo creare a dovere ? Possiamo far conto sulle risorse economiche iniziali per far fronte alle prime necessità di sviluppo, produzione, vendita e distribuzione ? Se sbagliamo in queste valutazioni, ce ne pentiremo amaramente.
Durante questa fase posso permettermi ancora di subire una sconfitta, morale, ma devo essere pronto a rialzarmi, correggere il correggibile per far fronte agli impegni che voglio assumermi.
Ricorda allora di utilizzare al meglio le quattro C (CONOSCERE):
- Conoscere la domanda.
- Conoscere il nostro prodotto/servizio.
- Conoscere se teniamo la capacità di offrirlo/produrlo.
- Conoscere se genera reddito.

Esempi di servizi sportivi.
Anche se la lista è molto ampia, vediamo alcuni esempi di servizi sportivi:
- Spettacolo sportivo; organizzazione di campionati e attività sportive.
- Turismo; programmazione di attività sportiva turistica, sport d'avventura, vela, canoa ecc.
- Ricreazione e ozio; attività sportive di sport per tutti.
- Educazione; scuola sportiva, di arti marziali, programmi per centri educativi.
- Salute; programmi di prevenzione e riabilitazione.
- Formazione; accademia di formazione sportiva.
- Attività fisica; gimnasio, centro sportivo.
- Consulenza; consulenza sportiva, informazione sportiva, programmazione eventi.
- Pubblicità; patrocinio, immagine, campagna.
- Equipaggiamento; commercializzazione di materiale, abbigliamento e accessorio sportivo.

- Installazioni: gestione installazioni sportive.
- Comunicazioni; comunity manager sportivo.
- Cultura fisica; complementi nutrizionali, vitamine, ecc.
- Servizi di informazione; webs, blogs, fotografia sportiva, ripresa sportiva.
- Agente sportivo; consigli allo sportivo.

## Patrocinio e sponsor nello sport.

Elementi del patrocinio sportivo.
Da un lato abbiamo il Patrocinatore, che può apportare denaro o altro, dall'altro lato abbiamo il Patrocinato, che a sua volta apporta impegno, organizzazione, evento.
Assieme mirano a raggiungere un obiettivo comune:
- Patrocinatore ha come obiettivo principale vendere i suoi prodotti.
- Patrocinato invece desidera raggiungere i propri obiettivi, far progredire la propria attività, farsi una immagine sul mercato, ottenere consensi e gratificazioni dai propri clienti o fan, ottenere dei benefici economici, ed utilizzare la propria attività per vendere prodotti del patrocinatore.

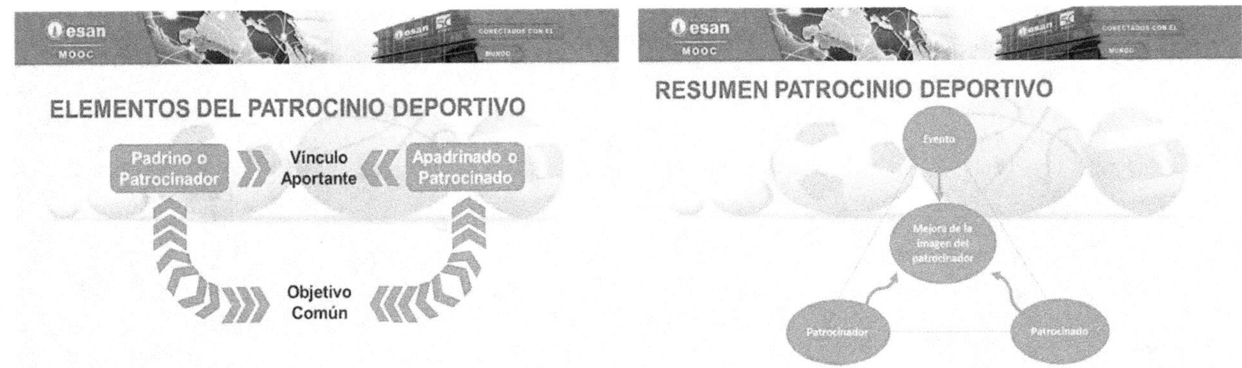


Tipi di patrocinio sportivo:
- di notorietà; cercare di raggiungere il maggior numero di persone possibile del gruppo obiettivo, per generare il ricordo sul nome del prodotto.
- di immagine; organizzare per far nascere l'associazione dell'evento patrocinato, con il patrocinatore.
- di credibilità; si patrocina l'evento e si apporta anche la logistica necessaria per il suo sviluppo, (dell'evento), esponendo quindi il prodotto, ricercando la maggiore credibilità/visibilità possibile.
- aperto e decentralizzato; il patrocinatore principale con apporto e con patrocinio multiplo. In questo caso potremmo avere pubblicità del nome, pubblicità evidenziata su delle t-shirts, in tabelloni nell'area dell'evento,  in buoni spesa. Si cercano cioè patrocinatori accompagnanti con apporto economico
che acquisiscono pacchetti speciali.
- centralizzato; per questo tipo di patrocinatore principale, l'apporto è centrato sugli indumenti della equipe, vendita di diritti commerciali e di pubblicità statica.
- orizzontale; si basa generalmente in strategie di comunicazione ed esecuzione congiunta, per identificare le necessità dei segmenti di consumo dell'obiettivo di mercato. Questa messa a punto strategica, è fatta in congiunzione appunto tra Patrocinatore e Patrocinato.

Occorrerà predisporre anche, metodi per la misurazione e quantificazione degli obiettivi, come ad esempio:
- livelli di vendita.
- impatto con il nome del prodotto.
- comportamento del consumatore.
- ecc.ecc.
Queste misurazioni, saranno poi analizzate congiuntamente col patrocinatore, il quale si sentirà giustamente orglioso dei risultati, e vi ringrazierà rimanendo per lungo tempo il vostro patrocinatore.
Criteri importanti per il patrocinio di un evento:
- sforzo di marketing.
- propaganda ed esposizione nel luogo dell'evento.
- copertura dei media di comunicazione. (in quali orari, in quali giorni, ecc.ecc).
- ricordate che è meglio convincere un patrocinatore esistente, a supportare un evento imminente, che sostituirne uno deluso.
- non promettere quello che non si può offrire.

- informare regolarmente il patrocinatore sull'evento patrocinato.
- prestare massima attenzione ai requisiti del patrocinatore.
- facilitare l'accesso all'evento da parte del patrocinatore, per farlo sentire comodo, importante, deve avere l'impressione che l'evento è realmente suo. Ve ne sarà grato.
- in relazione al punto precedente, fate in modo tale che disponga di una posizione privilegiata nell'assistere, (accedere) all'evento. Deve sentirsi orgoglioso di patrocinare il vostro evento.
- per ultimo fate sì che sia protetta la sua persona, la sua incolumità, che possa sentirsi, in parole povere, come se fosse in casa sua.
- predisporre e favorire contatti per il patrocinatore, con elementi attivi dell'evento, sportivi di alto rango, direttori tecnici ecc.ecc. si sentirà ancora più orgoglioso.
- è importante che il patrocinatore sia informato in modo immediato e senza scuse, sugli eventi della manifestazione, siano essi positivi che negativi. Deve essere informato per primo.
- la ciliegia sulla torta poi, riuscirete a dargliela, qualora durante l'evento, farete il nome del vostro patrocinatore, magari dandogli l'opportunità di parlare al pubblico presente.
- fate sentire importante il vostro patrocinatore, in fin dei conti, è quello che lui cerca.
- cercare di propiziare che il patrocinatore ritorni per patrocinare una vostra futura attività.

## Pubblicità sportiva.

Il processo della pubblicità sportiva.
La nostra attività sportiva, dovrà utilizzare uno strumento per creare un piano dei media di comunicazione. Il piano deve tener conto delle caratteristiche del messaggio relativo al prodotto/servizio da associare/relazionare con il messaggio stesso, identificando poi il cliente/consumatore in termini di segmento per ricordare quali sono i valori del prodotto/servizio che il cliente apprezza, per creare/risvegliare una necessità, per attitudine di acquisto.
Il nostro piano non potrà prescindere da questi risultati.
Tipi e tappe della pubblicità sportiva.
I tipi di pubblicità sportiva sono due:
- pubblicità di aziende ed eventi sportivi. (es. l'azienda sviluppa/organizza l'evento).
- pubblicità di nomi, prodotti e servizi, attraverso entità ed eventi del settore sportivo.
Tappe della pubblicità sportiva.
Vediamo quali sono le tappe principali:
- identificare il mercato obiettivo per il mio prodotto/servizio.
- chiarire le differenze chiave, ossia le caratteristiche e benefici del mio prodotto/servizio, in modo tale da provocare sensazione e quindi focalizzare attenzione.
- determinare il mix della pubblicità; Prezzo, Prodotto, Piazza, Promozione.
- sviluppare un piano di implementazione della pubblicità, per decidere quando lo dovrò fare, come lo dovrò fare.

## Marketing digitale sportivo.

Come potremmo definire il Marketing digitale sportivo ?
"Il Marketing digitale sportivo, è marketing sportivo, solo che è digitale".

Ricordiamo che il Marketing sportivo, è il Marketing d'affari, adattato al Marketing
sportivo.
Occorre adeguare l'analisi del Marketing sportivo, per adeguarlo poi agli strumenti
digitali e quindi al Marketing digitale sportivo.
Dobbiamo allora studiare una gerarchia delle necessità, un approccio digitale dei
concetti chiave, (emozione, sentimento, passione), adattare il piano di Marketing
sportivo al piano di Marketing digitale sportivo.
Riprendere ed adattare l'analisi FODA in relazione agli aspetti digitali.
Segmentazione, per conoscere tra l'altro il tipo di cliente ricettivo del messaggio
digitale.
Analizzare se il Marketing digitale sportivo che vogliamo applicare, potrà dare o
non dare, maggiore visibilità e prospettive di maggiori vendite, relativamente ai
prodotti/servizi del patrocinatore.
"Col marketing digitale sportivo, cambia il mezzo (tecnologico), della pubblicità,
ma la tecnica e la strategia sono le stesse".
"L'ambiente digitale permette una maggiore prossimità/vicinanza coi nostri clienti, in
quanto costruendo una relazione possiamo soddisfare necessità molto oltre quella della
normale vendita del prodotto/servizio che mettiamo in vendita".
Come ben sappiamo, il mezzo ci consente di operare 24 ore al giorno, 7 giorni alla
settimana, per poter ricevere/trasmettere informazioni ai nostri clienti,
o meglio, ai nostri potenziali clienti, che speriamo diventino clienti a tutti gli
effetti.
Gerarchia delle necessità e la strategia digitale.
La gerarchia delle necessità è la stessa che abbiamo visto in precedenza.
Ad un livello troviamo le necessità BASICA, e sopra abbiamo le necessità SUPERIORI.
Al lato necessità SPORTIVA, è possibile con tutte le aziende ormai riconosciute, solo
a titolo di esempio; GOOGLE, YOUTUBE, FACEBOOK, TWITTER, ecc.; soddisfare tutte le
esigenze di tutti i livelli della piramide della gerarchia, ottenendo/selezionando i
dati raccolti.

## Sviluppo del Marketing sportivo in internet.

Se disponi di un sito web tuo, ottimizzalo per poter renderlo più attrattivo,
ai visitatori che andrai a proporti.
Se non disponi di un sito web, devi considerare la decisione di creare un sito web tuo
o quantomeno utilizzare gli strumenti anche di terzi, attraverso i quali tu possa
comportarti come se il sito web fosse tuo.
Creare in maniera sostenuta e permanente contenuti attrattivi per il segmento
di mercato al quale ti stai orientando, che rinforzi il messaggio della nostra
attività, che rinforzi la proposta del nostro servizio, la qualità del nostro
prodotto/servizio, imprimendo al visitatore un forte grado di interesse, in
modo che da semplice visitatore, si trasformi in potenziale cliente, per divenire
prossimamente cliente effettivo.
Sviluppare un grado di socializzazione attraverso i mezzi tecnologici, in maniera
che sia tu che il visitatore, possiate interagire nella comunicazione, nei due sensi,
sempre e comunque.
Devi tenere conto che un grande volume di comunicazioni, può mandare in tilt la tua
struttura, o peggio ancora, se ti lasci sopraffare dai volumi, molto probabilmente non
riuscirai a rispondere tempestivamente e adeguatamente alle richieste, così facendo ti
creeresti grossi problemi, oltre a dare l'impressio-ne negativa della tua attività.
Convertire i tuoi visitatori in potenziali clienti. Un visitatore esplorerà il tuo
sito, ti farà domande, ti chiederà documentazione ecc.ecc., tu dovrai rispondere
velocemente, adeguatamente, rispettando al meglio le richieste specifiche del
visitatore. Solo così potrai invogliarlo a diventare un potenziale cliente, e
successivamente, come tra l'altro risulterà dal piano di Marketing, far tramutare il
potenziale in cliente effettivo.
Una volta che un cliente è effettivo, quindi ha acquistato il tuo prodotto/servizio,
dovrai senza alcun dubbio renderti disponibile per la attività di post-vendita, perchè
il tuo cliente potrebbe avere bisogno di chiarimenti, delucidazioni, consigli per
utilizzare il tuo prodotto/servizio. Ricordati di non ignorare questo aspetto,
il cliente deve sentirsi seguito anche dopo la vendita, solamente così riacquisterà
nuovamente e tu potrai fare leva su passa-parola, in quanto il cliente parlerà bene di
te ad altri, e il giro si amplierà.
Per ultimo, rammenta di analizzare, retro alimentare, per migliorare continuamente
le fasi del tuo progetto che lo necessitano.

<u>**CAPITOLO 950. ORA PARLIAMO DI NOI.**</u>

<u>**Nota dell'autore.**</u>
Gentile lettore, dopo il mio primo libro sul KARATE, dal titolo MANUALE ISTRUTTORE KARATE, dove appunto parlo di Karate Shorinji Ryu Renshinkan, ho deciso di scrivere questo secondo volume, per aggiungere secondo me, interessanti capitoli riguardanti:

1 - Psicologia e ipnotecnica nello sport.
2 - Sport, crescita personale, salute, nelle arti marziali.
3 - Coaching sportivo, una nuova era, un nuovo alleato.
4 - Marketing nello sport: il Karate.
5 - ORA PARLIAMO DI NOI: Imprenditore di te stesso nel Karate.

Come ben sai, di libri sul Karate ne sono stati scritti migliaia, tutti con valutazioni personali su uno stile piuttosto che in un altro, su una tecnica piuttosto che un'altra, su un kata migliore piuttosto che un altro e così dicendo, e tutti sono o si sentono specializzati o addirittura depositari di qualche tecnica pseudo segreta ancora nascosta ai più.

Non ho mai trovato sino ad ora, un libro che parlasse di Karate ma soprattutto della persona che lo pratica o lo ha praticato con dedizione e sofferenza, che potrebbe in futuro diventare esso stesso maestro, e in conseguenza di ciò, crearsi una attività, non a tempo perso come molti o quasi tutti, ma una attività che piaccia, che dia dei risultati moralmente validi, che possa contare su entrate economiche soddisfacenti, alla stregua di un normale e onesto lavoro d'ufficio o in fabbrica o in una azienda di servizi.

Ecco il motivo per cui mi sono deciso a scrivere questo secondo volume, per darti la possibilità di valutare serenamente, seriamente e con cognizione di causa, di sposare questa attività nel tuo futuro, fornendoti quelle informazioni che ritengo necessarie, che troverai nei 5 punti sopra citati.

**mail: clubkaratedom@gmail.com**

Caro Lettore, sei arrivato alla fine del libro e spero che non ti sia annoiato.

Ho voluto creare quest'angolo di riflessione, per chiarire assieme a te,  tutte le
argomentazioni per tutti i punti del libro.

Lo faccio perché credo nel Karate, ma credo anche nell'uomo che migliora se stesso,
per il proprio benessere e per quello dei suoi cari.
Ecco perché in questo libro, oltre al Karate, ho scritto argomenti relativi ad altre
discipline, per meglio farti comprendere le possibilità di fare di te stesso un
imprenditore, abbracciando esperienze su tematiche con le quali potrai decidere di
fare questa attività a tempo pieno.
Ti avviso subito che gli argomenti/valutazioni/pensieri che ti proporrò, non sono
in nessuna sequenza, mi limito a proporteli in ordine sparso, ma ho fatto particolare
attenzione per renderteli chiari e darti la possibilità di comprenderli e farli
propri.

## KARATE:

Gli stili di Karate, quelli riconosciuti nel Mondo e attivi, sono 19, vediamoli;
- ASHIHARA
- CHITO-RYU
- ENSHIN
- GENSEI-RYU
- GOJU-RYU
- ISSHIN-RYU
- KYOKUSHIN
- RYU TE
- SEIDO
- SHORIN-RYU
- SHORINJI-RYU
- SHITO-RYU
- SHOTOKAI
- SHOTOKAN
- SHUDOKAN
- UECHI-RYU
- WADO-RYU
- YOSHUKAI
- SHURI-RYU

a prescindere dai loro nomi, in tutti gli stili il Mae-geri si chiama Mae-geri, il
Giako-tsuki si chiama Giako-tsuki, e così di seguito.
Non esiste secondo me uno stile migliore dell'altro, perché ciascuno ha delle sue
proprie particolarità, che lo renderebbero unico, ma manca di altre peculiarità che
hanno altri stili, in conseguenza di ciò tutti gli stili si rendono praticabili, ma
non in maniera esclusiva.
In ogni caso, l'aspetto Marziale non si tocca, va benissimo così.
La accetto e la confermo. Migliaia di anni di concentrazione e studio, vanno
salvaguardati per l'umanità.

Da noi, è abbastanza raro che un maestro di Karate, svolga la sua attività a tempo
pieno. Non è abbastanza remunerativo per contare su questo lavoro per il proprio
futuro.

Circa 35 anni fa, durante una sessione di esami, il mio maestro di allora, mi chiese
di aiutarlo nel sottoporre agli esami gli allievi che ne avevano diritto, e mi disse
anche di dirgli quel che pensavo, alla fine del test di ciascun allievo.
Cominciammo. Dopo il primo allievo, gli chiesi che secondo me era meglio correggere
una posizione del kata eseguito. Mi rispose dicendomi che non era da correggere, in
quanto l'allievo dava una sua interpretazione al movimento in questione, quindi era
tutto ok. Dopo il secondo, gli dissi che la velocità del kata era troppo elevata,
dando l'impressione che non ci fosse stacco alcuno tra una serie di movimenti e i
successivi, per cui la bellezza del kata stesso ne soffriva. Mi rispose che era tutto
a posto, che l'allievo, molto probabilmente, si sarebbe corretto in futuro.
Così successe per svariate volte, io chiedevo, lui mi rispondeva, facendomi capire che
ero ancora troppo acerbo per valutare. Ma io ero contento, quella esperienza mi
serviva e mi gratificava. Venne però il momento che, di fronte all'esecuzione di un

allievo, e alla sua successiva promozione, gli dissi, Maestro, questo per me non era
da promuovere, non sapeva poco o niente ed eseguiva i movimenti in modo sgraziato. Mi
rispose, hai ragione tu stavolta, non ho niente da dirti, solamente ti devo far capire
che, se boccio questo e qualcun altro, dopo 6 mesi non avrò nessun allievo che
frequenti la mia palestra.

Ebbene, questa semplice frase mi aveva fatto riflettere, occorreva scendere a
compromessi con se stessi.
Riflettendo mi posi questa domanda: tu sei disposto a scendere a compromessi ?
Per me, purtroppo la risposta era NO.

A te dico, istruisci bene i tuoi allievi, fanne dei veri atleti, in maniera tale che
tu non abbia mai a dover promuovere ingiustamente un allievo, ma se anche lo dovessi
fare, puoi consolarti per aver insegnato con anima, cuore e passione, ed essere quindi
in pace con la tua coscienza anche se hai dovuto scendere a compromessi con te stesso,
per ben altri motivi, non certo marziali.

Diversifica.

Partecipa a tornei, ma non sempre a quelli sotto casa, all'estero ci sono esempi
di serietà e competenza fuori del comune. Scegli qualche volta tornei OPEN, in questi
sei costretto a metterti in discussione, ma l'esperienza che ne ricavi è
impagabile.
Io ad esempio, partecipo quasi esclusivamente a tornei OPEN, per il fatto che il
mio stile, Shorinji-Ryu, numericamente non è molto praticato, il problema è che
recandomi in Canada, Italia, Polonia, Panama e in altri paesi, purtroppo il team
arbitrale, non conosce sufficientemente o per nulla, il mio stile, di conseguenza,
per i kata, sei molto svantaggiato, ma l'importante è partecipare, se poi arriva anche
qualche medaglia, ben venga, non sono come quelli che dicono che le medaglie
non lo interessano, a me piacciono e mi gratificano.
Nell'ultimo torneo al quale ho partecipato, in ottobre 2016, il 10° TORNEO POLISH
OPEN INTERNATIONAL di KARATE, in Polonia, hanno partecipato 1.200 atleti, provenienti
da tutta Europa, io ero quello che arrivava da più lontano di tutti (Republica
Dominicana). L'organizzatore mi ha fatto i complimenti che sono stati
ben accettati. Parteciperò anche al prossimo evento in ottobre 2017, sempre a Bielsko-
Biala, in Polonia.
E' stato classificato come il secondo evento più importante di tutta Europa, anche per
il numero dei partecipanti.

Per il Karate puoi organizzare seminari, convegni e tornei.
Per esempio, sul sito: www.sportdata.org/karate/
puoi inserire i seminari, convegni, tornei che hai organizzato. Questo sito, secondo
me il più importante attualmente, è seguito da moltissimi atleti e appassionati
di karate, arriva in tutti i paesi del mondo.
Lo puoi utilizzare in forma gratuita per propagandare il tuo evento, oppure
acquistando il prodotto (circa 300 Euro), lo puoi utilizzare per le iscrizioni, i
pagamenti e tutte le informazioni che vuoi mettere a disposizione del pubblico
Karatechista. Dagli un'occhiata se ancora non lo conosci.
Per i tornei, ti dirò, occorre fare attenzione a chi li organizza, chiedere
informazioni, perché anche in questo caso si possono incontrare bufale, che si
traducono in disaffezione.

Per esempio, organizza un torneo in zone di villeggiatura, in modo che la famiglia,
mamma e papà, dovendo fare le ferie, approfitterebbero della occasione per far
partecipare il figlio/figlia ad un torneo, in una zona appetibile, in modo che possano
sfruttare il torneo per farsi una bella vacanza.
In questo caso, posso aiutarti ad organizzarlo qui in Repubblica Dominicana.
Intanto, se queste idee e le altre che seguiranno, ti piacciono, mandami una mail
al mio indirizzo, mi darai la possibilità di conoscerti e di organizzarmi in modo
che assieme a te e ad altri che si aggiungeranno, formare un gruppo di lavoro e
interessi comuni, lontani da organizzazioni e pseudo tali, che non guardano certo
l'interesse o ai problemi del singolo.
Il Karate da solo non basta.
Fai una piccola esperienza col Taekwondo, e Muay Thai, queste arti marziali da
combattimento a contatto pieno, ultimamente stanno progredendo notevolmente.

Inizialmente fatti aiutare da un Taekwondista, MuayThaista,  ed allarga le possibilità
di iscrizione per la tua palestra.

Prova qualche lezione di Tai Chi Chuan. Proponi al Comune del tuo paese/città di
somministrare col loro patrocinio, sessioni di Tai Chi Chuan per gli anziani. Questa
tecnica è famosa per essere praticata dagli anziani ed ha, tra gli altri, il vantaggio
di rendere gli anziani molto più sicuri e refrattari al pericolo di cadute
nonostante la loro età. Inizialmente puoi farti aiutare da qualcuno pratico, poi
potrai farcela da solo.

Va di moda e prende sempre più piede, il Fitness, la pesistica e la cura del corpo
in generale, ti propongo uno slogan e fallo proprio:

<u>Se non vuoi ammalarti, deprimerti, soffrire, da ROBERTO GYM devi venire.</u>
<u>Da ROBERTO GYM troverai quello di cui hai bisogno: MUOVERTI.</u>

Dovresti quindi conoscere questi ambienti, sondarli, e vedere se puoi inserirli
nella tua attività.

Costruisciti dei supporti da mettere a terra, a mò di barriera, nella tua palestra,
sui quali metterai dei pannelli/cartoncini pubblicitari, reclamizzando prodotti/
servizi dei tuoi sponsor, in maniera tale che i tuoi allievi, visitatori, anziani del
Tai Chi Chuan, li possano vedere.

Contatta il tuo supermercato, proponendogli di sponsorizzarti, tu offrigli uno o più
cartelli pubblicitari, per fare pubblicità alla sua attività.
Proponigli pure di fare pubblicità sempre sui tuoi cartelli, per un prodotto, tipo
acqua YYY che lui vende, dicendogli che farai in modo di pubblicizzare il prodotto con
una foto ed uno slogan: ACQUA YYY, l'acqua dello SPORTIVO. Quando nel prossimo torneo
un tuo allievo vince una medaglia d'oro, potrai fargli una bella foto con una
bottiglietta di acqua YYY, e scriverci: YYY, l'acqua dei CAMPIONI.
(e nessuno avrà nulla da obiettare).
A questo punto, suggeriscigli di parlare lui stesso col suo fornitore di acqua YYY,
per chiedere un contributo per attività di promozione o inserimento. Questo tipo di
operazioni sono normali nel settore della media/grande distribuzione.
Così facendo, tu trovi uno sponsor, e fai in maniera tale, che al tuo sponsor ritorni
oltre che un risultato pubblicitario, anche un ritorno economico, praticamente la sua
sponsorizzazione non gli costerebbe quasi nulla.

Non sto qui a dirti che lo slogan YYY, l'acqua dei campioni, potrà essere sviluppato
come XXX, il karate-gi dei campioni, XXX la scarpa dei campioni, XXX la cintura dei
campioni, XXX la merenda dei campioni, XXX la bibita dei campioni , vedi un po' tu.
Questa trafila, dovresti farla con tutti i prodotti/servizi che ti circondano,
parlandone magari anche a qualche genitore che tu sai disponibile ad aiutarti.

Abbiamo visto, per accenni, quello che può fare la Psicologia dello Sport, lo Sport
per la crescita personale salute, Coaching per lo Sport, il Marketing per lo Sport.

Visto che il Psicologo, fa il Psicologo, che il Coach fa il Coach in maniera
psicologica, che il Marketing si orienta alla gente in modo psicologico, tu insegni
il Karate utilizzando e trasmettendo psicologicamente le tue informazioni.

Informati, conosci, valuta: laurea triennale in PSICOLOGIA ARTE MOTORIA E SPORTIVA.
<u>Università degli Studi eCampus - Via Isimbardi 10 - 22060 Novedrate (CO)</u> -
C.F.90027520130 - Tel: 031/7942500-7942505 - Fax: 031/7942230
eMail: <u>info@uniecampus.it</u>

Al termine del percorso di studi lo studente consegue il titolo di Laurea in Scienze
delle attività motorie e sportive. Il titolo conseguito appartiene al primo ciclo
della formazione universitaria, ha valore legale e consente la qualificazione di
dottore.
I principali sbocchi professionali della Laurea di I livello in Scienze delle attività
motorie e sportive, sono rappresentati dalla attività professionale in ambito motorio
e sportivo in organizzazioni ed associazioni di ordine sportivo, ricreativo,
scolastico e sociale, pubbliche e private, con particolare riferimento a: Educatore
motorio nell'attività finalizzata al mantenimento e al recupero funzionale della

persona, laddove abbia perso l'integrità organica e/o funzionale Mediatore nella prevenzione dei rischi per la salute Consulente ed operatore in società sportive, palestre, scuole, centri sportivi pubblici e privati Preparatore fisico esperto nella programmazione dell'attività motoria e dell'allenamento.
Può essere svolta anche ON-LINE, ti consentirebbe di:
- risolvere i problemi dovuti ai Permessi relativi alla gestione di una Palestra.
- risolvere i problemi relativi a insegnamenti di educazione fisica o arte motoria.
  (vedi Karate, Taekwondo, Muay Thai, Tai chi Chuan).
- risolvere i problemi relativi a insegnamenti di Fitness aerobica e altro.

Ti metterebbe al riparo da tutti i problemi che la burocrazia ti impone.

Ora anche tu puoi diventare Psicologo e fare il Psicologo, il Coach, fare Marketing e chi più ne ha più ne metta.

Volevo parlarti di qualche esercizio, che nell'ambito del Karate ti propongo, che potrai modificare a tuo piacimento.

Come dicevo prima, salvaguardando l'aspetto Marziale del Karate, questi esercizi di cui ti parlerò, VANNO eseguiti a latere della lezione di Karate.
Ti consiglio di farli fare prima del saluto o dopo il saluto. Non mischiarli, anche se non sarebbe una follia, ma così facendo siamo più liberi a modificarli, variarli aggiungerne altri ecc.

La parola giapponese TESUTO, significa prova, esame., la parola HAYASA, significa velocità, rapidità.
L'esercizio che ti propongo, vuole arrivare a rendere automatizzato, ma in maniera molto veloce, e CASUALE, l'esecuzione di alcuni colpi/parate di Karate. Questo dovrebbe soprattutto aiutare e abituare l'allievo ad eseguire meccanicamente i movimenti proposti, senza pensare a formare/cercare il movimento nel suo cervello.
Questo è il senso col quale ho concepito questo esercizio.
Questo qui sotto, è l'esercizio numero 1, ma, in base alla tua esperienza, puoi:
- proseguire creando altri esercizi progressivamente, numeri 2,3,4 ecc.
- allungare i movimenti dell'esercizio 1, aggiungendo i movimenti che ritieni opportuni e utili con la tua esperienza.

<u>**TESUTO HAYASA 1. (prove di velocità).**</u>

Mettersi in guardia con la gamba sinistra avanti, in ZENKUTSU DACHI/KOKUTSU DACHI.
Eseguire per 5 volte, graduando la velocità progressivamente. (aumentandola).

1 - eseguire kizami tsuki e ritornare in guardia.
2 - eseguire oi tsuki chudan e ritornare in guardia.
3 - eseguire giako tsuki chudan e ritornare in guardia.
4 - eseguire mae geri chudan e ritornare in guardia.
5 - eseguire mawashi geri chudan e ritornare in guardia.
6 - eseguire yoko geri chudan e ritornare in guardia.

Mettersi in guardia con la gamba destra avanti, in ZENKUTSU DACHI/KOKUTSU DACHI.
Eseguire per 5 volte, graduando la velocità progressivamente. (aumentandola).
Ripetere i punti dal 1 al 6.

Dopo 1 mese di addestramento, il maestro vi inviterà anche ad effettuare questa
manovra.

Al comando:  TESUTO HAYASA 1, vi metterete in guardia con la gamba sinistra avanti
in ZENKUTSU DACHI/KOKUTSU DACHI.

A questo punto il maestro pronuncerà dei numeri da 1 a 6, corrispondenti alle fasi
eseguite durante l'addestramento, ma non saranno ordinali, ma bensì a caso. (esempio:5
1 4 2 5 2 5 3 6).

Dovrete eseguire la fase corrispondente al numero pronunciato, ritornare in guardia,
mettersi in guardia contraria, eseguire ancora la fase corrispondente al numero
pronunciato, ritornare in guardia, e rimettersi in guardia sinistra. (questo per
ogni numero chiamato).

Questo processo servirà a farvi muovere ed attaccare/contrattaccare velocemente,
quasi senza pensarci, perché siete ormai abituati a muovervi senza pensarci, avete
assorbito in pieno la velocità dei riflessi e di conseguenza dell'azione, siete
pronti a fare la vostra migliore gara in kumite. Non preoccupatevi, le braccia e le
gambe si muoveranno da sole, pronte a colpire/parare a velocità sempre maggiore.

<u>**ATTREZZI PERSONALI E FILOSOFIA DI UTILIZZO.**</u>

Di norma, nel Karate non si utilizzano oggetti/strumenti, che non siano oggetti/
atrezzi di Kobudo.
A me  piace dare un tocco di novità, ecco perchè ti propongo questa idea.
Oltre a vari oggetti/attrezzi da palestra, ti consiglio di svolgere anche questi
esercizi utilizzando semplici oggetti/attrezzi utili per il Karate.
- Acquista un numero di palline sufficiente per i tuoi allievi, (palline tipo
riabilitazione della mano, ma più dure).
(circa 0,50 euro cad.).
- Acquista un dinamometro digitale manuale. (circa 20 euro).
- Acquista tre fasce elastiche con colori diversi (ogni colore rappresenta una
resistenza specifica), gialla= resistenza debole, blu= resistenza media, grigia=
resistenza forte. (circa 3 euro cad.).
- Acquista una rotella, sono quelli attrezzi dotati di una maniglia per le mani
agganciata ad una ruota. (circa 15 euro).

<u>**UTILIZZO PALLINE.**</u>

Fase 1. La prima volta, prendi il dinamometro e, per ciascun allievo, annota in un foglio, il valore che viene visualizzato sul display, una volta che l'allievo stringe la manopola.
Fase 2. Ciascun allievo, prenderà una pallina con la mano destra, stringendola, porrà il braccio davanti all'altezza della spalla, e comincerà a schiacciare e rilasciare la pallina per 100 volte. Ripetere con la mano sinistra.
Fase 3. La seconda volta, eseguirà la stessa sequenza, destra e sinistra, portando il braccio all'esterno, alla stessa altezza della spalla.
Fase 4. La terza volta, eseguirà la stessa sequenza, destra e sinistra, portando il braccio in alto.
Fase 5. Ogni fine mese, (comunque a tuo giudizio), rifai la prima fase per rilevare il valore sul display del dinamometro per ciascun allievo e, annotalo a fianco sul foglio che hai utilizzato inizialmente.

Note per il maestro.
Potrai rapidamente rilevare gli scostamenti dei valori, positivi/negativi/uguali, per ciascun allievo.
Cosa può servire. Anzitutto a far divertire quasi giocando, gli allievi.
Un aspetto secondo me importante però, anche psicologicamente, è che potrai valutare perchè qualche allievo avrà risultati di scostamenti uguali o negativi rispetto al mese precedente. Può essere un mezzo per capire se l'allievo NON STA SVOLGENDO bene questo lavoro. Questo potrebbe essere un sintomo di svogliatezza o altro.
Sei comunque tu l'arbitro delle conclusioni che ne trarrai.
Anche questo tipo di esercizio può essere da te sviluppato come meglio credi, rispettando solamente il fatto che ci sia rilevazione dei dati, anche  per incentivare gli allievi a migliorarsi continuamente.

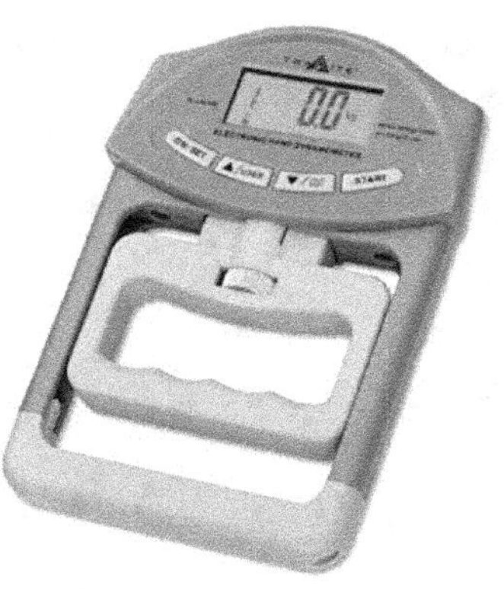

## UTILIZZO FASCE ELASTICHE.

Per grado, in questa fase intendo elementi che abbiano peso, statura, età ed esperienza simili.
Per aiutante intendo un allievo che, posizionandosi dietro agli allievi, possa tenere con le proprie mani, alcune fasce, magari di tutti gli allievi, mantenendole sempre tese.

Fase 1. Disponi i tuoi allievi per grado, su una linea immaginaria, (che sarà sempre quella), dove saranno sempre posizionati là, anche dopo un cambio di guardia, fornisci ai gradi inferiori la fascia gialla, ai gradi medi la fascia blu, ai gradi superiori la fascia grigia.

Fase 2. Fai posizionare gli allievi e mettersi in posizione frontale, tipo Zenkutsu-dachi, piede sinistro avanti,  avvolgi un capo della fascia elastica sulla mano destra, l'altro capo sarà trattenuto da un aiutante, che si posizionerà dietro all'allievo, anche lui posizionato su una linea immaginaria, (che cambierà  dopo ciascuna fase 5),  in maniera che la fascia elastica sia estesa completamente, ma progressivamente rispetto alla posizione dell'aiutante.

Fase 3. Tenendo la fascia sempre tesa, fai eseguire  20 Giako-tsuki con il braccio destro.

Fase 4. Invertire la fase 2, per farli mettere in Zenkutsu-dachi, piede  destro avanti, sempre sulla linea immaginaria, anche l'aiutante sulla propria linea immaginaria.

Fase 5. Ripetere la fase 3, con il braccio sinistro.

Fase 6. L'aiutante arretra dalla sua linea immaginaria di 30 cm. e la manterrà costante, (col risultato che gli allievi dovranno fare più fatica a tirare il Giako-tsuki).

Fase 7. Ripetere le fasi 2,3,4,5.

Fase 8. Ripetere la fase 6.

Fase 9. Ripetere le fasi 2,3,4,5.

Note per il maestro.
Anche questo tipo di esercizio può essere da te sviluppato come meglio credi, rispettando solamente il fatto che ci sia
progressività nella resistenza della fascia, per incentivare gli allievi a sforzarsi e migliorarsi continuamente.

**UTILIZZO ROTELLA.**

Fornire la rotella con relative maniglie.

Fase 1. L'allievo si inginocchierà sopra un tappettino. Busto eretto, con le mani prende le maniglie della rotella.

Fase 2. Porterà in avanti le braccia e il busto, abbassandosi, sfruttando la rotella, sino ad arrivare a fine corsa.

Fase 3. Lentamente, sempre sfruttando la rotella, risalirà sino ad arrivare alla posizione di partenza.

Fase 4. Ripetere le fasi 2,3 per 20 volte.

Fase 5. L'allievo si posizionerà a gambe divaricate, ed il busto in posizione per poter prendere  con le mani le maniglie della rotella.

Fase 6. Porterà in avanti le braccia e il busto, abbassandosi, sfruttando la rotella, sino ad arrivare a fine corsa.

Fase 7. Lentamente, sempre sfruttando la rotella, risalirà sino ad arrivare alla posizione di partenza ed oltre, ossia riuscire a posizionare le braccia e quindi la rotella, al di sotto e dietro i propri piedi, il più possibile.

Fase 8. Ripetere le fasi 6,7 per 20 volte.

Note per il maestro.
Anche questo tipo di esercizio come gli altri, lo puoi sviluppare, modificare, ampliare secondo i tuoi gusti ed esperienza. L'importante che sia eseguito con metodicità e costanza, per incentivare gli allievi a migliorarsi continuamente.

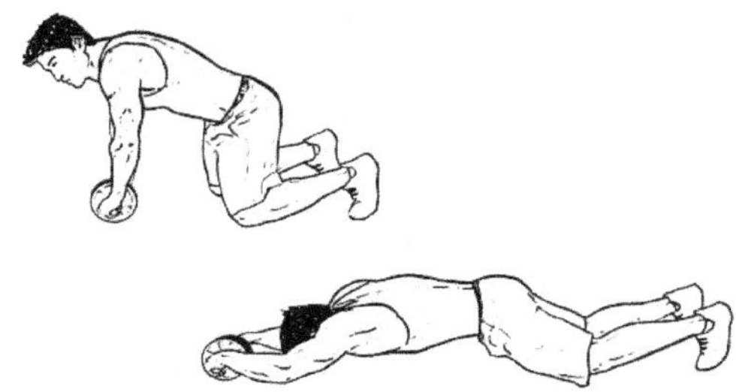

<u>**CONCLUSIONI.**</u>

Ora ho terminato.
Ti sarei grato se volessi mandarmi una mail a: <u>clubkaratedom@gmail.com</u>
per farmi sapere che hai letto questo volume, come lo hai trovato, consigli,
suggerimenti e CRITICHE che vorrai indicarmi.

Ti auguro tutto il bene che tu possa raccogliere nella vita, pregandoti di farne
partecipi tutti quelli che ti stanno accanto.

Un abbraccio.

Sandro Naletto

sensei Shorinji Ryu Renshinkan Karate Do
Repubblica Dominicana

- 1 -

World Karate Federation

KATA AND KUMITE COMPETITION RULES

EFFECTIVE FROM 1.1.2017

# <u>CONTENTS</u>



VERSION EFFECTIVE FROM 1.1.2017

**It should be noted that the male gender used in this text also refers to the female.**

# KUMITE RULES



1. The competition area must be flat and devoid of hazard.

2. The competition area will be a matted square, of a WKF approved type, with sides of eight metres (measured from the outside) with an additional one meter on all sides as a safety area. There will be a clear safety area of two metres on each side.

3. Two mats are inverted with the red side turned up in a one meter distance from the mat centre to form a boundary between the contestants.

4. The Referee will be standing centred between the two mats facing the Competitors at a distance of one meter from the safety area.

5. Each judge will be seated at the corners on the mat in the safety area. The referee may move around the entire tatami, including the safety area where the judges are seated. Each judge will be equipped with a red and a blue flag.

6. The Match Supervisor will be seated just outside the safety area, behind, and to the left or right of the Referee. He will be equipped with a red flag or sign, and a whistle.

7. The score-supervisor will be seated at the official score table, between the scorekeeper and the timekeeper.

8. Coaches will be seated outside the safety area, on their respective sides at the side of the tatami towards the official table.  Where the tatami area is elevated, the coaches will be placed outside the elevated area.

9. The one metre border should be in a different colour from the rest of the matted area.


### EXPLANATION:

I. There must be no advertisement hoardings, walls, pillars etc. within one metre of the safety area's outer perimeter.

II. The mats used should be non-slip where they contact the floor proper but have a low co-efficient of friction on the upper surface. The Referee must ensure that mat modules do not move apart during the competition, since gaps cause injuries and constitute a hazard. They must be of approved WKF design.

---

**ARTICLE 2: OFFICIAL DRESS**

---

1. Contestants and their coaches must wear the official uniform as herein defined.

2. The Referee Commission may disbar any official or competitor who does not comply with this regulation.

**REFEREES**

1. Referees and Judges must wear the official uniform designated by the Referee Commission. This uniform must be worn at all tournaments and courses.

2. The official uniform will be as follows:
A single breasted navy blue blazer.
A white shirt with short sleeves.
An official tie, worn without tiepin.
Plain light-grey trousers without turn-ups. (Appendix 9).
Plain dark blue or black socks and black slip-on shoes for use on the match area.
Female Referees and Judges may wear a hairclip and religiously mandated headwear of a type approved by the WKF.

**CONTESTANTS**

1. Contestants must wear a white karate gi without stripes, piping or personal embroidery. The national emblem or flag of the country will be worn on the left breast of the jacket and may not exceed an overall size of 12cm by 8cm (see Appendix 7). Only the original manufacturer's labels may be displayed on the gi. In addition, identification issued by the Organising Committee will be worn on the back. One contestant must wear a red belt and the other a blue belt. The red and blue belts must be around five centimetres wide and of a length sufficient to allow fifteen centimetres free on each side of the knot but not longer than three-quarters thigh length. The belts are to be of plain red and blue colour, without any personal embroideries or advertising or markings other than the customary label from the manufacturer.

2. Notwithstanding paragraph 1 above, the Executive Committee may authorise the display of special labels or trademarks of approved sponsors.

3. The jacket, when tightened around the waist with the belt, must be of a minimum length that covers the hips, but must not be more than three-quarters thigh length. Female competitors may wear a plain white T-shirt beneath the Karate jacket. Jacket ties must be tied. Jackets without ties may not be used.

4. The maximum length of the jacket sleeves must be no longer then the bend of the wrist and no shorter than halfway down the forearm. Jacket sleeves may not be rolled up.

5. The trousers must be long enough to cover at least two thirds of the shin and must not reach below the anklebone. Trouser legs may not be rolled up.

6. Contestants must keep their hair clean and cut to a length that does not obstruct smooth bout conduct. Hachimaki (headband) will not be allowed. Should the Referee consider any contestant's hair too long and/or unclean, he may disbar the contestant from the bout. Hair slides are prohibited, as are metal hairgrips. Ribbons, beads and other decorations are prohibited. One or two discreet rubber bands on a single pony tail is permitted.

7. Female competitors may use religiously mandated head-wear of a type approved by the WKF: A black plain fabric head scarf covering the hair, but not the throat area.

8. Contestants must have short fingernails and must not wear metallic or other objects, which might injure their opponents. The use of metallic teeth braces must be approved by the Referee and the Official Doctor. The contestant accepts full responsibility for any injury.

9. The following protective equipment is compulsory:
    9.1. WKF approved mitts, one contestant wearing red and the other wearing blue.
    9.2. Gum shield.
    9.3. WKF approved body protection (for all athletes) plus chest protector for female athletes.
    9.4. The shin pads approved by the WKF, one contestant wearing red and the other wearing blue.
    9.5. The foot protection approved by the WKF, one contestant wearing red and the other wearing blue.

    Groin Guards are not mandatory but if worn must be of approved WKF type.

10. Glasses are forbidden. Soft contact lenses can be worn at the contestant's own risk.

11. The wearing of unauthorised apparel, clothing or equipment is forbidden.

12. All protective equipment must be WKF homologated.

13. It is the duty of the Match Supervisor (Kansa) to ensure before each match or bout that the competitors are wearing the approved equipment. (In the case of Continental Union, International, or National Federation Championships it should be noted that WKF approved equipment, must be accepted and cannot be refused).

14. The use of bandages, padding, or supports because of injury must be approved by the Referee on the advice of the Tournament Doctor.

## COACHES

1. Coaches shall at all times during the tournament, wear the official tracksuit of their National Federation and display their official identification with the exception of the finals of official WKF events, where male coaches are required to wear a dark suit, shirt and tie - while female coaches may choose to wear a dress, pantsuit or a combination of jacket and skirt in dark colours. Female coaches may wear religiously mandated headwear of a type approved by the WKF for referees and judges.

### *EXPLANATION:*

*I.    The contestant must wear a single belt. This will be red for AKA and blue for AO. Belts of grade should not be worn during the bout.*

*II.   Gum shields must fit properly.*

III. *If a contestant comes into the area inappropriately dressed, he or she will not be immediately disqualified; instead they will be given one minute to remedy matters.*

IV. *If the Referee Commission agrees, Refereeing Officials may be allowed to remove their blazers.*

---

## ARTICLE 3: ORGANISATION OF KUMITE COMPETITIONS

1. A Karate tournament may comprise Kumite competition and/or Kata competition. The Kumite competition may be further divided into the team match and the individual match. The individual match may be further divided into age and weight divisions. Weight divisions are divided ultimately into bouts. The term "bout" also describes the individual Kumite competitions between opposing pairs of team members.

2. In individual competition no contestant may be replaced by another after the drawing has taken place.

3. Individual contestants or teams that do not present themselves when called will be disqualified (KIKEN) from that category. In team matches the score for the bout not taking place will then be set to 8-0 in favour of the other team. Disqualification by KIKEN means that the contestants are disqualified from that category, although it does not affect participation in another category.

4. Male teams comprise seven members with five competing in a round. Female teams comprise four members with three competing in a round.

5. The contestants are all members of the team. There are no fixed reserves.

6. Before each match, a team representative must hand into the official table, an official form defining the names and fighting order of the competing team members. The participants drawn from the full team of seven, or four members, and their fighting order, can be changed for each round provided the new fighting order is notified first, but once notified; it cannot then be changed until that round is completed.

7. A team will be disqualified if any of its members or its coach changes the team's composition or fighting order without written notification prior to the round.

8. In team matches where an individual looses on account of receiving Hansoku or Shikkaku, any score for the disqualified contestant will be set to nil, and a score of 8-0 will be recorded for that bout in favour of the other team.

### *EXPLANATION:*

I. *A "round" is a discrete stage in a competition leading to the eventual identification of finalists. In an elimination Kumite competition, a round eliminates fifty percent of contestants within it, counting byes as contestants. In this context, the round can apply equally to a stage in either primary elimination or repechage. In a matrix, or "round robin" competition, a round allows all contestants in a pool to fight once.*

II. *The use of contestants' names causes problems of pronunciation and identification. Tournament numbers should be allotted and used.*

III.   When lining up before a match, a team will present the actual fighters. The unused fighter(s) and the Coach will not be included and shall sit in an area set aside for them.

IV.   In order to compete male teams must present at least three competitors and female teams must present at least two competitors. A team with less than the required number of competitors will forfeit the match (Kiken).

V.   When announcing disqualification by KIKEN the Referee will signal by pointing his finger towards the side of the missing contest or team, announce Aka/Ao no Kiken", and then signal Kachi (win) for the opponent.

VI.   The fighting order form can be presented by the Coach or a nominated contestant from the team. If the Coach hands in the form, he must be clearly identifiable as such; otherwise, it may be rejected. The list must include the name of the country or club the belt colour allotted to the team for that match and the fighting order of the team members. Both the competitor's names and their tournament numbers must be included and the form signed by the coach, or a nominated person.

VII.   Coaches must present their accreditation together with that of their competitor or team to the official table. The coach must sit in the chair provided and must not interfere with the smooth running of the match by word or deed.

VIII.   If, through an error in charting, the wrong contestants compete, then regardless of the outcome, that bout/match is declared null and void. To reduce such errors the winner of each bout/match must confirm victory with the control table before leaving the area.

## ARTICLE 4:   THE REFEREE PANEL

1.   The Refereeing Panel for each match shall consist of one Referee (SHUSHIN), four Judges (FUKUSHIN), and one Match Supervisor (KANSA).

2.   The Referee and Judges of a Kumite bout must not have the nationality of either of the participants.

3.   In addition, for facilitating the operation of matches, several timekeepers, caller announcers, record keepers, and score supervisors shall be appointed.

### *EXPLANATION:*

I.   At the start of a Kumite match, the Referee stands on the outside edge of the match area. On the Referee's left stand Judges numbers 1 and 2, and on the right stands Judges numbers 3 and 4.

II.   After the formal exchange of bows by contestants and the referee panel, the Referee takes a step back, the Judges and the Referee turn inwards, and all bow together. All then take up their positions.

III.    When changing the Judges, the departing Officials, except the Match Supervisor, take up position as at the start of the bout or match, bow to each other, and then leave the area together.

IV.    When individual Judges change, the incoming Judge goes to the outgoing Judge, they bow together and change positions.

V.    In team matches provided that the entire panel holds the required qualification, the positions of referee and judges may be rotated between each bout.

---

**ARTICLE 5:    DURATION OF BOUT**

---

1.    Duration of the Kumite bout is defined as three minutes for Senior Male Kumite (both teams and individuals). Senior Female bouts will be two minutes. Under 21 years is 3 minutes for the Male category and 2 minutes for the Female category.  Cadet and Junior bouts will be two minutes.

2.    The timing of the bout starts when the Referee gives the signal to start, and stops each time the Referee calls "YAME".

3    The timekeeper shall give signals by a clearly audible gong, or buzzer, indicating "15 seconds to go" and "time up". The "time up" signal marks the end of the bout.

4.    Competitors are entitled to a rest period of time between matches, equal to the standard duration time of the match.  The exception is in the case of change of equipment colour, where this time is extended to five minutes.

---

**ARTICLE 6:    SCORING**

---

1.  **Scores are as follows:**

    a)  **IPPON**     Three points
    b)  **WAZA-ARI**  Two points
    c)  **YUKO**      One point

2.  **A score is awarded when a technique is performed according to the following criteria to a scoring area:**

    a)    Good form
    b)    Sporting attitude
    c)    Vigorous application
    d)    Awareness (ZANSHIN)
    e)    Good timing
    f)    Correct distance

3.  **IPPON** is awarded for:

    a)    Jodan kicks.
    b)    Any scoring technique delivered on a thrown or fallen opponent.

4.  **WAZA-ARI** is awarded for:

a) Chudan kicks.

5. **YUKO** is awarded for:

   a) Chudan or Jodan Tsuki.
   b) Jodan or Chudan Uchi.

6. **Attacks are limited to the following areas:**

   a) Head
   b) Face
   c) Neck
   d) Abdomen
   e) Chest
   f) Back
   g) Side

7. An effective technique delivered at the same time that the end of the bout is signalled, is considered valid. A technique even if effective, delivered after an order to suspend or stop the bout shall not be scored and may result in a penalty being imposed on the offender.

8. No technique, even if technically correct, will be scored if it is delivered when the two contestants are outside the competition area. However, if one of the contestants delivers an effective technique while still inside the competition area and before the Referee calls "YAME", the technique will be scored.

### *EXPLANATION:*

In order to score, a technique must be applied to a scoring area as defined in paragraph 6 above. The technique must be appropriately controlled with regard to the area being attacked and must satisfy all six scoring criteria in paragraph 2 above.

| VOCABULARY | TECHNICAL CRITERIA |
| --- | --- |
| Ippon (3 points) is awarded for: | 1. Jodan kicks. Jodan being defined as the face, head and neck.<br>2. Any scoring technique which is delivered on an opponent who has been thrown, has fallen of their own accord, or is otherwise off their feet. |
| Waza-Ari (2 points) is awarded for: | Chudan kicks. Chudan being defined as the abdomen, chest, back and side. |
| Yuko (1 point) is awarded for: | 1. Any punch (Tsuki) delivered to any of the seven scoring areas.<br>2. Any strike (Uchi) delivered to any of the seven scoring areas. |

I. *For reasons of safety, throws where the opponent is grabbed below the waist, thrown without being held onto, or thrown dangerously, or where the pivot point is above belt level, are prohibited and will incur a warning or penalty. Exceptions are conventional karate leg sweeping techniques, which do not require the opponent to be held while executing the sweep* such as *de ashi-barai, ko uchi gari, kani waza* etc. After a throw has been executed the contestant immediately attempts a scoring technique.

II.    When a contestant is thrown according to the rules, slips, falls, or is otherwise off their feet and is scored upon by the opponent the score will be IPPON.

III.    A technique with "**Good Form**" is said to have characteristics conferring probable effectiveness within the framework of traditional Karate concepts.

IV.    **Sporting Attitude** is a component of good form and refers to a non-malicious attitude of great concentration obvious during delivery of the scoring technique.

V.    **Vigorous Application** defines the power and speed of the technique and the palpable will for it to succeed.

VI.    **Zanshin is** that criterion most often missed when a score is assessed. It is the state of continued commitment in which the contestant maintains awareness of the opponent's potentiality to counter-attack. I.e.: He does not turn his face away during delivery of the technique, and remains facing the opponent afterwards.

VII.    **Good Timing** means delivering a technique when it will have the greatest potential effect.

VIII.    **Correct Distance** similarly means delivering a technique at the precise distance where it will have the greatest potential effect. Thus if the technique is delivered on an opponent who is rapidly moving away, the potential effect of that blow is reduced.

IX.    **Distancing** also relates to the point at which the completed technique comes to rest on or near the target. A punch or kick that comes somewhere between skin touch and 5 centimetres from the face, head, or neck may be said to have the correct distance. However, Jodan techniques, which come within 5 centimetres distance of the target and which the opponent makes no attempt to block or avoid will be scored, provided the technique meets the other criteria. In Cadet and Junior competition no contact to the head, face, or neck, is allowed other than a very light touch (previously known as a "skin touch") for Jodan kicks and the scoring distance is increased up to 10 centimetres.

X.    A worthless technique is a worthless technique — regardless of where and how it is delivered. A technique, which is badly deficient in good form, or lacking power, will score nothing.

XI.    Techniques, which land below the belt, may score, as long as they are above the pubic bone. The neck is a target area and so is the throat. However, no contact to the throat is permitted, although a score may be awarded for a properly controlled technique, which does not touch.

XII.    A technique, which lands upon the shoulder blades, may score. The non-scoring part of the shoulder is the junction of the upper bone of the arm with the shoulder blades and collar bones.

XIII.    The time-up bell signals the end of scoring possibilities in that bout, even though the Referee may inadvertently not halt the bout immediately. The time-up bell does not however mean that penalties cannot be imposed. Penalties can be imposed by the Refereeing Panel up to the point where the contestants leave that area after the bout's conclusion. Penalties can be imposed after that, but then only by the Referee Commission or the Disciplinary and Legal Commission.

XIV.   *If two contestants hit each other at the exact same time, the scoring criterion of "good timing" has by definition not been met, and the correct judgement is to not award a point. Both contestants may however receive points for their respective scores if they each have two flags in their favour, and the scores both happen before "Yame" – and the time signal.*

XV.   *If a contestant scores with more than one consecutive technique before the bout has been stopped, the contestant will be awarded the successful scoring technique of the higher point value, regardless of in which sequence the techniques scored. Example: If a kick followed a successful punch, the points for the kick would be awarded regardless if the punch scored first - as the kick has a higher point value.*

## ARTICLE 7:   CRITERIA FOR DECISION

The result of a bout is determined by a contestant obtaining a clear lead of eight points, or at time-up, having the highest number of points, first unopposed point advantage (SENSHU), obtaining a decision (HANTEI), or by a HANSOKU, SHIKKAKU, or KIKEN, imposed against a contestant.

1.   No individual bout can be declared a tie. Only in team competition, when a bout ends with equal scores, or no scores, and neither contestant has obtained SENSHU, will the Referee announce a tie (HIKIWAKE).

2.   In any bout, if after full time the scores are equal, but one contestant has obtained 'first unopposed score advantage' (SENSHU), that contestant will be declared the winner. In any individual bout, where no score has been obtained by either competitor, or the score is equal without any competitor has obtained 'first unopposed score' advantage', the decision will be made by a final vote of the four Judges and the Referee, each casting their vote. A decision in favour of one or the other competitor is obligatory and is taken on the basis of the following criteria:
     a) The attitude, fighting spirit, and strength demonstrated by the contestants.
     b) The superiority of tactics and techniques displayed.
     c) Which of the contestants has initiated the majority of the actions.

3.   The winning team is the one with the most bout victories including those won by SENSHU. Should the two teams have the same number of bout victories then the winning team will be the one with the most points, taking both winning and losing bouts into account. The maximum point's *difference* or lead recorded in any bout will be eight.

4.   If the two teams have the same number of bout victories and points, then a deciding bout will be held. Each team may nominate any one contestant of their team for purpose of fighting the extra bout, regardless if that person already has fought in a previous bout between the two teams. If the extra bout does not produce a winner based on superiority on points, nor any of the competitors receive SENSHU, the extra bout will be decided based on HANTEI according to the same procedure as for individual bouts. The result of the HANTEI for the extra bout will then also determine the result of the team match.

5.   In team matches when a team has won sufficient bout victories or scored sufficient points as to be the established winner then the match is declared over and no further bouts will take place.

6.   In instances where both AKA and AO are disqualified in the same match by Hansoku, the opponents scheduled for the next round will win by bye (and no result is announced), unless the double disqualification applies to a medal bout, in which case the winner will be declared by Hantei.

### *EXPLANATION:*

I.      When deciding the outcome of a bout by vote (HANTEI) at the end of an inconclusive bout, the Referee will move to the match area perimeter and call "HANTEI", followed by a two-tone blast of the whistle. The Judges will indicate their opinions by means of their flags and the Referee will at the same time signal his vote by hand signal. The Referee will then give a short blast on his whistle, return to his original position and announce the decision and will then indicate the winner in the normal way.

II.     By 'first unopposed score advantage' (SENSHU) is understood that one contestant has achieved the first instance of scoring on the opponent without having the opponent also score before the signal. In instances where both contestants score before the signal, no 'first unopposed score advantage' is awarded and both contestants retain the possibility of SENSHU later in the bout.

---

**ARTICLE 8:    PROHIBITED BEHAVIOUR**

---

*There are two categories of prohibited behaviour, Category 1 and Category 2.*

## CATEGORY 1

1. *Techniques* which make excessive contact, having regard to the scoring area attacked, and techniques which make contact with the throat.
2. Attacks to the arms or legs, groin, joints, or instep.
3. Attacks to the face with open hand techniques.
4. Dangerous or forbidden throwing techniques.

## CATEGORY 2

1. Feigning, or exaggerating injury.
2. Exit from the competition area (JOGAI) not caused by the opponent.
3. Self-endangerment by indulging in behaviour, which exposes the contestant to injury by the opponent, or failing to take adequate measures for self-protection, (MUBOBI).
4. Avoiding combat as a means of preventing the opponent having the opportunity to score.
5. Passivity – not attempting to engage in combat. (Cannot be given after less than the last 15 seconds of the match.)
6. Clinching, wrestling, pushing, or standing chest to chest without attempting a scoring technique or takedown.
7. Grabbing the opponent with both hands for any other reasons than executing a takedown upon catching the opponents kicking leg.
8. Grabbing the opponents arm or karate-GI with one hand without immediately attempting a scoring technique or takedown.
9. Techniques, which by their nature, cannot be controlled for the safety of the opponent and dangerous and uncontrolled attacks.
10. Simulated attacks with the head, knees, or elbows.
11. Talking to, or goading the opponent, failing to obey the orders of the Referee, discourteous behaviour towards the Refereeing officials, or other breaches of etiquette.

### *EXPLANATION:*

I.  *Karate competition is a sport, and for that reason some of the most dangerous techniques are banned and all techniques must be controlled. Trained adult competitors can absorb relatively powerful blows on muscled areas such as the abdomen, but the fact remains that the head, face, neck, groin and joints are particularly susceptible to injury. Therefore any technique, which results in injury, may be penalised unless caused by the recipient. The contestants must perform all techniques with control and good form. If they cannot, then regardless of the technique misused, a warning or penalty must be imposed. Particular care must be exercised in Cadet and Junior competition.*

II.  ***FACE CONTACT — SENIORS:** For Senior competitors, non-injurious, light, controlled "touch" contact to the face, head, and neck is allowed (but not to the throat). Where contact is deemed by the Referee to be too strong, but does not diminish the competitor's chances of winning, a warning (CHUKOKU) may be given. A second contact under the same circumstances will result in KEIKOKU. A further offence will result in HANSOKU CHUI. Any further contact, although not significant enough to influence the opponent's chances of winning, will still result in HANSOKU.*

III.  ***FACE CONTACT — CADETS AND JUNIORS:** for Cadet and Junior competitors no contact to the head, face, or neck, is allowed with hand techniques. Any contact, no matter how light, will be penalised, as in paragraph II above, unless caused by the recipient (MUBOBI). Jodan kicks may make the lightest touch ("skin touch") and still score. Any more than a skin touch will require a warning or penalty unless caused by the recipient (MUBOBI).*

IV.  *The Referee must constantly observe the injured contestant. A short delay in giving a Judgement allows injury symptoms such as a nosebleed to develop. Observation will also reveal any efforts by the contestant to aggravate slight injury for tactical advantage. Examples of this are blowing violently through an injured nose, or rubbing the face roughly.*

V.  *Pre-existing injury can produce symptoms out of all proportion to the degree of contact used and Referees must take this into account when considering penalties for seemingly excessive contact. For example, what appears to be a relatively light contact could result in a competitor being unable to continue due to the cumulative effect of injury sustained in an earlier bout. Before the start of a match or bout, the Tatami Manager must examine the medical cards and ensure that the contestants are fit to fight. The Referee must be informed if a contestant has been treated for injury.*

VI.  *Contestants who over-react to light contact, in an effort to have the Referee penalise their opponent, such as holding the face and staggering about, or falling unnecessarily, will be immediately penalised themselves.*

VII.  *Feigning an injury, which does not exist, is a serious infraction of the rules. SHIKKAKU will be imposed on the contestant feigning injury i.e., when such things as collapse and rolling about on the floor are not supported by evidence of commensurate injury as reported by a neutral doctor.*

VIII.  *Exaggerating the effect of an actual injury is less serious but still regarded as unacceptable behaviour and therefore the first instance of exaggeration will receive a minimum warning of HANSOKU CHUI. More serious exaggeration such as staggering around, falling on the floor, standing up and falling down again and so on may receive HANSOKU directly depending on the severity of the offence.*

IX.     Competitors, who receive SHIKKAKU for feigning injury will be taken from the competition area and put directly into the hands of the WKF Medical Commission, who will carry out an immediate examination of the competitor. The Medical Commission will submit its report before the end of the Championship, for the consideration of the Referee Commission. Competitors who feign injury will be subject to the strongest penalties, up to and including suspension for life for repeated offences.

X.     The throat is a particularly vulnerable area and even the slightest contact will be warned or penalised, unless it is the recipient's own fault.

XI.     Throwing techniques are divided into two types. The established "conventional" karate leg sweeping techniques such as de ashi barai, ko uchi gari, etc., where the opponent is swept off-balance or thrown without being grabbed first — and those throws requiring that the opponent be grabbed by one hand or held as the throw is executed. The only instance where a throw may be performed holding onto the opponent with both hands is as throw following trapping the opponent's kicking leg. The pivotal point of the throw must not be above the thrower's belt level and the opponent must be held onto throughout, so that a safe landing can be made. Over the shoulder throws such as seoi nage, kata guruma etc., are expressly forbidden, as are so-called "sacrifice" throws such as tomoe nage, sumi gaeshi etc. It is also forbidden to grab the opponent below the waist and lift and throw them or to reach down to pull the legs from under them. If a contestant is injured as a result of a throwing technique, the Judges will decide whether a penalty is called for.

     The competitor may seize the opponents arm or karategi with one hand for purpose of executing a throw or a direct scoring technique – but may not keep holding on for continuous techniques. Holding on with one hand when immediately executing a scoring technique or takedown or to break a fall. Holding on with both hands is only permitted when grabbing an opponent's kicking leg for purpose of executing a takedown.

XII.     Open hand techniques to the face are forbidden due to the danger to the contestant's sight.

XIII.     JOGAI relates to a situation where a contestant's foot, or any other part of the body, touches the floor outside of the match area. An exception is when the contestant is physically pushed or thrown from the area by the opponent. Note that a warning must be extended for the first instance of JOGAI. The definition for JOGAI is no longer "repeated exits", but merely "exit not caused by the opponent". If however, there is less than fifteen seconds to go, the Referee will, as a minimum, directly impose HANSOKU CHUI on the offender.

XIV.     A contestant who delivers a scoring technique and then exits the area before the Referee calls "YAME" will be given the value of the score and Jogai will not be imposed. If the contestant's attempt to score is unsuccessful the exit will be recorded as a Jogai.

XV.     If AO exits just after AKA scores with a successful attack, then "YAME" will occur immediately on the score and AO's exit will not be recorded. If AO exits, or has exited as AKA's score is made (with AKA remaining within the area), then both AKA's score will be awarded and AO's Jogai penalty will be imposed.

XVI.     It is important to understand that "Avoiding Combat" refers to a situation where a competitor attempts to prevent the opponent having the opportunity to score by using time-wasting behaviour. The contestant who constantly retreats without effective counter, who holds, clinches, or exits the area rather than allow the opponent an opportunity to score must be warned or penalised. This often occurs during the closing seconds of a bout. If the offence occurs with fifteen seconds or more of the bout time remaining, and the contestant has no previous C2 warning, the Referee will warn the offender by imposing CHUKOKU. If there has been a previous Category 2 offence or offences, this will result in KEIKOKU being imposed. If however, there is less than fifteen seconds to go, the Referee will directly impose HANSOKU CHUI on the offender (whether there has been a previous Category 2 KEIKOKU or not). If there has been a previous Category 2 HANSOKU CHUI the Referee will penalise the offender with HANSOKU and award the bout to the opponent. However, the Referee must ensure that the contestant's behaviour is not a defensive measure due to the opponent acting in a reckless or dangerous manner, in which case the attacker should be warned or penalised.

XVII.   Passivity refers to situations where both of the contestants do not attempt to exchange techniques over an extended period of time.

XVIII.   An example of MUBOBI is the instance in which the contestant launches a committed attack without regard for personal safety. Some contestants throw themselves into a long reverse-punch, and are unable to block a counter. Such open attacks constitute an act of Mubobi and cannot score. As a tactical theatrical move, some fighters turn away immediately in a mock display of dominance to demonstrate a scored point. They drop their guard and lapse awareness of the opponent. The purpose of the turn-away is to draw the Referee's attention to their technique. This is also a clear act of Mubobi. Should the offender receive an excessive contact and/or sustain an injury the Referee will issue a Category 2 warning or penalty and decline to give a penalty to the opponent.

XIX.   Any discourteous behaviour from a member of an official delegation can earn the disqualification of a competitor, the entire team, or delegation from the tournament.

---

**ARTICLE 9:   WARNINGS & PENALTIES**

---

**CHUKOKU:**  CHUKOKU is imposed for the first instance of a minor infraction for the applicable category.

**KEIKOKU:**  KEIKOKU is imposed for the second instance of a minor infraction for that category, or for infractions not sufficiently serious to merit HANSOKU-CHUI.

**HANSOKU-CHUI:**  This is a warning of disqualification usually imposed for infractions for which a KEIKOKU has previously been given in that bout although it may be imposed directly for serious infringements, which do not merit HANSOKU.

**HANSOKU:**  This is the penalty of disqualification following a very serious infraction or when a HANSOKU CHUI has already been given. In team matches the fouled competitor's score will be set at eight points and the offender's score will be zeroed.

**SHIKKAKU:**  This is a disqualification from the actual tournament, competition, or match. In order to define the limit of SHIKKAKU, the Referee Commission, must be consulted. SHIKKAKU may be invoked when a contestant fails to obey the orders of the Referee, acts maliciously, or commits an act which harms the prestige and honour of Karate-do, or when other actions are considered to violate the rules and spirit of the tournament. In team matches the fouled competitor's score will be set at eight points and the offender's score will be zeroed.

### EXPLANATION:

I.  There are three degrees of warning: CHUKOKU, KEIKOKU and HANSOKU CHUI. A warning is a correction given to the contestant making it clear that the contestant is in violation of the competition rules, but without imposing an immediate penalty.

II.  There are two degrees of penalties: HANSOKU and SHIKKAKU, both causing the contestant violating the rules to be disqualified from i) the bout (HANSOKU) - or ii) from the bout or the entire tournament (SHIKKAKU) with a possible suspension from competition for an additional time period.

III.  Category 1 and Category 2 warnings do not cross-accumulate.

IV.  A warning can be directly imposed for a rules infraction but once given: repeats of that category of infraction must be accompanied by an increase in severity of warning and penalty imposed. It is not, for example, possible to give a warning or penalty for excessive contact then give another warning of the same degree for a second instance of excessive contact.

V.  CHOKOKU is normally imposed for the first instance of an offence that has not reduced a competitor's chances of winning by the opponent's foul.

VI.  KEIKOKU is normally imposed where the contestant's potential for winning is slightly diminished (in the opinion of the Judges) by the opponent's foul.

VII.  A HANSOKU CHUI may be imposed directly, or following a KEIKOKU and is used where the contestant's potential for winning has been seriously reduced (in the opinion of the Judges) by the opponent's foul.

VIII.  A HANSOKU is imposed for cumulative penalties but can also be imposed directly for serious rules infractions. It is used when the contestant's potential for winning has been reduced virtually to zero (in the opinion of the Judges) by the opponent's foul.

IX.  Any competitor who receives HANSOKU for causing injury, and who has in the opinion of the Judges and Tatami Manager, acted recklessly or dangerously or who is considered not to have the requisite control skills necessary for WKF competition, will be reported to the Referee Commission. The Referee Commission will decide if that competitor shall be suspended from the rest of that competition and/or subsequent competitions.

X.  A SHIKKAKU can be directly imposed, without warnings of any kind. The contestant need have done nothing to merit it — it is sufficient if the Coach or non-combatant members of the contestants' delegation behave in such a way as to harm the prestige and honour of Karate-Do. If the Referee believes that a contestant has acted maliciously, regardless of whether or not actual physical injury has been caused, SHIKKAKU and not HANSOKU, is the correct penalty.

XI.  A public announcement of SHIKKAKU must be made.

## ARTICLE 10:  INJURIES AND ACCIDENTS IN COMPETITION

1. KIKEN or forfeiture is the decision given, when a contestant or contestants fail to present themselves when called, are unable to continue, abandon the bout, or are withdrawn on the order of the Referee. The grounds for abandonment may include injury not ascribable to the opponent's actions. Forfeiture by KIKEN means that the contestants are disqualified from that category, although it does not affect participation in another category.

2. If two contestants injure each other, or are suffering from the effects of previously incurred injury, and are declared by the Tournament Doctor to be unable to continue, the bout is awarded to the contestant who has amassed the most points. In Individual Matches if the points score is equal, then a vote (HANTEI) will decide the outcome of the bout, unless one of the contestants has SENSHU. In Team Matches the Referee will announce a tie (HIKIWAKE), unless one of the contestants has SENSHU. Should the situation occur in an extra bout for deciding a Team Match, then a vote (HANTEI) will determine the outcome, unless one of the contestants has SENSHU.

3. An injured contestant who has been declared unfit to fight by the tournament doctor cannot fight again in that competition.

4. An injured contestant who wins a bout through disqualification due to injury is not allowed to fight again in the competition without permission from the doctor. If he is injured, he may win a second bout by disqualification but is immediately withdrawn from further Kumite competition in that tournament.

5. When a contestant is injured, the Referee shall at once halt the bout and call the doctor. The doctor is authorised to diagnose and treat injury only.

6. A competitor who is injured during a bout in progress and requires medical treatment will be allowed three minutes in which to receive it. If treatment is not completed within the time allowed, the Referee will decide if the competitor shall be declared unfit to fight (Article 13, Paragraph 8d), or whether an extension of treatment time shall be given.

7. Any competitor who falls, is thrown, or knocked down, and does not fully regain his or her feet within ten seconds, is considered unfit to continue fighting and will be automatically withdrawn from all Kumite events in that tournament. In the event that a competitor falls, is thrown, or knocked down and does not regain his or her feet immediately, the Referee will call the doctor, and at the same time start a count to ten indicating his count showing a finger for each second. In all cases where the 10 second count has been started the doctor will be asked to examine the contestant before the bout can resume. For incidents falling under this 10 second rule, the contestant may be examined on the mat.

### *EXPLANATION:*

I. *When the doctor declares the contestant unfit, the appropriate entry must be made on the contestant's monitoring card. The extent of unfitness must be made clear to other Refereeing Panels.*

II. *A contestant may win through disqualification of the opponent for accumulated minor Category 1 infractions. Perhaps the winner has sustained no significant injury. A second win on the same grounds must lead to withdrawal, even though the contestant may be physically able to continue.*

III.     The Referee should call the doctor when a contestant is injured and needs medical treatment by raising his hand and verbally call out "doctor".

IV.     If physically able to do so, the injured contestant should be directed off the mat for examination and treatment by the doctor.

V.      The doctor is obliged to make safety recommendations only as they relate to the proper medical management of that particular injured contestant.

VI.     The Judges will decide the winner on the basis of HANSOKU, KIKEN, or SHIKKAKU as the case may be.

VII.    In team matches, should a team member receive KIKEN, or be disqualified (HANSOKU or SHIKKAKU), their score for that bout, if any, will be zeroed and the opponent's score will be set at eight points.

---

**ARTICLE 11:  OFFICIAL PROTEST**

1.   No one may protest about a Judgement to the members of the Refereeing Panel.

2.   If a Refereeing procedure appears to contravene the rules, the President of the Federation or its official representative is the only one allowed to make a protest.

3.   The protest will take the form of a written report submitted immediately after the bout in which the protest was generated. (The sole exception is when the protest concerns an administrative malfunction. The Tatami Manager should be notified immediately the administrative malfunction is detected).

4.   The protest must be submitted to a representative of the Appeals Jury. In due course the Jury will review the circumstances leading to the protested decision. Having considered all the facts available, they will produce a report, and shall be empowered to take such action as may be called for.

5.   Any protest concerning application of the rules must be made in accordance with the complaints procedure defined by the WKF EC. It must be submitted in writing and signed by the official representative of the team or contestant(s).

6.   The complainant must deposit a Protest Fee as agreed by the WKF EC, and this, together with the protest must be lodged with a representative of the Appeals Jury.

7.   **Composition of the Appeals Panel**
     The Appeals Jury is comprised of three Senior Referee representatives appointed by the Referee Commission (RC). No two members may be appointed from the same National Federation. The RC should also appoint three additional members with designated numbering from 1 to 3 that automatically will replace any of the originally appointed Appeals Jury members in a conflict of interest situation where the jury member is of the same nationality or have a family relationship by blood or as an In-Law with any of the parties involved in the protested incident, including all members of the Refereeing panel involved in the protested incident.

8.   **Appeals Evaluation Process**

It is the responsibility of the party receiving the protest to convene the Appeals Jury and deposit the protest sum with the Treasurer.

Once convened, the Appeals Jury will immediately make such inquiries and investigations, as they deem necessary to substantiate the merit of the protest. Each of the three members is obliged to give his/her verdict as to the validity of the protest. Abstentions are not acceptable.

9. **Declined Protests**

If a protest is found invalid, the Appeals Jury will appoint one of its members to verbally notify the protester that the protest has been declined, mark the original document with the word "DECLINED", and have it signed by each of the members of the Appeals Jury, before depositing the protest with the Treasurer, who in turn will forward it to the Secretary General.

10. **Accepted Protests**

If a protest is accepted, the appeals Jury will liaise with the Organizing Commission (OC) and Referee Commission to take such measures as can be practically carried out to remedy the situation including the possibilities of:

- Reversing previous judgments that contravene the rules
- Voiding results of the affected matches in the pool from the point previous to the incident
- Redoing such matches that have been affected by the incident
- Issuing a recommendation to the RC that involved Referees are evaluated for sanction

The responsibility rests with the Appeals Jury to exercise restraint and sound judgment in taking actions that will disturb the program of the event in any significant manner. Reversing the process of the eliminations is a last option to secure a fair outcome.

The Appeals Jury will appoint one of its members who will verbally notify the protester that the protest has been accepted, mark the original document with the word "ACCEPTED", and have it signed by each of the members of the Appeals Jury, before depositing the protest with the Treasurer, who will return the deposited amount to the protestor, and in turn forward the protest document to the Secretary General.

11. **Incident Report**

Subsequent to handling the incident in the above prescribed manner, the Jury Panel will reconvene and elaborate a simple protest incident report, describing their findings and state their reason(s) for accepting or rejecting the protest. The report should be signed by all three members of the Appeals Jury and submitted to the Secretary General.

12. **Power and Constraints**

The decision of the Appeals Jury is final, and can only be overruled by a decision of the Executive Committee.

The Appeals Jury may not impose sanctions or penalties. Their function is to pass judgment on the merit of the protest and instigate required actions from the RC and OC to take remedial action to rectify any Refereeing procedure found to contravene the rules.

---

### 13. Special provision for use of Video Review

*NOTE: This special provision to be interpreted as separate and independent of other provisions of this Article 11. and the pertaining explanation*

In WKF World Championships, the use of video review of matches is required. Use of video review is also recommended for other competitions whenever possible. In using video review the respective coaches are given a red or blue card that may be used for protest in the event that the judges in the coach's opinion have missed a valid score by his contestant. A panel consisting of 2 persons appointed by the Tatami Manager will examine the video, and may change the Referee panel's decision provided appointees are in agreement.

If upon examining the video, the referee panel acknowledges the protest and award the score, the coach will retain the card and the Referee will announce the revised decision. If the protest is rejected the card will be confiscated for the remainder of the match – and the coach will lose the possibility of protesting directly for that competitor for the remainder of the pool with the exception of medal matches where both contestants' coaches will always be given cards allowing them the opportunity to protest points.

---

### EXPLANATION :

I.  *The protest must give the names of the contestants, the Judges officiating, and the **precise details of what is being protested**. No general claims about overall standards will be accepted as a legitimate protest. The burden of proving the validity of the protest lies with the complainant.*

II.  *The protest will be reviewed by the Appeals Jury and as part of this review, the Jury will study the evidence submitted in support of the protest. The Jury may also study videos and question Officials, in an effort to objectively examine the protest's validity.*

III.  *If the protest is held by the Appeals Jury to be valid, the appropriate action will be taken. In addition, all such measures will be taken to avoid a recurrence in future competitions. The deposit paid will be refunded by the Treasury.*

IV.  *If the protest is held by the Appeals Jury to be invalid, it will be rejected and the deposit forfeited to WKF.*

V.  *Ensuing matches or bouts will not be delayed, even if an official protest is being prepared. It is the responsibility of the Match Supervisor, to ensure that the match has been conducted in accordance with the Rules of Competition.*

VI.  *In case of an administrative malfunction during a match in progress, the Coach can notify the Tatami Manager directly. In turn, the Tatami Manager will notify the Referee.*

---

ARTICLE 12:  POWERS AND DUTIES

---

## REFEREE COMMISSION

The Referee Commission's powers and duties shall be as follows:

1. To ensure the correct preparation for each given tournament in consultation with the Organising Commission, with regard to competition area arrangement, the provision and deployment of all equipment and necessary facilities, match operation and supervision, safety precautions, etc.
2. To appoint and deploy the Tatami Managers (Chief Referees) to their respective areas and to act upon and take such action as may be required by the reports of the Tatami Managers.
3. To supervise and co-ordinate the overall performance of the Refereeing officials.
4. To nominate substitute officials where such are required.
5. To pass the final Judgement on matters of a technical nature which may arise during a given match and for which there are no stipulations in the rules.


## TATAMI MANAGERS

The Tatami Managers powers and duties shall be as follows:

1. To delegate, appoint, and supervise the Referees and Judges, for all matches in areas under their control.
2. To oversee the performance of the Referees and Judges in their areas, and to ensure that the Officials appointed are capable of the tasks allotted them.
3. To order the Referee to halt the match when the Match Supervisor signals a contravention of the Rules of Competition.
4. To prepare a daily, written report, on the performance of each official under their supervision, together with their recommendations, if any, to the Referee Commission.
5. To appoint members for the video review panel.


## REFEREES

The Referee's powers shall be as follows:

1. The Referee ("SHUSHIN") shall have the power to conduct matches including announcing the start, the suspension, and the end of the match.
2. To award points based on the decision of the judges.
3. To stop the match when an injury, illness or inability of a contestant to continue is noticed.
4. To stop the match when it in the Referee's opinion has been a point scored, a foul committed, or to ensure the safety of the contestants.
5. To stop the match when two or more judges have indicated a score or Jogai.
6. To indicate fouls observed (including Jogai), thus requesting the consent of the judges.
7. To request confirmation of the judges' verdict in instances where there may, in the referee's opinion, be grounds for the judges to re-evaluate their call for warning or penalty.
8. To call the judges for conference (SHUGO) to recommend Shikkaku.
9. To explain to the Tatami Manager, Referee Commission, or Appeals Jury, if necessary, the basis for giving a Judgement.
10. To issue warnings and impose penalties based on the decision of the judges.
11. To announce and start an extra bout when required in team matches.
12. To conduct voting of the Judges, including his own vote, (HANTEI) and announce the result.
13. To resolve ties.

14. To announce the winner.
15. The authority of the Referee is not confined solely to the competition area but also to its entire immediate perimeter including controlling the conduct of coaches, other competitors, or any part of the competitors' entourage, present on the competition floor.
16. The Referee shall give all commands and make all announcements.


## JUDGES

The Judges (FUKUSHIN) powers shall be as follows:

1. To signal points scored and Jogai on their own initiative.
2. To signal their judgement on warnings or penalties indicated by the Referee.
3. To exercise their right to vote on any decision to be taken.

The Judges shall carefully observe the actions of the contestants and signal to the Referee an opinion in the following cases:

a) When a score is observed.
b) When a contestant has stepped out of the competition area (Jogai)
c) When requested by the Referee to pass judgement on any other foul.


## MATCH SUPERVISORS

I. The Match Supervisor (KANSA) will assist the Tatami Manager by overseeing the match or bout in progress. Should decisions of the Referee and/or Judges, not be in accordance with the Rules of Competition, the Match Supervisor will immediately raise the red flag and blow his whistle. The Tatami Manager will instruct the Referee to halt the match or bout and correct the irregularity. Records kept of the match shall become official records subject to the approval of the Match Supervisor. Before the start of each match or bout the Match Supervisor will ensure that the contestants are wearing approved equipment. The match Supervisor will not rotate during Team matches.


## SCORE SUPERVISORS

The Score Supervisor will keep a separate record of the scores awarded by the Referee and at the same time oversee the actions of the appointed timekeepers and scorekeepers.


## EXPLANATION:

*I. When two or more Judges indicate a score or Jogai for the same competitor, the Referee will stop the bout and render the decision accordingly. Should the Referee fail to stop the bout the Match Supervisor will raise the red flag and blow his whistle.*

*II. When the Referee decides to halt the bout for any other reason than a signal given by two, or more, of the judges he will call "YAME" at the same time using the required hand signal. The Judges will then signal their opinions and the Referee will render the decisions for which there is agreement between two or more judges.*

*III. In the event that both contestants have a score, warning or penalty indicated by two or more judges, both contestants will be awarded their respective points, warnings or penalties.*

IV.    *If one contestant has a score, warning or penalty indicated by more than one judge and the score or penalty is different between the judges, the lower score, warning or penalty, will be applied if there is not a majority for one level of score, warning or penalty.*

V.     *If there is majority, but dissent, among the judges for one level of score, warning or penalty, the majority opinion will overrule the principle of applying the lowest score, warning or penalty.*

VI.    *At HANTEI the four Judges and the Referee each have one vote.*

VII.   *The role of the Match Supervisor is to ensure that the match or bout is conducted in accordance with the Rules of Competition. He is not there as an additional Judge. He has no vote, nor has he any authority in matters of Judgement, such as whether a score was valid or if JOGAI occurred. His sole responsibility is in matters of procedure. The match Supervisor will not rotate during Team matches.*

VIII.  *In the event that the Referee does not hear the time-up bell, the Score-Supervisor will blow his whistle.*

IX.    *When explaining the basis for a Judgement after the match, the Judges may speak to the Tatami Manager, the Referee Commission, or the Appeals Jury. They will explain themselves to no one else.*

X.     *A Referee may, based solely on his/her own judgement, ban from the competition floor any coach failing to conform to proper conduct, or that in the opinion of the Referee interferes with the orderly conduct of the match, and postpone the continuation of a bout until the coach complies. The same authority of the Referee extends to other members of the competitor's entourage present on the competition floor.*

---

## ARTICLE 13:  STARTING, SUSPENDING AND ENDING OF MATCHES

1.  The terms and gestures to be used by the Referee and Judges in the operation of a match shall be as specified in Appendices 1 and 2.

2.  The Referee and Judges shall take up their prescribed positions and following an exchange of bows between the contestants whom are positioned at the centre of their assigned mats; the Referee will announce "SHOBU HAJIME!" and the bout will commence.

3.  The Referee will stop the bout by announcing "YAME". If necessary, the Referee will order the contestants to take up their original positions (MOTO NO ICHI).

4.  When the Referee returns to his position, the Judges will indicate their opinion by means of a signal. In the case of a score to be awarded the Referee identifies the contestant (AKA or AO), the area attacked, and then awards the relevant score using the prescribed gesture. The Referee then restarts the bout by calling "TSUZUKETE HAJIME".

5.  When a contestant has established a clear lead of eight points during a bout, the Referee shall call "YAME" and order the contestants back to their starting points as he returns to his. The winner is then declared and indicated by the Referee raising a hand on the side of the winner and declaring "AO (AKA) NO KACHI". The bout is ended at this point.

6. When time is up, the contestant who has the most points is declared the winner, indicated by the Referee raising a hand on the side of the winner, and declaring "AO (AKA) NO KACHI". The bout is ended at this point.

7. In the event of a tied vote at the end of an inconclusive bout the Referee Panel (the Referee and the four Judges) will decide the match by HANTEI.

8. When faced with the following situations, the Referee will call "YAME!" and halt the bout temporarily.
    a. When either or both contestants are out of the match area.
    b. When the Referee orders the contestant to adjust the karate-gi or protective equipment.
    c. When a contestant has contravened the rules.
    d. When the Referee considers that one or both of the contestants cannot continue with the bout owing to injuries, illness, or other causes. Heeding the tournament doctor's opinion, the Referee will decide whether the bout should be continued.
    e. When a contestant seizes the opponent and does not perform an immediate technique, or throw.
    f. When one or both contestants fall or are thrown and neither contestant manages to immediately follow up with a scoring technique.
    g. When both competitors seize or clinch with each other without immediately succeeding in executing a throw or a scoring technique.
    h. When both competitors stand chest to chest without immediately attempting a throw or other technique.
    i. When both contestants are off their feet following a fall or attempted throw and begin to wrestle.
    j. When a score or Jogai is indicated by two or more judges for the same competitor.
    k. When, in the opinion of the Referee, there has been a point scored or foul committed – or the situation calls for halting the match for safety reasons.
    l. When requested to do so by the Tatami Manager.

### EXPLANATION:

I. When beginning a bout, the Referee first calls the contestants to their starting lines. If a contestant enters the area prematurely, they must be motioned off. The contestants must bow properly to each other — a quick nod is both discourteous and insufficient. The Referee can call for a bow where none is volunteered by motioning as shown in Appendix 2 of the rules.

II. When restarting the bout, the Referee should check that both contestants are on their lines and properly composed. Contestants jumping up and down or otherwise fidgeting must be stilled before combat can recommence. The Referee must restart the bout with the minimum of delay.

III. Contestants will bow to each other at the start and end of each bout.

# KATA RULES

---



---

1.    The competition area must be flat and devoid of hazard.

2.    The competition area must be of sufficient size to permit the uninterrupted performance of Kata.

3.    For kata competition the mats turned over to mark the red area starting points for kumite contestants, are to be turned back over to form a uniformed coloured surface.

## *EXPLANATION:*

I.    *For the proper performance of Kata a stable smooth surface is required. Usually the matted Kumite areas will be suitable.*

---



---

1.    Contestants and Judges must wear the official uniform as defined in Article 2 of the Kumite Rules.

2.    Any person who does not comply with this regulation may be disbarred.

## *EXPLANATION:*

I.    *The karate-gi jacket may not be removed during the performance of Kata.*

II.    *Contestants who present themselves incorrectly dressed will be given one minute in which to remedy matters.*

---



---

1.    Kata competition takes the form of Team and Individual matches. Team matches consist of competition between three person teams. Each Team is exclusively male, or exclusively female. The Individual Kata match consists of individual performance in separate male and female divisions.

2.    The elimination system with repechage will be applied.

3.    Slight variations as taught by the contestant's style (Ryu-ha) of Karate will be permitted.

4. The score table will be notified of the choice of Kata prior to each round.

5. Contestants must perform a different Kata in each round. Once performed a Kata may not be repeated.

6. In the event that a competitor withdraws after the opponent has started his performance the competitor may re-use the kata performed in any subsequent round as this situation is considered as won by Kiken.

7. Individual contestants or teams that do not present themselves when called will be disqualified (KIKEN) from that category. Disqualification by KIKEN means that the contestants are disqualified from that category, although it does not affect participation in another category.

8. In the bouts for medals of Team Kata Competition, the Teams will perform their chosen Kata in the usual way. They will then perform a demonstration of the meaning of the Kata (BUNKAI). The total time allowed for the KATA & BUNKAI demonstration combined, is six minutes. The official timekeeper will start the countdown clock as the team members perform the bow upon starting the kata and will stop the clock at the final bow after the BUNKAI performance. A team which does not perform the bow at the beginning and completion of the performance, or which exceeds the six minute period allowed will be disqualified. The use of traditional weapons, ancillary equipment or additional apparel is not allowed.

## EXPLANATION:

*1. The number of Kata required is dependent on the number of individual competitors or teams entered as shown in the following table. Byes are counted as competitors or teams.*

| Competitors or Teams | Kata Required |
|---|---|
| 65-128 | 7 |
| 33-64 | 6 |
| 17-32 | 5 |
| 9-16 | 4 |
| 5-8 | 3 |
| 4 | 2 |

## ARTICLE 4:    THE JUDGING PANEL

1. The panel of five Judges for each match will be designated by the Tatami Manager.

2. The Judges of a Kata match must not have the nationality of either of the participants.

3. In addition, timekeepers, scorekeepers and caller/announcers will be appointed.

## EXPLANATION:

*1. The Chief Judge will sit in the centre position facing the contestants and the other four Judges will be seated at the corners of the competition area.*

*II.*     *Each Judge will have a red and a blue flag or, if electronic scoreboards are being used, an input terminal.*

---

**ARTICLE 5: CRITERIA FOR EVALUATION**

**Official kata list**

Only kata from the official kata list may be performed:

| | | |
|---|---|---|
| Anan | Jion | Papuren |
| Anan Dai | Jitte | Passai |
| Annanko | Jyuroku | Pinan 1-5 |
| Aoyagi | Kanchin | Rohai |
| Bassai Dai | Kanku Dai | Saifa (Saiha) |
| Bassai Sho | Kanku Sho | Sanchin |
| Chatanyara Kushanku | Kanshu | Sanseiru |
| Chinte | Kosokun (Kushanku) | Sanseru |
| Chinto | Kosokun (Kushanku) Dai | Seichin |
| Enpi | Kosokun (Kushanku) Sho | Seienchin |
| Fukygata 1-2 | Kosokun Shiho | Seipai |
| Gankaku | Kururunfa | Seirui |
| Garyu | Kusanku | Seisan (Seishan) |
| Gekisai (Geksai) 1-2 | Matsumura Rohai | Shinpa |
| Gojushiho | Matsukaze | Shinsei |
| Gojushiho Dai | Matusumura Bassai | Shisochin |
| Gojushiho Sho | Meikyo | Sochin |
| Hakucho | Myojo | Suparinpei |
| Hangetsu | Naifanchin (Naihanshin) 1-3 | Tekki 1-3 |
| Haufa | Nijushiho | Tensho |
| Heian 1-5 | Nipaipo | Tomari Bassai |
| Heiku | Niseishi | Useishi (Gojushiho) |
| Ishimine Bassai | Ohan | Unsu (Unshu) |
| Itosu Rohai 1-3 | Pachu | Wankan |
| Jiin | Paiku | Wanshu |

*Note: Names of some kata are duplicated due to the variations customary in spelling in Romanization. In several instances a kata may be known under a different name from style (Ryu-ha) to style, - and in exceptional instances an identical name may in fact be a different kata from style to style.*

**Assessment**

In assessing the performance of a contestant or team the Judges will evaluate the performance based on equal weight of each of the three (3) main criteria (conformance, technical performance and athletic performance).

The performance is evaluated from the bow starting the kata until the bow ending the kata with the exception of team medal matches, where the performance, as well as the timekeeping starts at the bow in the beginning of the kata and ends when the performers bow after completing the Bunkai.

All of the three major criteria are to be given equal importance in the evaluation of the performance.

Bunkai are to be given equal importance as the kata itself.

| Kata Performance | Bunkai Performance (applicable to team bouts for medals) |
|---|---|
| 1. **Conformance**<br>To the form itself and the standards of the applicable style (Ryu-ha). | 1. **Conformance (to kata)**<br>Using the actual movements as performed in the kata. |
| 2. **Technical performance**<br>  a. Stances<br>  b. Techniques<br>  c. Transitional movements<br>  d. Timing/Synchronisation<br>  e. Correct breathing<br>  f. Focus (kime)<br>  g. Technical difficulty | 2. **Technical performance**<br>  a. Stances<br>  b. Techniques<br>  c. Transitional movements<br>  d. Timing<br>  e. Control<br>  f. Focus (kime)<br>  g. Difficulty of techniques performed |
| 3. **Athletic performance**<br>  a. Strength<br>  b. Speed<br>  c. Balance<br>  d. Rhythm | 3. **Athletic performance**<br>  a. Strength<br>  b. Speed<br>  c. Balance<br>  d. Timing |

## Disqualification

A competitor or a team of competitors may be disqualified for any of the following reasons:

1. Performing the wrong kata or announcing the wrong kata.

2. Failing to bow at the beginning and completion of the kata performance.

3. A distinct pause or stop in the performance.

4. Interference with the function of the judges (such as the judge having to move for safety reasons or making physical contact with a judge).

5. Belt falling off during the performance.

6. Exceeding the total time limit of 6 minutes duration for Kata and Bunkai.

7. Performing a scissor takedown technique to the neck area in Bunkai (Kani Basami)

8. Failure to follow the instructions of the Chief Judge or other misconduct.

**Fouls**

The following fouls, if apparent, must be considered in the evaluation according to above criteria.

a) Minor loss of balance.

b) Performing a movement in an incorrect or incomplete manner such as failure to fully execute a block or punching off target.

c) Asynchronous movement, such as delivering a technique before the body transition is completed, or in the case of team kata; failing to do a movement in unison.

d) Use of audible cues (from any other person, including other team members) or theatrics such as stamping the feet, slapping the chest, arms, or karate-gi, or inappropriate exhalation, will automatically be penalized by the judges deducting the total portion of the score for the technical performance of the kata (and thus losing one third of the total score for the performance)

e) Belt coming loose to the extent that it is coming off the hips during the performance.

f) Time wasting, including prolonged marching, excessive bowing or prolonged pause before starting the performance.

g) Distracting Judges by moving around while the opponent is performing

h) Causing injury by lack of controlled technique during Bunkai.

## *EXPLANATION:*

I.   *Kata is not a dance or theatrical performance. It must adhere to the traditional values and principles. It must be realistic in fighting terms and display concentration, power, and potential impact in its techniques. It must demonstrate strength, power, and speed — as well as grace, rhythm, and balance.*

II.  *In Team Kata, all three team members must start the Kata facing in the same direction and towards the Chief Judge.*

III. *The members of the team must demonstrate competence in all aspects of the Kata performance, as well as synchronisation.*

IV.  *It is the sole responsibility of the coach or the competitor to ensure that the Kata as notified to the score table is appropriate for that particular round.*

V.   *Although performing a scissor takedown technique to the neck (Kani Basami) area in performing Bunkai is prohibited, a scissor takedown to the body is permitted.*

**ARTICLE 6:    OPERATION OF MATCHES**

1. At the start of each bout and in answer to their names, the two contestants, or teams, one wearing a red belt (AKA), and the other wearing a blue belt (AO), will line up at the match area perimeter facing the Chief Kata Judge. Following a bow to the Judging Panel and then to each other, AO will then step back out of the Match Area. After moving to the starting position AKA will bow and make a clear announcement of the name of the Kata that is to be performed, and begin the kata. On completion of the Kata, AKA will after bowing at the end of the kata leave the area to await the performance of AO who will follow the same procedure for performing his/her kata. After AO's Kata has been completed both will return to the match area perimeter and await the decision from the Panel.

2. If the Chief Judge is of the opinion that a competitor should be disqualified, he may call the other Judges in order to reach a verdict.

3. If a contestant is disqualified the Chief Judge will cross and uncross the flags and then raise the flag indicating the winner

4. After completion of both Kata, the contestants will stand side by side on the perimeter. The Chief Judge will call for a decision (HANTEI) and blow a two-tone blast on the whistle whereupon the Judges will cast their votes. In instances where both AKA and AO are disqualified in the same match, the opponents scheduled for the next round will win by bye (and no result is announced), unless the double disqualification applies to a medal bout, in which case the winner will be declared by Hantei.

5. The decision will be for AKA or AO. No ties are permitted. The competitor, who receives the majority of votes, will be declared the winner.

6. Individual contestants or teams that do not present themselves when called will be disqualified (KIKEN) from that category. Disqualification by KIKEN means that the contestants are disqualified from that category, although it does not affect participation in another category.

7. When announcing disqualification by KIKEN the Chief Judge will be required to signal by pointing, with the flag, towards the starting position of the contestant in question, and then signal Kachi (win) for the opponent.

8. The competitors will bow to each other, then to the Judging Panel, and leave the area.


***EXPLANATION:***

I.      *The starting point for Kata performance is within the perimeter of the competition area.*

II.     *The Chief Judge will call for a decision (HANTEI) and blow a two-tone blast on the whistle. The Judges will raise the flags simultaneously. After giving sufficient time for the votes to be counted (approximately 5 seconds) the flags will be lowered after a further short blast on the whistle.*

*Should a competitor or team fail to turn up when called or withdraws (Kiken) the decision will be awarded automatically to the opponent without the need to perform the previously notified Kata. In this case the winning competitor or team may use the Kata intended for that round for a subsequent round.*

## APPENDIX 1: THE TERMINOLOGY

| | | |
|---|---|---|
| **SHOBU HAJIME** | Start the Match or Bout | After the announcement, the Referee takes a step back. |
| **ATOSHI BARAKU** | A little more time left | An audible signal will be given by the timekeeper 15 seconds before the actual end of the bout and the Referee will announce "Atoshi Baraku". |
| **YAME** | Stop | Interruption, or end of the bout. As he makes the announcement, the Referee makes a downward chopping motion with his hand. |
| **MOTO NO ICHI** | Original position | Contestants and Referee return to their starting positions. |
| **TSUZUKETE** | Fight on | Resumption of fighting ordered when an unauthorised interruption occurs. |
| **TSUZUKETE HAJIME** | Resume fighting – Begin | The Referee stands in a forward stance. As he says "Tsuzukete" he extends his arms, palms outwards towards the contestants. As he says "Hajime" he turns the palms and brings them rapidly towards one another, at the same time stepping back. |
| **SHUGO** | Judges called | The Referee calls the Judges at the end of the match or bout, or to recommend SHIKKAKU. |
| **HANTEI** | Decision | Referee calls for a decision at the end of an inconclusive match. After a short blast of the whistle, the Judges render their vote by flag signal and the Referee indicates his own vote by raising his arm. |
| **HIKIWAKE** | Draw | In case of a tied bout, the Referee crosses his arms, then extends them with the palms showing to the front. |
| **AKA (AO) NO KACHI** | Red (Blue) wins | The Referee obliquely raises his arm on the side of the winner. |
| **AKA (AO) IPPON** | Red (Blue) scores three points | The Referee raises his arm up at 45 degrees on the side of the scorer. |
| **AKA (AO) WAZA-ARI** | Red (Blue) scores two points | The Referee extends his arm at shoulder level on the side of the scorer. |

VERSION EFFECTIVE FROM 1.1.2017

| Term | Meaning | Description |
|---|---|---|
| **AKA (AO) YUKO** | Red (Blue) scores one point | The Referee extends his arm downward at 45 degrees on the side of the scorer. |
| **CHUKOKU** | Warning | The Referee indicates a Category 1 or 2 offence. |
| **KEIKOKU** | Warning | The Referee indicates a Category 1 or 2 offence then points with his index finger downwards at 45 degrees in the direction of the offender. |
| **HANSOKU-CHUI** | Warning of disqualification | The Referee indicates a Category 1 or 2 offence then points with his index finger horizontally in the direction of the offender. |
| **HANSOKU** | Disqualification | The Referee indicates a Category 1 or 2 offence then points with his index finger upwards at 45 degrees in the direction of the offender, and announces a win for the opponent. |
| **JOGAI** | Exit from the match area not caused by the opponent | The Referee points his index finger on the side of the offender to indicate to the Judges that the contestant has moved out of the area. |
| **SENSHU** | First unopposed point advantage | After awarding the point in the regular fashion, the Referee turns to Kansa calling "Aka (Ao) Senshu" while holding his index finger raised pointing to the side of the scoring contestant. |
| **SHIKKAKU** | Disqualification "Leave the Area" | The Referee points first upwards at 45 degrees in the direction of the offender then motions out and behind with the announcement "AKA (AO) SHIKKAKU!" He then announces a win for the opponent. |
| **KIKEN** | Renunciation | For Kumite the Referee points downwards at 45 degrees in the direction of the contestant's or team's side of the mat. For Kata the Chief Judge makes the same gesture using the flag. |
| **MUBOBI** | Self Endangerment | The Referee touches his face then turning his hand edge forward, moves it back and forth to indicate to the Judges that the contestant endangered himself. |

## APPENDIX 2: GESTURES AND FLAG SIGNALS

## ANNOUNCEMENTS AND GESTURES OF THE REFEREE

### SHOMEN-NI-REI

The Referee extends his arms palms to the front.

### OTAGAI-NI-REI

The Referee motions to the contestants to bow to each other.

### SHOBU HAJIME

"Start the Match"
After the announcement, the Referee takes a step back.

### YAME

"Stop"
Interruption or end of a match or bout. As he makes the announcement, the Referee makes a downward chopping motion with his hand.

### TSUZUKETE HAJIME

"Resume fighting—Begin"
As he says "Tsuzukete", and standing in a forward stance, the Referee extends his arms outward with his palms facing the contestants. As he says "Hajime" he turns the palms and brings them rapidly towards one another at the same time stepping back.

### YUKO (One point)

The Referee extends his arm downward at 45 degrees on the side of the scorer.

### WAZA-ARI (Two Points)

The Referee extends his arm at shoulder level on the side of the scorer.

### IPPON (Three Points)

The Referee extends his arm upward at 45 degrees on the side of the scorer.

### CANCEL LAST DECISION

**When an award or penalty has been given in error** the Referee turns towards the contestant, announces "AKA" or "AO", crosses his arms, then makes a cutting motion, palms downward, to indicate that the last decision has been cancelled.

VERSION EFFECTIVE FROM 1.1.2017

### NO KACHI (Win)

At the end of the match or bout, announcing "AKA (or AO) No Kachi" the Referee extends his arm upward at 45 degrees on the side of the winner.

### KIKEN

"Renunciation"
The Referee points with the index finger towards the renouncing contestant's line then announces a win to the opponent.

### SHIKKAKU

"Disqualification, Leave the Area".
The Referee points first upwards at 45 degrees in the direction of the offender then motions out and behind with the announcement "AKA (AO) SHIKKAKU!" He then announces a win for the opponent.

### HIKIWAKE

"Draw" (Only applicable to team matches).
When time is up and scores are equal, or no scores have been awarded.
The Referee crosses his arms then extends them with the palms showing to the front.

## CATEGORY 1 OFFENCE
**(used without further signal for CHUKOKU)**

The Referee crosses his open hands with the edge of one wrist on the edge of the other at chest level.

## CATEGORY 2 OFFENCE
**(used without further signal for CHUKOKU)**

The Referee points with a bent arm at the face of the offender.

## KEIKOKU

"Warning".
The Referee indicates a Category 1 or 2 offence then points with his index finger downwards at 45 degrees in the direction of the offender.

## HANSOKU CHUI

"Warning of disqualification".
The Referee indicates a Category 1 or 2 offence then points with his index finger horizontally in the direction of the offender.

## HANSOKU

"Disqualification"
The Referee indicates a Category 1 or 2 offence then points with his index finger upwards at 45 degrees in the direction of the offender, and awards a win to the opponent.

## PASSIVITY

The Referee rotates his fist around each other in front of his chest to indicate a Category 2 offence.

## EXCESSIVE CONTACT

The Referee indicates to the Judges that there has been excessive contact or other Category 1 offence.

## FEIGNING OR EXAGGERATING INJURY

The Referee holds both hands to his face to indicate to the Judges a Category 2 offence.

## JOGAI

"Exit from the Match Area"
The Referee indicates an exit to the Judges, by pointing with the index finger to the match area boundary on the side of the offender.

## MUBOBI (Self Endangerment)

The Referee touches his face then turning the hand edge forward, moves it back and forth to indicate to the Judges that the contestant has endangered himself.

## AVOIDING COMBAT

The Referee makes a circling motion with the down turned index finger to indicate to the Judges a Category 2 offence.

## PUSHING, GRABBING OR STANDING CHEST TO CHEST WITHOUT ATTEMPTING AN IMMEDIATE TECHNIQUE OR TAKEDOWN

The Referee holds both clenched fists at shoulder level or makes a pushing motion with both open hands to indicate to the Judges a Category 2 offence.

## DANGEROUS AND UNCONTROLLED ATTACKS

The Referee brings his clenched fist past the side of his head to indicate to the Judges a Category 2 offence.

## SIMULATED ATTACKS WITH THE HEAD KNEES OR ELBOWS

The Referee touches his forehead, knee, or elbow with the open hand to indicate to the Judges a Category 2 offence.

## TALKING TO OR GOADING THE OPPONENT AND DISCOURTEOUS BEHAVIOUR

The Referee places his index finger to his lips to indicate to the Judges a Category 2 offence.

**SHUGO**

"Judges Called"
The Referee calls the Judges at the end of the match or bout or to
recommend SHIKKAKU.

## THE JUDGE´S FLAG SIGNALS

YUKO

WAZA-ARI

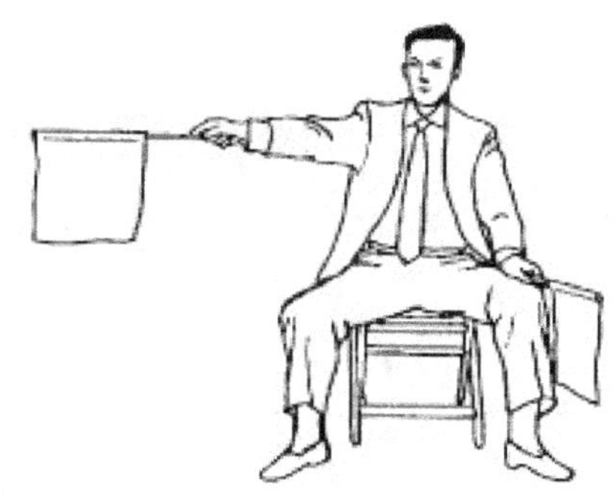

IPPON

FAULT

Warning of a foul. The appropriate flag is waved in a circle, then a Category 1 or 2 signal is made.

## CATEGORY 1 OFFENCE

The flags are crossed and extended with the arms straight
or towards AKA (AO) depending on who the offender is.

## CATEGORY 2 OFFENCE

The Judge points the flag with arm bent.

JOGAI

Tapping the floor with the flag.

KEIKOKU

HANSOKU CHUI

HANSOKU

## APPENDIX 3: OPERATIONAL GUIDELINES FOR REFEREES AND JUDGES

This Appendix is intended to give assistance to Referees and Judges where there may be no obvious guidance in the Rules or Explanations.

### EXCESSIVE CONTACT

When a contestant makes a scoring technique immediately followed by another which makes excessive contact the Judges do not award the score and instead issues a Category 1 warning or penalty (unless it is the recipient's own fault).

### EXCESSIVE CONTACT AND EXAGGERATION

Karate is a Martial Art and a high standard of behaviour is expected from competitors. It is unacceptable that competitors, who receive a light contact, rub their faces, walk or stagger around, bend over, pull or spit out their gum-shields, and otherwise pretend that the contact is severe in order to convince the Referee to give a higher penalty to the opponent. This kind of behaviour is cheating and demeans our sport; it should be quickly penalised.

When a competitor makes pretence of having received an excessive contact and the Judges decide instead that the technique in question was controlled, satisfying all six scoring criteria, then a score will be awarded and a Category 2 penalty for feigning will be issued. The correct penalty for feigning an injury when the Juges have determined that the technique in fact was a score is Shikkaku.

More difficult situations occur when a competitor receives a stronger contact and falls to the floor, sometimes standing up (in order to stop the 10 second clock) and then falling down again. The Referees and Judges must remember that a Jodan kick is worth 3 points and as the number of teams and individual competitors receiving financial reward for winning medals increases the temptation to stoop to unethical behaviour becomes stronger. It is important to recognise this and apply the appropriate warnings or penalties.

### MUBOBI

A warning or penalty for Mubobi is given when a competitor **is hit or injured through his or her own fault or negligence**. This may be caused by turning their back on the opponent, attacking with a long, low Gyaku Tsuki chudan without regard for the opponent's Jodan counter attack, stopping fighting before the Referee calls "Yame", dropping their guard or concentration and repeated failure or refusal to block the opponent's attacks. *Explanation XVIII* of Article 8 states:

*Should the offender receive an excessive contact and/or sustain an injury the Referee will issue a Category 2 warning or penalty and decline to give a warning or penalty to the opponent.*

A contestant who is hit through their own fault and exaggerates the effect in order to mislead the Judges may receive a warning or penalty for Mubobi as well as an **additional** penalty for exaggeration, since two offences have been committed.

It should be noted that there are no circumstances in which a technique that has made excessive contact can be given a score.

## ZANSHIN

Zanshin is described as a state of continued commitment in which the contestant maintains total concentration, observation, and awareness of the opponent's potentiality to counter-attack. Some contestants after delivering a technique will turn their body partially away from the opponent but are still watching and ready to continue the action. The Judges must be able to distinguish between this continued state of readiness and one where the contestant has turned away, dropped their guard and concentration, and in effect has ceased fighting.

## CATCHING A CHUDAN KICK

Should the Judges award a score when a contestant delivers a chudan kick and the opponent then catches the leg before it can be withdrawn?

Provided that the kicking contestant maintains ZANSHIN there is no reason why this technique cannot score provided that it contains all six of the scoring criteria. Theoretically, in a real fight scenario, a full power kick would be deemed to have disabled the opponent and therefore the leg would not be grabbed. Appropriate control, the target area, and satisfaction of all six criteria, are the deciding factors as to whether any technique can be awarded a score or not.

## THROWING AND INJURIES

Since grabbing hold of the opponent and throwing is allowed under certain conditions it is incumbent upon all coaches to ensure that their competitors are trained in and are able to use break-fall/safe landing techniques.

A competitor who attempts a throwing technique must comply with the conditions imposed in the Explanations in Article 6 and Article 8. If a competitor throws their opponent in full compliance with the stated requirements and an injury results due to the opponent failing to make a proper break-fall, then the injured party is responsible and the thrower should not be penalised. Self-caused injury can result when a contestant is being thrown, instead of making a break-fall land on an extended arm or elbow, or holds onto the thrower and pulls them down on top of themselves.

A potentially dangerous situation occurs when a contestant grabs both legs to throw the opponent onto their back or when a contestant ducks down and bodily lifts the opponent up before throwing him. The Article 8, *Explanations XI* states that *"...and the opponent must be held onto throughout, so that a safe landing can be made."* Since it is difficult to ensure a safe landing, throws such as this fall into the prohibited category.

## SCORING ON A FALLEN OPPONENT

When a contestant is thrown or swept off their feet and is scored upon when their torso (upper body or trunk) is on the tatami then the score will be IPPON.

Should the contestant be hit by a technique whilst still actually falling the Judges will take into account the direction of falling since if the contestant is falling away from the technique it will be considered ineffective and will not be scored.

Should the contestant's upper body not be on the tatami when an effective, scoring technique is made, then the points awarded will be as stated in Article 6. Therefore the point(s) awarded when a contestant is scored upon in the act of falling, sitting, kneeling, standing, or jumping in the air, and all situations where their torso is not on the tatami will be as follows:

1. Jodan Kicks, three points (IPPON)
2. Chudan Kicks, two points (WAZA-ARI)
3. Tsuki and Uchi, one point (YUKO)

## VOTING PROCEDURES

When the Referee halts the bout he will call "YAME", at the same time using the required hand signal As the Referee returns to his starting line, the Judges will signal their opinions concerning points and Jogai, and if requested by the Referee they will signal their opinion concerning other prohibited behaviour. The Referee will render the decision accordingly. Since the Referee is the only one able to move around the area, to directly approach the contestants, and to speak to the doctor, Judges must seriously consider what the Referee is communicating to them before giving their final decision, as no re-consideration is allowed.

In situations where there are more than one reason for stopping the match the Referee will deal with each situation in turn. For example, where there has been a score from one contestant and a contact from the other, or where there has been a MUBOBI and an exaggeration of injury from the same contestant.

Where video review is used, the video review panel will only change a decision if both members of the panel are in agreement. After review they will immediately convey their ruling to the Referee who will announce any changes to the original ruling, if applicable.

## JOGAI

Judges must remember that when indicating Jogai they are required to tap the floor with the appropriate flag. As the Referee stops the bout and returns to his position they will signal their opinion indicating a Category 2 infringement.

## INDICATION OF RULES INFRINGEMENTS

For Category 1 infringements Judges should extend the crossed flags to their left for AKA, putting the red flag in front, and to their right for AO, putting the blue flag in front. This enables the Referee to clearly see which competitor is regarded as the offender.

## APPENDIX 4: SCOREKEEPERS MARKS

| | | |
|---|---|---|
| ●—○ | IPPON | Three Points Score |
| ○—○ | WAZA-ARI | Two Points Score |
| ○ | YUKO | One Point Score |
| | | |
| □ | KACHI | Winner |
| X | MAKE | Loser |
| ▲ | HIKIWAKE | Draw (Tie) |
| | | |
| C1C | Category 1 Foul — CHUKOKO | Warning |
| C1K | Category 1 Foul — KEIKOKU | Warning |
| C1HC | Category 1 Foul — HANSOKU CHUI | Warning of disqualification |
| C1H | Category 1 Foul — HANSOKU | Disqualification |
| | | |
| C2C | Category 2 Foul — CHUKOKU | Warning |
| C2K | Category 2 Foul — KEIKOKU | Warning |
| C2HC | Category 2 Foul — HANSOKU CHUI | Warning of disqualification |
| C2H | Category 2 Foul — HANSOKU | Disqualification |
| | | |
| KK | KIKEN | Forfeiture |
| | | |
| S | SHIKKAKU | Serious Disqualification |

## APPENDIX 5: LAYOUT OF THE KUMITE COMPETITION AREA

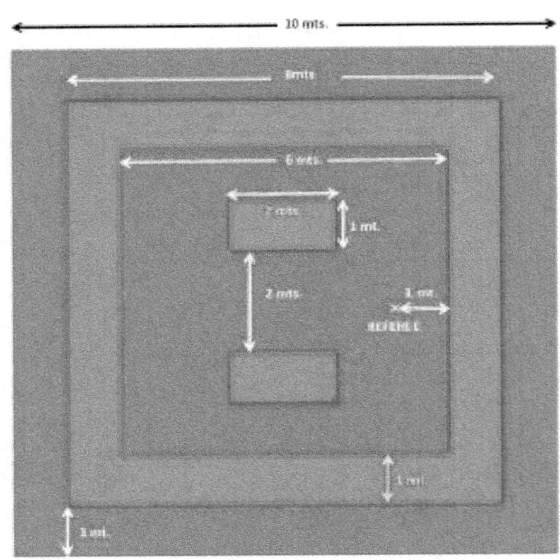


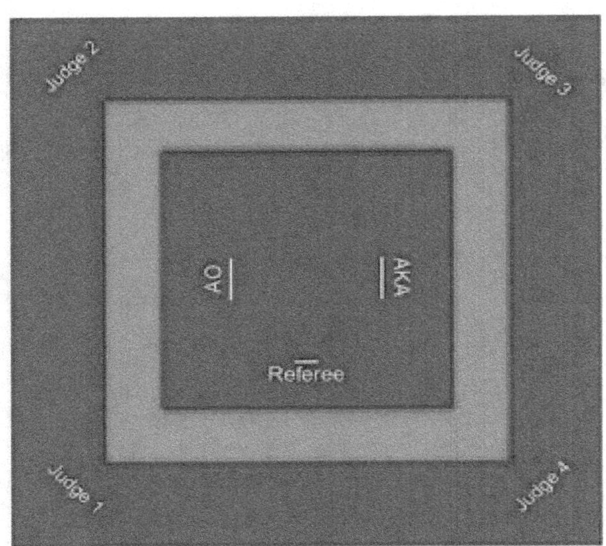


VERSION EFFECTIVE FROM 1.1.2017

## APPENDIX 6: LAYOUT OF THE KATA COMPETITION AREA

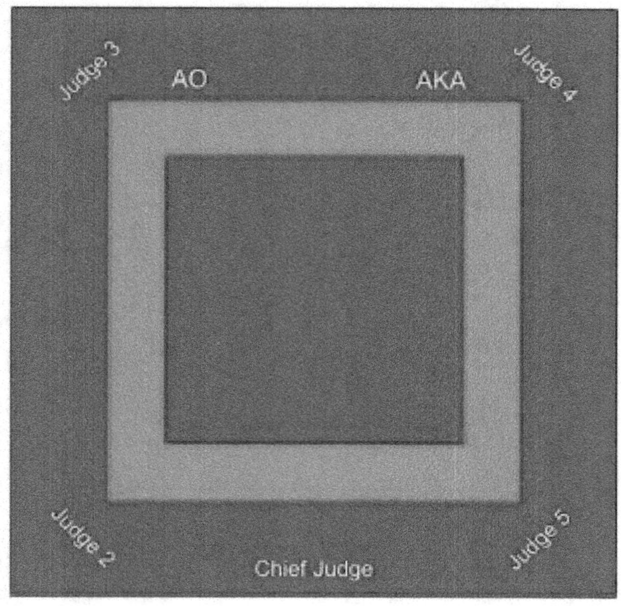

## APPENDIX 7: THE KARATE-GI

  ADVERTISING SPACE FOR THE WKF OF 20 x 10 cm

ADVERTISING SPACE FOR THE N.F. OF 15 x 10 cm

  BACK RESERVED FOR THE ORGANISING FEDERATION OF 30 x 30 cm

  EMBLEM OF THE NATIONAL FEDERATION OF 12 x 8 cm

SPACES FOR THE MANUFACTURERS TRADEMARK OF 5 x 4 cm

VERSION EFFECTIVE FROM 1.1.2017

## WORLD CADET, JUNIOR & UNDER 21 CHAMPIONSHIPS

| GENERAL | CATEGORIES | | |
|---|---|---|---|
| | UNDER 21 | CADET | JUNIOR |
| ❖ The competition will last for 4 days. | *Individual Kata* *(age 18, 19, 20)* | *Individual Kata* *(age 14/15)* | *Individual Kata* *(age 16/17)* |
| | Male<br>Female | Male<br>Female | Male<br>Female |
| ❖ Each National Federation can register one (1) competitor per category. | *Male Individual Kumite* *(age 18, 19, 20)* | *Male Individual Kumite* *(age 14/15)* | *Male Individual Kumite* *(age 16/17)* |
| ❖ At the draw, the four finalists of the previous championships will be split as much as possible (The competitors in the case of individual events and the National Federations in the case of the team events). | -60 Kg<br>-67 Kg<br>-75 Kg<br>-84 Kg<br>+84 Kg. | -52 Kg.<br>-57 Kg.<br>-63 Kg.<br>-70 Kg.<br>+70 Kg. | -55 Kg.<br>-61 Kg.<br>-68 Kg.<br>-76 Kg.<br>+76 Kg |
| ❖ The Championships will be displayed in five (5) or six (6) competition areas, depending on the stadium's features. | *Female Individual Kumite* *(age 18, 19, 20)* | *Female Individual Kumite* *(age 14/15)* | *Female Individual Kumite* *(age 16/17)* |
| ❖ Kumite bouts duration will be in all cases 2 minutes for Cadet and Junior and for female under 21 and 3 minutes for male under 21. | -50 Kg<br>-55 Kg<br>-61 Kg<br>-68 Kg | -47 Kg.<br>-54 Kg.<br>+54 Kg. | -48 Kg.<br>-53 Kg.<br>-59 Kg.<br>+59 Kg. |
| ❖ Bunkai in Kata team (male & female) to be performed in the final and bouts when the round is to determine the winner of a medal. | +68 Kg. | / | *Team Kata* *(age 14/17)* |
| | / | / | Male<br>Female |
| Total | 12 | 10 | 13 |

## Referees and Judges Trousers Colour Guide

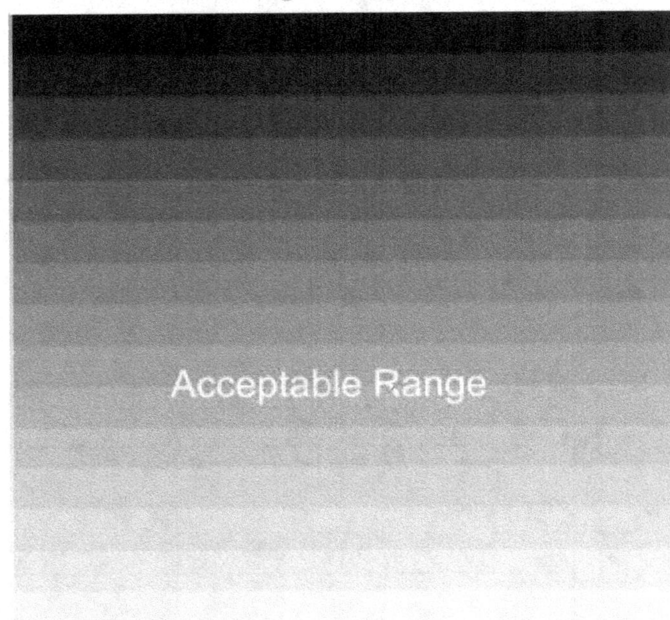


VERSION EFFECTIVE FROM 1.1.2017

---

**APPENDIX 10: KARATE COMPETITION FOR THOSE UNDER 14 YEARS OF AGE**

---

*Compulsory for the WKF Youth Camp*
*Recommended for WKF Continental and National Federations*

**Kumite for children between 12 and 14 years of age:**
- For techniques to the head and neck (Jodan area) no contact is allowed.
- Any contact to the jodan area , however slight, in principle will be penalized.
- A correctly performed  technique to the head  or neck in principle  will be considered  a  score at a distance up to 10 cm.
- The bout duration is one and a half minute.
- Divisions should be based on height rather than weight.
- No use of protective equipment that is not approved by WKF.
- WKF Facemask and WKF Children Chest Protector is used.

**Kumite for children under 12 years of age:**
- Techniques to all scoring areas (Jodan and Chudan) are all to be controlled short of target.
- Any contact to the jodan area , however slight, in principle will be penalized.
- A correctly performed technique to any scoring area in principle will be considered a score at a distance up to 10cm.
- Even controlled techniques to the body (chudan area) in principle will not be considered a score if they make contact beyond surface touch.
- No sweeping, or other takedown techniques, are allowed.
- The bout duration is one and a half minute.
- The fighting area may be reduced from 8x8 mts. to 6x6 mts. if desired by the organizer of the event.
- Participants should participate in a minimum of two bouts per competition.
- Divisions should be based on height rather than weight.
- No use of protective equipment that is not approved by the WKF.
- WKF Facemask and WKF Children Chest Protector is used.

*For children under the age of 10 kumite competition is arranged as competition pair against pair demonstrating one and half minute of sparring where each pair cooperate to display techniques. The performances are judged pair versus pair, by Hantei based on the usual criteria for Hantei decision in kumite matches -but here evaluating one pair's performance against the other.*

**Kata competition for those under 14 years of age:**
There are no specific deviations from the standard rules, but a limitation to the kata list to less advanced kata may be used.

**Kata competition for those under 12 years of age:**
There are no specific deviations from the standard rules, but a limitation to the kata list to less advanced kata may be used.

Participants failing to complete their kata should be given the option of a second attempt without reduction of score.

<u>**CAPITOLO 999. RINGRAZIAMENTI.**</u>

Anche se so che dimenticherò qualcuno, voglio ringraziare quanti mi hanno dato la possibilità di scrivere questo manuale, persone o organizzazioni.

Questo scritto non vuole essere esaustivo e definitivo, ma vuole essere un manuale propedeutico sia all'istruttore che al discepolo o allievo.

**Ringrazio quindi:**
- **Wikipedia L'enciclopedia libera.**
- **Soke Iwao TAMOTSU, Giappone. (pax)**
- **Kyoshi Miguel PENA, Santo Domingo. (pax)**
- **Kyoshi Omar LOPEZ, Panama.**
- **Kyoshi Adalberto ROSARIO, Puerto Rico.**
- **Kyoshi Pedro Jose NUNEZ, Memphis, Tennessee.**
- **Kyoshi Jimmy BLANN, Southaven, Mississippi.**
- **WKF World Karate Federation.**
- **Kyokushinkay Karate Club, Monaco.**
- **FIJLKAM Italia.**
- **Kyoshi NIETOSVUORI, Finlandia, per il grande e serio lavoro sul YAKUSOKU RENSHINKAN.**
- **Kyoshi Julia TURLEY, Gran Bretagna.**
- **Università di Malaga -  Sport, crescita personale, salute, nelle arti marziali.**
- **Luciano MARCHINO, psicologo, psicoterapeuta e analista bioenergetico, per molti anni ha  insegnato Psicologia Clinica presso l'Università Milano-Bicocca (fra gli altri, ha scritto: Il corpo non mente).**
- **Felice PERUSSIA professore ordinario nella Facoltà di Psicologia Generale dell'Università di Torino – PSICOTECNICA – Manuale Completo di IPNOSI.**
- **Gabriel CARRANQUE, dottore in medicina e chirurgia, laureato in Psicologia all'Università di Malaga, per Sport, Crescita personale, Salute: Arti marziali.**
- **Javier Franco PEREZ, professore, per Marketing sportivo.**
- **Raquel CASERO, Consulente e Coach di alto rendimento, Università di Malaga.**

www.ingramcontent.com/pod-product-compliance
Lightning Source LLC
Chambersburg PA
CBHW081338160726
48000CB00010B/3142